Sri Mata Amritanandamayi

Su biografía

Sri Mata Amritanandamayi

La Madre de la Eterna Felicidad

Su biografía

por

Swami Amritaswarupananda

Mata Amritanandamayi Center, San Ramon
California, Estados Unidos

Sri Mata Amritanandamayi - Su biografía

Publicado por:
Mata Amritanandamayi Center
P.O. Box 613
San Ramon, CA 94583
Estados Unidos

––––––––––––– *Amma's Biography (Spanish)* –––––––––––

Dirección en España:
www.amma-spain.org
fundacion@amma-spain.org

En la India:
inform@amritapuri.org
www.amritapuri.org

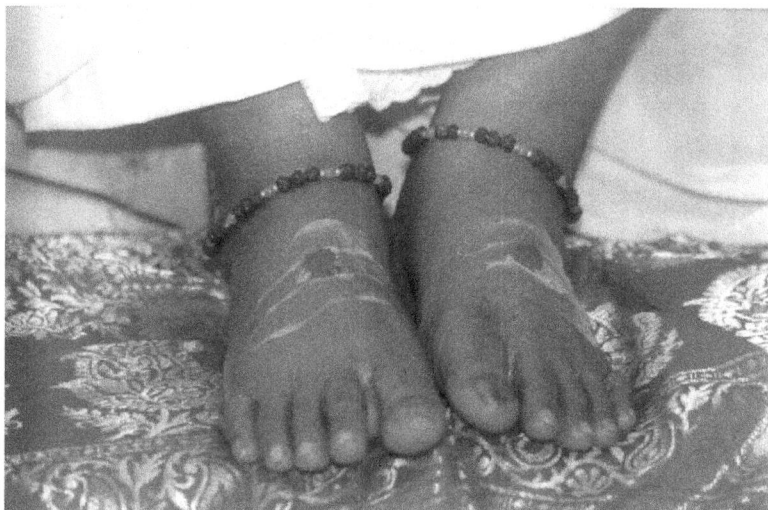

Sadguru Vandanam

Homenaje al Sadguru o Maestro Realizado

Amritanandamayi jay jay
sadguru rupini ma
mangala karini ma
vande karuna nirjhari ma

Gloria a Mata Amritanandamayi,
gloria al Maestro encarnado.
Alabemos a la Madre, a su ilimitada compasión.

prema tarangini ma jay jay
vimala suhasini ma
subhra varana lase vande
jyoti sukesini ma

Gloria, Gloria a la Madre cuya pura sonrisa,
genera olas de amor,
en su blanca vestimenta, brillante,
con su cabello resplandeciente.
Alabemos a la Madre.

satya svarupini ma jay jay
nitya niranjini ma
sakti mahesvari ma vande
bhakti rasonmani ma

Gloria, Gloria a la Madre, ciertamente encarnada,
unidad eterna, alabemos a Shakti, la gran Diosa,
gozo del amor divino.

karma vidhayini ma nityam
adharma vibhanjini ma
jagadodharini ma vande
jagad sancarini ma

A ti que otorgas los frutos de la acción,
destructora de toda falsedad,
alabemos a la que eleva la espiritualidad del mundo,
a ti que resides en el corazón del universo.

Sadguru jnana mayi jay jay
tyaga nidarsini ma
dukha vimocini ma vande
satgati dayini ma

Gloria, Gloria a la Madre, Maestra de Sabiduría,
encarnación de la verdadera renunciación.
Alabemos a la Madre que destruye el sufrimiento
y nos permite llegar *a la Realización de la Vida.*

Reconocimientos

Muchos de los hechos que se narran en este libro han sido tomados de la biografía de Amma, escrita en malayalam por el profesor M. Ramakrishnan Nair, a quien debemos nuestra más sincera gratitud.

Nota: Al final de este libro se ha incluido un glosario con la definición de la mayoría de las palabras sánscritas que aparecen señaladas en cursiva en el texto.

Índice

Prefacio

Pradīpajvālābhirdivasakaranīrājanavidhiḥ
sudhāsuteścandropalajalalavair arghyaghaṭanā

svakīyair ambhobhiḥ salilanidhisauhityakaraṇam
tvadīyābhir vāgbhis tava janani vācām stutiriyam

*¡Oh Madre! Escribir este elogio empleando tus propias
palabras es como adorar al sol utilizando sus mismos
rayos, ofrecer a la luna el agua que emana de la piedra
lunar, o agradar al mar con sus propias aguas.*

—Saundaryalahari
Versículo 100

He aquí una mística accesible a todos sin distinción, con quien se
puede hablar y en cuya presencia se percibe a Dios. Es humilde pero
firme como la tierra. Es sencilla pero hermosa como la luna llena.
Es amor y verdad, es la encarnación de la renuncia y el sacrificio
de uno mismo. No sólo enseña, sino que es un ejemplo vivo de sus
enseñanzas. Dadora de todo y receptora de nada. Suave como una
flor pero dura como un diamante. Es una gran Maestra y una Madre
maravillosa. Así es Mata Amritanandamayi.

Nació plenamente consciente. Habiendo experimentado o
puesto de manifiesto (no sabemos si lo uno o lo otro) una rigurosa
sadhana, se dedicó a abrazar a todo el mundo con un amor y una

compasión inconmensurables. Amor y compasión que son la esencia misma de su Ser.

Desde su más tierna infancia buscó a la Madre y el Padre divinos, sin necesitar la ayuda de ningún maestro. Soportó los ataques de su familia, de los racionalistas y de los incrédulos, que intentaron destruirla. Completamente sola en medio del campo de batalla, se enfrentó serena a toda situación. A los veintiún años, manifestó externamente su estado de Realización divina, y a los veintidós empezó a iniciar en la vida espiritual a los buscadores de la Verdad. A los veintisiete, Amma había fundado el centro espiritual de su misión internacional en la casa donde había nacido. Cinco años más tarde, el ashram principal contaba con más de 20 delegaciones en la India y en el extranjero. A los treinta y tres años, en respuesta a la invitación de sus devotos de América y Europa, Amma emprendió su primera gira mundial, inspirando y elevando espiritualmente a un gran número de buscadores.

Además, ha aconsejado, enjugado las lágrimas y reducido el sufrimiento de miles y miles de personas de todo tipo que han acudido a Ella desde los cuatro confines de la tierra. Ahora te corresponde a ti, querido lector, descubrir quién es Amma, a través de la inspiración que brota de tu corazón.

—Swami Amritaswarupananda

La leyenda

Al sur de la India, en el distrito de Kollam, Estado de Kerala, se encuentra una pequeña aldea llamada Parayakadavu, perteneciente al *panchayat* (ayuntamiento) de Alappad. Esta aldea se halla en medio de un amplio palmeral de cocoteros, que se extiende a lo largo de una estrecha península, que limita al este con un canal navegable que la separa de tierra firme, y al oeste es bañada por el azul turquesa del mar Arábigo.

La gente de esta aldea pertenece a una humilde casta de pescadores, cuyos ascendentes se remontan al sabio Parashara que casó con Satyavati, hija de pescadores y madre de Shri Veda Vyasa, el ilustre compilador de los Védas. Numerosas leyendas atestiguan la santidad y la grandeza de esta aldea, donde la vida cotidiana y las costumbres sociales están todavía estrechamente ligadas a cierta mitología. Una de sus leyendas nos cuenta la siguiente historia:

Un día, Subramanya[1], hijo del dios Shiva y de la diosa Parvati, cometió un grave error que provocó la cólera de su padre. Furioso, Shiva condenó a Subramanya a nacer bajo la forma de un pez. Parvati, abatida por la fatalidad de su hijo, pidió a su esposo que perdonara la falta de Subramanya. Pero Shiva, en lugar de consolarla, se puso más furioso y también condenó a Parvati a nacer, en su siguiente reencarnación, en el seno de una familia de pescadores. Más tarde, cuando Shiva se apaciguó, le dijo a Subramanya que, en su momento, Él acudiría a liberarlos. Y tras este anuncio, les dio su bendición.

De acuerdo con la maldición de Shiva, Subramanya adoptó la forma de una gigantesca ballena. Cuando esta enorme ballena apareció en el mar de Alappad, causó terribles daños a los pescadores. Estaban acostumbrados a pescar durante el día y la noche, pero ahora ya no podían arriesgarse a lanzarse al mar. La ballena destrozaba sus redes, o volcaba sus barcas, poniendo en peligro sus vidas. En poco tiempo, los pescadores se vieron sometidos a padecer pobreza y hambre.

El rey que gobernaba aquel territorio quiso encontrar alguna solución, pero le fue imposible. Perdió casi todo su tesoro alimentando a los pescadores que morían de hambre. Finalmente, en su esfuerzo por hallar una solución, anunció que la persona que pudiese capturar a la terrible ballena sería generosamente recompensada y además le daría en matrimonio a su única hija. Sin embargo, la enorme ballena era tan temible que nadie osaba probar fortuna aceptando aquel reto. Cuando ya el rey y sus súbditos habían perdido toda esperanza, apareció un anciano, llegado misteriosamente del norte. Nadie sabía quién era o de dónde venía. Se acercó al rey con la espalda encorvada por la edad, y declaró que él podría atrapar a la gigantesca ballena y salvar a los pescadores de la ruina total. A continuación, acompañado por el sorprendido rey y sus súbditos, el anciano se encaminó hacia el mar.

Después de hacer una larga cuerda con una planta trepadora especial, el anciano lanzó uno de los cabos al mar, mientras sujetaba fuertemente el otro con su mano. La cuerda rodeó el lugar donde la enorme ballena se hallaba sumergida. Después, el anciano pasó la cuerda a los pescadores y les dio instrucciones para que tiraran con todas sus fuerzas. Mientras así lo hacían, el anciano les pidió que cantaran un determinado *mantra* que permitiera sujetar bien la cuerda a la ballena.

De acuerdo con estas instrucciones, los pescadores empezaron a tirar de la cuerda mientras cantaban el *mantra* que les había enseñado. Después de varias horas de esfuerzo sobrehumano, el gigantesco pez quedó atrapado en la cuerda hecha de enredaderas. Arrastraron la ballena hasta la orilla, pero una vez allí, y ante la sorpresa de todos, ésta se desvaneció en el aire.

El anciano que capturó a la ballena no era otro que el Señor Shiva. De este modo, Subramanya fue liberado de la maldición. Se construyó un templo en honor de Subramanya en el mismo lugar donde se logró capturar a la ballena. El templo permanece aún como un monumento vivo para recordarnos este antiguo relato.

Pero la leyenda no termina aquí. El Señor Shiva, disfrazado de anciano, se dirigió hacia el rey situándose frente a él. Todos comprendieron el significado de su acción. El rey, que había prometido a su única hija en matrimonio a quien capturara la ballena, se hallaba ahora ante un dilema. Él y sus súbditos estaban de nuevo completamente turbados. ¿Cómo podía un padre, especialmente el rey, dar en matrimonio a su joven y hermosa hija a un anciano como aquel? El rey suplicó al anciano que pidiera cualquier otra cosa de su reino, pero éste le contestó tranquilamente que el rey debía mantener su promesa y ser fiel a su palabra.

Ahora sí que el rey se encontraba ante un verdadero apuro, ya que para los pescadores la verdad es su fuerza y creen firmemente en ella como su protectora. Se dice que salir de pesca sin ser fiel a la verdad equivale a meterse en la boca abierta y feroz de la muerte. Por tanto, el rey se mostraba incapaz de tomar una decisión. No podía romper su promesa, ni entregar a su amada princesa al anciano.

En aquel momento, la princesa -que en realidad era la misma diosa Parvati se adelantó y habló sin titubeos: "Padre y muy noble rey, es deber de todos proteger y preservar el dharma. Nada debe oponérsele". El rey y sus súbditos estaban desesperados con la idea de ver partir a la princesa con el anciano, pero no parecía haber otra alternativa. No sospechaban los pescadores que su humilde reino se había convertido en el escenario de un drama divino en el que el Señor Shiva y la diosa Parvati volvían a unirse.

Los nativos, con el corazón triste, siguieron a la divina pareja mientras partían del reino. Después de recorrer una gran distancia, la gente les preguntó: "¿A dónde vais? Nos gustaría ir con vosotros". Ellos respondieron: "No tenemos un lugar determinado dónde vivir (*uru*), allá donde lleguemos será nuestra morada (*chelunna uru*)".

El Señor Shiva y la diosa Parvati continuaron su camino seguidos por los pescadores y finalmente llegaron a cierto lugar, donde se detuvieron. Permanecieron mirando al este y al oeste, respectivamente, y se transformaron en estatuas de piedra. Cheluna uru, "el lugar al que llegaron" se convirtió más tarde en el Chenganur actual.

Mucho tiempo después se construyó allí un templo para celebrar el culto diario, pero algo muy extraño sucedía cuando se celebraba. Cada vez que se llevaba agua al *sanctum sanctorum* para realizar el culto, los sacerdotes encontraban un pez. Resultaba imposible realizar la ceremonia. Para solucionar el problema, las autoridades del templo hicieron estudios astrológicos y descubrieron toda la historia del Señor Shiva, la diosa Parvati y la maldición de Subramanya. El estudio astrológico reveló, además, que la boda entre el anciano y la princesa nunca se había celebrado. La tradición quiso que para celebrar la boda, la gente de Alappad, donde nació Parvati como hija de una familia de pescadores, fuera a Chenganur con la dote y demás regalos nupciales. Se hicieron los preparativos necesarios en Alappad y Chenganur. Los pescadores de Alappad reúnen toda la parafernalia y van hasta Chenganur para llevar a cabo la ceremonia nupcial divina. Hasta el día de hoy, cada año, durante la fiesta conmemorativa de esta leyenda, se repite esta costumbre, y el templo sigue siendo todavía un centro de peregrinación para miles de devotos.

Hace unos cuantos años, tuvo lugar un interesante incidente relacionado con el relato anterior. Un año, los habitantes de Alappad no participaron en el festival porque pensaban que carecía de significado y utilidad, y requería malgastar dinero en recorrer el camino hasta Chenganur. Se dijeron: "¿Por qué hemos de cooperar en un festival que se celebra en un lugar tan distante?" Pero aquel año ocurrieron unos acontecimientos misteriosos en el templo de Chenganur. El elefante engalanado, que debía transportar la imagen del Señor Shiva en la procesión, se quedó quieto y se negó a dar un solo paso. Todos los esfuerzos para hacer que se moviese fracasaron. Inmediatamente se comunicó a Alappad este hecho desfavorable, pero era demasiado tarde. Los síntomas de la viruela ya habían aparecido en

Alappad. Dándose cuenta de este insensato error y con un profundo remordimiento, se dirigieron hacia Chenganur sin demora llevando como de costumbre todo lo necesario para participar en el festival.

Estas son las antiguas tradiciones que están inequívoca e íntimamente entretejidas con este paisaje costero y su gente. ¿No es maravilloso que estos santos lugares se hayan convertido otra vez en el escenario central de una nueva representación divina?

Capítulo 1

Desde el nacimiento

"Yo sentí desde mi nacimiento una intensa afición por el nombre divino. Hasta tal punto que repetía el nombre del Señor incesantemente con cada respiración, y un flujo de pensamientos divinos se mantenía constante en mi interior, sin que importara el lugar donde me hallara o el trabajo que estuviera haciendo. Este recuerdo ininterrumpido de Dios, mantenido con amor y devoción, puede ser una inmensa ayuda para aquel que aspira a la Realización divina."

—Mata Amritanandamayi

Thirthikurvanti tirthāni sukarmīkurvanti karmāni
sacchāstri kurvanti śāstrāni
modante pitaro nṛtyanti devatāḥ
sanātha ceyam bhūrbhavati

*Los grandes santos consagran los lugares de
peregrinación, realizan acciones justas y buenas e
infunden su autoridad espiritual a las Escrituras.*

*Cuando nace un santo así, los padres se regocijan,
los dioses danzan de alegría y el mundo obtiene un
Salvador.*

—Narada Bhakti Sutras
Versos 69-71

Linaje

En Parayakadavu, una pequeña aldea del *panchayat* (ayuntamiento)
de Alappad, vivía una antigua familia llamada Idamannel, dedicada tradicionalmente a la pesca, aunque también realizaban otras
actividades secundarias. La práctica religiosa y el cumplimiento
de diversos votos, constituían la base esencial de sus vidas. Estos
pescadores también eran conocidos por su generosidad. Cuando
regresaban del mar con la pesca del día, lo primero que hacían era
regalar una parte a los aldeanos que se congregaban en la playa, y
una vez vendido el resto del pescado, repartían algunas monedas
entre los niños.

En la familia Idamannel han nacido muchas almas piadosas.
Shri Velayudhan, que fue una de ellas, se caracterizaba por su gran
compasión, sinceridad y generosidad. Respetaba hasta tal punto
el ideal de *ahimsa* (no violencia) que no permitía que se matara
ni tan siquiera una cucaracha. Su esposa, Shrimati Madhavi, era
una mujer piadosa que se levantaba todos los días antes del alba
para preparar guirnaldas de flores para todas las deidades del altar

familiar, y mientras hacía este trabajo se le oía recitar los nombres del Señor. Todavía hoy, a pesar de tener más de ochenta años, se la puede encontrar sentada frente al templo haciendo guirnaldas con la misma devoción.

El mayor de sus cinco hijos, Sugunanandan, inspirado por la atmósfera devocional de su familia, se convirtió en un ardiente devoto del Señor Krishna. Cuando tenía nueve o diez años, empezó a estudiar *Kathakali*, la representación de una danza clásica de Kerala que describe los grandes hechos de dioses y diosas. Mientras los actores representan los hechos mediante una danza y diversos *mudras* (gestos divinos), los músicos relatan estos hechos mediante diversos cantos. El personaje que Sugunanandan prefería representar era el de Shri Krishna. Un día, durante una representación, se identificó hasta tal punto con el personaje de Krishna que cayó inconsciente en el escenario.

En aquellos tiempos, la atmósfera en torno a la familia Idamannel era muy pacífica. Su vivienda estaba bordeada, en tres de sus lados, por canales de aguas remansadas con abundante vida salvaje y una exuberante vegetación: cocoteros, árboles frutales y anacardos. Apenas había casas en aquellos parajes. Cuando Sugunanandan tenía trece o catorce años y volvía de la escuela, le gustaba subirse en compañía de su primo a los anacardos y comer sus deliciosos frutos. Un buen día, mientras los dos jóvenes se dedicaban a coger las nueces de anacardo entre los árboles, vieron a un *sannyasin* (monje renunciante) de largos cabellos y barba, que se dirigía hacia Idamannel. Quedaron fascinados por su radiante apariencia, pues era la primera vez que se le veía por aquella zona. Tras pasear durante unos minutos por los alrededores de la casa, el *sannyasin* se paró de pronto y exclamó rebosante de gozo y alegría: "Puedo ver en este lugar a numerosos ascetas inmersos en profunda meditación. Anteriormente fue morada de grandes almas, cuyas cenizas descansan bajo esta tierra. Muchos *sannyasines* alcanzarán aquí el *samadhi* (la Liberación o unión con Dios) y éste se convertirá en un lugar sagrado". A continuación, el *sannyasin* rió de nuevo entusiasmado y prosiguió su camino, sin que nunca más se supiera de él ni se le volviera a ver. Perplejos por las palabras del renunciante, los jóvenes reanudaron sus juegos. Tuvieron que pasar muchos años para que Sugunanandan y su primo recordaran de nuevo con asombro las palabras proféticas de aquel monje errante.

Con el transcurso de los años, Sugunanandan se dedicó al oficio tradicional de la venta de pescado, y a los veintiún años contrajo matrimonio con Damayanthi, una joven de veinte años, que era de Bhandaraturuthu, una aldea vecina. Damayanthi procedía de una familia muy devota que cumplía a diario con sus prácticas religiosas en su propio templo familiar. Su padre Punyan y su madre Karutta Kunya eran devotos ejemplares de Dios. De este modo, envuelta en la propicia atmósfera familiar, Damayanthi creció llevando una vida virtuosa, caracterizada por su gran devoción.

Damayanthi era tan piadosa que los aldeanos la llamaban reverentemente "Pattathi Amma" o "señora brahmana", dado que su devoción hacia Dios se había convertido en el fundamento de su vida observando diversos votos religiosos casi todos los días de la semana. Ayunaba con frecuencia y a veces concluía su ayuno bebiendo el agua de los tiernos cocos que misteriosamente caían de los árboles.

Damayanthi y Sugunanandan trajeron al mundo trece hijos, de los cuales cuatro murieron al nacer y un quinto al cabo de cincuenta y tres días de haber nacido. Los restantes cuatro hijas y cuatro hijos, se llamaban en orden descendente: Kasturbai (familiarmente conocida como Kasturi), Sunil Kumar (Subhagan), Sudhamani, Sugunamma, Sajani, Suresh Kumar, Sathish Kumar y Sudhir Kumar. De todos ellos, Sudhamani fue la que llegó a ser conocida en todo el mundo como Mata Amritanandamayi, la Madre de la Eterna Felicidad.

En el transcurso de su cuarto embarazo, Damayanthi tuvo extrañas visiones. A veces eran sueños maravillosos de Krishna, en otras ocasiones contemplaba los divinos juegos del Señor Shiva y de Devi, la Madre divina. Una noche, Damayanthi vio en sueños cómo un personaje misterioso se acercaba hasta ella y le confiaba una estatua de Shri Krishna hecha de oro puro. Por esa misma época,

Sugunanandan soñó con la Madre divina. Como él era un devoto del Señor Krishna, no comprendía por qué Devi se le aparecía de pronto a él. Al contarle su sueño a Damayanthi, descubrió que ella también había tenido recientemente extrañas visiones. Ambos se preguntaban cuál sería su significado y si acaso presagiaban algún tipo de buena nueva.

En aquel tiempo, Sugunanandan y Damayanthi vivían en una pequeña cabaña junto a la orilla del mar, pues les resultaba más apropiada para sus labores de pesca, que otra cabaña situada en la propiedad de los Idamannel, a cinco minutos de marcha hacia el interior. Damayanthi había experimentado durante sus tres embarazos anteriores una hinchazón de todo su cuerpo algunas semanas antes de dar a luz. Esta era para ella la señal de que tenía que dejar sus labores cotidianas y dirigirse a casa de sus padres, en Bhandaraturuthu, para que su familia la atendiera durante el parto. Por este motivo, Damayanthi esperó durante su cuarto embarazo a que apareciera la hinchazón de su cuerpo antes de prepararse para el alumbramiento.

Una noche, Damayanthi tuvo un maravilloso sueño en el que daba a luz al Señor Krishna, lo sostenía en su regazo y lo amamantaba con la leche de su pecho. A la mañana siguiente, cuando se encontraba haciendo su trabajo junto a la orilla del mar, sintió de pronto la sensación de que iba a dar a luz, pero no le dio ninguna importancia ya que en su cuerpo no había aparecido todavía la hinchazón acostumbrada. Como persistía la extraña sensación, dejó a un lado su labor. Sintió una inexplicable necesidad de ir a Idamanel, y cruzando sola el remanso de agua se dirigió al interior. Al llegar allí, entró en la pequeña cabaña y empezó a recoger algunas cosas, pero enseguida se percató de que estaba a punto de dar a luz. Sin darle tiempo para extender una esterilla y echarse en ella, ¡el bebé llegó al mundo! Damayanthi estaba asombrada. Miró al recién nacido y vio que era una niña.

La atmósfera que rodeó el nacimiento de su hija era completamente apacible y serena. Salvo la sensación que la había alertado,

Damayanthi no sintió absolutamente nada. Cuando volvió en sí, empezó a preocuparse. ¿Estará vivo el bebé? No había oído el llanto habitual de un recién nacido. Con gran ansiedad tomó a la niña y la examinó, pero todavía se quedó más sorprendida al ver la radiante sonrisa que había en su rostro. La mirada de aquella recién nacida penetró profundamente en el corazón de Damayanthi como algo que jamás olvidaría.

En aquellos momentos apareció a la entrada de la cabaña una mujer de una casa vecina. Al darse cuenta de la situación, comenzó a hacer los arreglos necesarios para que tanto la madre como la niña se sintieran cómodas. Así fue como, en la mañana del veintisiete de septiembre de 1953, nació una diminuta niña en una humilde cabaña formada por hojas trenzadas de palmera, y mecida por el sonido constante de las olas del mar que arribaban incansables hasta aquella orilla.

Sus padres estaban perplejos por la tez azul oscura del bebé y por el hecho de que se colocaba en *padmasana*[1] y formaba un *chinmudra*[2] con sus dedos, uniendo en un círculo las puntas de sus dedos pulgar e índice. Temían que el color azul oscuro de su piel fuera sintomático de algún extraño mal y que su peculiar postura obedeciera a alguna dislocación o malformación de sus huesos. Se consultó a varios médicos. Su temor se disipó cuando el examen médico confirmó que no existía ninguna malformación ósea. Respecto al color de la piel, no podía atribuirse a herencia familiar, ya que Damayanthi y Sugunanandan tenían la piel clara. Los médicos recomendaron a los padres que no bañaran a la niña en seis meses con la esperanza de que se curara de esta misteriosa enfermedad.

Pasaron seis meses y la niña conservaba aquel color que les recordaba al Señor Krishna y a Kali, la Madre divina. Poco a poco, con el paso del tiempo, el color azul oscuro se transformó en negro. Pero cuando se intensificaba el deseo de la pequeña por contemplar la visión de Krishna, el color de su piel se tornaba de nuevo azul.

---

[1] Postura de loto en *hatha yoga*.
[2] Este mudra simboliza la unidad del ser individual con el Supremo.

Aún hoy, especialmente durante los *bhavas* divinos de Krishna y de Devi, se puede observar el reflejo azul oscuro de su piel.

Curiosamente, a causa de su tez, Damayanthi y los otros miembros de la familia comenzaron a tratarla con gran desdén. Esta aversión por "la niña oscura" fue la causa de que, a la larga, se convirtiera en la criada despreciada de su familia y parientes. De hecho, solo unos cuantos parientes fueron informados de su nacimiento, ya que la venida al mundo de la recién nacida no parecía tener importancia alguna. Después de todo era una niña y Damayanthi ya había dado a luz a otros tres hijos.

¿Quién podía imaginar que esta criatura de color azul extraño, que había nacido con una benévola sonrisa en una pequeña cabaña a orillas del mar Arábigo, era en realidad una Maestra espiritual venida al mundo para derramar paz y amor divinos sobre la sufriente humanidad? ¿Quién podía prever el potencial espiritual de esta niña que habría de ayudar a miles y miles de buscadores a atravesar el mar de la transmigración[3]?

Desde su nacimiento, la familia percibió algunos signos inhabituales que no iban a ser comprendidos hasta mucho más tarde. Normalmente, antes de empezar a andar, un bebé pasa por diferentes etapas de desarrollo. Primero se coloca sobre su espalda, después rueda a un lado y otro, y tumbado sobre su estómago se empuja con los brazos. Más tarde, empieza a gatear y, tras unos meses, se levanta sobre sus dos piernas apoyándose en algún objeto. Hacia el primer año, ya lo vemos andando por todas partes. El caso de esta pequeña fue totalmente diferente, ya que no tuvo que superar ninguna de estas etapas. Un día, a la edad de seis meses, se puso de pronto en pie y atravesó directamente la terraza. Poco tiempo después, empezó a correr, lo que maravilló y alegró a todos sus familiares.

---

[3] Metáfora con la que se representa el ciclo de nacimientos y muertes.

Joya de ambrosía

Los padres dieron a su extraordinaria hija el nombre de Sudhamani, que significa "Joya de ambrosía". A diferencia de otros niños de su edad, Sudhamani empezó a hablar malayalam, su lengua materna, cuando apenas tenía seis meses. Su pasión por recitar los nombres divinos se manifestó tan pronto como empezó a hablar. A la tierna edad de dos años, sin instrucción alguna, empezó a recitar oraciones y a cantar breves canciones de alabanza a Shri Krishna. No hace falta decir que sus familiares se sentían desconcertados cuando sorprendían a la pequeña en aquellos momentos. Al año siguiente, Sudhamani adquirió el hábito de cantar todos los días en voz alta los nombres divinos y, hasta el día de hoy, sigue manteniendo esta costumbre. Con cuatro años, cantaba con fervor devocional sus composiciones de una o dos líneas, sentada ante su retrato favorito de Shri Krishna.

Desde su infancia, Sudhamani ha tenido un gran vigor y energía. Fue una niña obediente a la que todos amaban. Incluso los desconocidos sentían una inexplicable atracción hacia ella. Su amor por Dios, su interés por los demás y otros nobles rasgos de su personalidad, se manifestaron desde su primera infancia. Estas cualidades hicieron que fuera conocida en la aldea con el apelativo cariñoso de "Kunju", que significa "la pequeña". Curiosamente, esas mismas cualidades fueron más tarde la causa principal de las graves injurias y malos tratos que recibió de su familia.

Cuando Sudhamani cumplió los cinco años, un manantial de devoción natural hacia Shri Krishna empezó a brotar de su corazón, y pronto este amor adquirió la forma de verdaderos cantos devocionales, llenos de un conmovedor deseo por su Bien-amado. La devoción con la que cantaba estas composiciones, sencillas pero profundamente místicas, resultaba encantadora, lo que le dio celebridad en toda la aldea. Mientras salmodiaba o cantaba, fijaba sus ojos sobre una imagen de Krishna que llevaba siempre con ella, sujeta con un alfiler en el interior de su camisa. Así permanecía largo tiempo, sentada, inmóvil. Este extraño comportamiento e intensa devoción, asombraba y atraía la atención de todos los aldeanos devotos. Incluso se levantaban bien temprano para oír la tierna voz angelical de la pequeña saludando al nuevo día.

Ampati tannile

¡Oh Señor! que has protegido a Gokulam
siendo el querido hijo de Ampati.
¡Oh Señor del océano de leche,
tú que eres del color de las nubes,
tú, el de los ojos de flor de loto,
te adoro con mis manos unidas.

Te ruego que libres del pecado a los pecadores,
¡Oh, tú, que eres del color de las oscuras nubes!
Compadécete de los pobres de esta aldea.

¡Oh Señor, que tocas la flauta y vistes de amarillo,
tú que llevas una guirnalda de jazmines,
ven, por favor, y déjanos escuchar tu música!,
¡Oh destructor de Purana!, ¡protégenos!

Oh tú, que reposas sobre una inmensa serpiente,
Oh Señor de Gokulam
que nos libras de las lluvias torrenciales,
úneme a tus Pies de Loto
y libérame del sufrimiento de mi alma...

Incluso a esa edad, se podían apreciar en Sudhamani ciertos rasgos evidentes de divinidad. Mientras jugaba o hacía otras actividades cotidianas, se quedaba de pronto absorta, sin importarle el lugar o el momento. En ocasiones, sus padres u otros familiares la encontraban sentada inmóvil, en algún lugar solitario o junto al remanso, observando fija y silenciosamente el agua o el cielo azul, como si se hubiera trasladado a otro mundo. También era frecuente encontrarla con los ojos cerrados, y cuando volvía a la conciencia del mundo exterior, seguía totalmente abstraída.

Incapaces de comprender el sentido de este extraño comportamiento, sus padres le reprochaban el que no jugara como los otros niños. Este fue el principio de un largo periodo de incomprensión hacia su hija, en el que interpretaron de manera errónea su irreprimible vuelo hacia la esfera de lo divino. Sus padres creían que su comportamiento extraño obedecía a algún desorden psicológico.

Cuando Sudhamani cumplió cinco años, fue inscrita como alumna de primer grado en la escuela Srayicadu de la vecina aldea. Ya a esta edad poseía una inteligencia y una memoria sorprendentes. Era capaz de retener lecciones enteras que sólo había escuchado una vez, y recitaba sin esfuerzo cualquier tema que hubiera leído o le hubieran enseñado en clase. Cuando Sudhamani pasó a segundo grado, recitaba las lecciones de cursos más avanzados que simplemente había oído, en voz alta. Sus compañeros de más edad, entre los que se encontraban su hermano y su hermana, eran a veces severamente castigados por no ser capaces de aprenderse de memoria los versos de un poema. Mientras tanto, la pequeña Sudhamani, que iba a una clase inferior, cantaba melodiosamente esos poemas y danzaba al compás de su música. Todos los maestros la querían y estaban asombrados de su memoria, pues nunca antes habían visto nada igual. Conseguía las mejores calificaciones en todas las asignaturas y era la primera de la clase, a pesar de tener que ausentarse, a menudo, para cumplir con sus tareas domésticas.

Otro incidente ilustra la memoria extraordinaria de Sudhamani. Un día, cinco meses después de su nacimiento, Damayanthi se ausentó y la dejó al cuidado de su padre. Sin razón aparente, Kunju empezó a inquietarse y se puso a llorar. Sugunanandan quedó desconcertado ante aquel comportamiento tan poco habitual, y a pesar de todos sus esfuerzos no pudo consolarla. Así continuó un buen rato, hasta que perdió la paciencia y, desesperado, la arrojó a la cuna. Muchos años más tarde, Sudhamani le comentó a su padre: "¡Cómo me trataste aquel día! ¡Podías haberme matado!" Al principio, Sugunanandan no comprendió el sentido de aquellas palabras, pero al cabo de un momento, recordó de pronto todos los detalles de aquel incidente y se quedó atónito, una vez más, por la memoria de su hija.

Cuando Sudhamani disponía de tiempo libre en la escuela, hacía todos sus deberes, ya que pensaba que así dispondría de más tiempo en casa para consagrarlo a recordar a Dios. Al volver de la escuela, lo primero que hacía era ayudar a su madre en las labores de la casa, y el resto del tiempo se abstraía en cantos devocionales.

Sudhamani procuraba siempre utilizar correctamente su tiempo y no permanecía ociosa ni un segundo. Mientras atendía sus, cada vez más numerosas, tareas domésticas, no cesaba de recitar el nombre divino de Shri Krishna. Y de este modo, pasaba los días y las noches absorta en su mundo, visualizando la maravillosa forma de su Bien-amado y repitiendo su nombre.

La casa en la que Sudhamani pasó su infancia tenía tan solo dos pequeñas habitaciones y una cocina. Para aliviar la estrechez de esta vivienda, Sugunanandan construyó una habitación junto al establo[4], que los niños utilizaban para estudiar. Sin embargo, fue en el establo donde la pequeña Sudhamani pasó los días de su infancia, meditando y cantando himnos devocionales. Había otras dos personas que se cobijaban en el mismo establo, una mujer huérfana llamada Potichi, que era peluquera, y su hijo. Sugunanandan se había apiadado de su miserable condición y les había permitido vivir allí. Potichi quería mucho a Sudhamani y siempre la llevaba en brazos, por lo que durante aquellos años fue Potichi quien se ocupó, principalmente, de ella.

Así, pues, Sudhamani vivía casi todo el tiempo en el establo, concentrando siempre su corazón y alma en la encantadora forma del Señor Krishna. Ella adoraba las vacas que eran bien queridas de Krishna. En aquel lugar, Sudhamani pasaba todo el tiempo libre en soledad, perdida en divina ensoñación. Allí se entregaba, sin traba

---

[4] Muy cerca del lugar donde se encuentra actualmente el pequeño templo.

alguna, en el gozo de su ardiente anhelo por contemplar la visión resplandeciente del Señor Krishna.

Por su naturaleza amorosa, Sudhamani siempre estaba rodeada de niños. En cuanto tenían oportunidad, corrían a Idamannel a jugar con ella, y después la acompañaban a cortar hierba para las vacas. Aunque sus pequeños amigos no tenían ningún interés por esta labor, colaboraban de buen corazón para poder disfrutar de aquella alegre compañía. Todos sentían una misteriosa atracción y un fuerte lazo de amor hacia ella. Una vez terminado el trabajo, Sudhamani entretenía a sus amigos con toda clase de juegos, y conseguía cautivarlos con la representación del Krishna Lila: las hazañas de Shri Krishna cuando era niño. Sin ninguna dificultad les hacía cantar en coro las canciones devocionales que continuamente fluían de su mente.

Nadie podía comprender sus arrebatos de amor por el Señor, que cada día resultaban más intensos. A medida que transcurrían las semanas y los meses, Sudhamani permanecía cada vez más absorta en sus prácticas devocionales y se le oía cantar, día y noche, llena de un deseo ardiente por llegar a contemplar la belleza divina del Señor. Los estados de arrobamiento eran cada vez más frecuentes, y no siempre quedaban confinados en las cuatro paredes del establo. A veces, Sudhamani olvidaba el mundo que la rodeaba y danzaba en éxtasis, describiendo un círculo y cantando himnos de amor. A la edad de siete años, Kunju compuso el siguiente canto:

> *Protégeme Señor Supremo, que vives en la ciudad de Guruvayur.*
> *¡Oh niño Krishna! que te hiciste pasar por pastorcillo de vacas,*
> *¡oh Señor del universo! esposo de la diosa Lakshmi,*
> *protégeme, ¡oh Krishna!, el amado de Radha,*
> *¡oh Krishna!, el amado de las gopis,*
> *¡oh Krishna!, el hijo de Nanda,*
> *¡oh Krishna! al que todos adoran y veneran...*

1—Desde el nacimiento

La familia y los vecinos no comprendían absolutamente nada de los estados de exaltación divina de la pequeña Sudhamani, los considera-ban como simples juegos infantiles. ¿Quién podría imaginar que esta niña de siete años, sin ninguna instrucción espiritual, nadaba en el océano del amor puro y el gozo divino? Para alejarse de este mundo, Kunju se encerraba a veces en una habitación, y allí cantaba y bailaba embriagada de bienaventuranza. En el transcurso de uno de estos estados místicos, Damayanthi atisbó por la puerta y exclamó: "¡Ven a ver cómo baila nuestra hija! ¡Deberíamos inscribirla en un curso de danza!" ¡Pobres padres! Solo conocían el baile de este mundo, pues nunca habían oído decir que un ser humano pudiera danzar en éxtasis, embriagado de amor divino. Si hubiese estado presente alguien que conociese la vida de las grandes almas, quizás entonces habría reconocido los estados espirituales de Sudhamani. Pero aún así, ¿quién podría esperar encontrarse con tal estado de felicidad en una criatura de tan corta edad? La familia pensaba que no eran más que extravagancias de una pequeña niña un poco excéntrica y exageradamente imaginativa.

El anhelo de Sudhamani por contemplar y fundirse en su Bien-amado Señor continuó sin cesar. En muchas ocasiones se la veía contemplando fijamente el pequeño retrato de Krishna que ella guardaba cuidadosamente en su blusa. Derramando en Él su corazón, mediante cantos y plegarias, la pequeña imploraba: "¡Oh amado Krishna, cuántas dificultades y sufrimientos hay a mi alrededor! ¡Oh, Krishna! No dejes de cuidar a esta pequeña niña. Te llamo sin cesar y ¿no vas a venir a jugar conmigo?"

La siguiente canción fue compuesta por Sudhamani cuando tenía ocho años:

Kanivin porule

¡Oh tú, esencia de misericordia,
tú que estás lleno de compasión,
oh Krishna, deja que me refugie en ti!

¡Oh Krishna!, ¿acaso desconoces la causa
de estas ardientes lágrimas que derramo?

Ofreciendo flores a tus pies
los cuales aplastaron a la serpiente Kaliya
yo te adoraré, ¡oh Krishna!
Tú has venido, conduciendo el carro de Arjuna
a Kuruskshetra, y has protegido
la verdad y la rectitud.

¡Oh Señor que preservas el dharma,
muéstranos un poco de tu compasión!
¡Oh Señor del Gita, amante de la música divina,
dame el poder de cantar tu nombre.

¡Oh tú que amas los cantos devocionales
¿acaso no oyes tus sagrados nombres,
susurrados desde lo más profundo de este corazón?

El rostro descorazonado y los cantos nostálgicos de la pequeña cautivaban los corazones de los aldeanos. Pero el profundo misterio de la vida interior de Sudhamani seguía siendo insondable. ¿Quién podría percibir el éxtasis jubiloso de su devoción infantil? ¿Quién, sino los sabios, podría entenderlo?

Capítulo 2

La servidora divina

"Amma es la servidora de los servidores. No posee una morada particular. Reside en vuestro corazón."

—Mata Amritanandamayi

Kāminīriti hi yāminīṣu khalu
kāmanīyaka nidhe bhavān
pūrṇasammada rasārnavam
kamapi yogigamya manubhāvayan
brahmaśankara mukhānpīha
paśupanganāsu bahumānayan
bhaktaloka gamanīyarūpa
kamanīya kṛṣṇa paripāhi mām

*¡Oh belleza infinita! Tú que, durante noches, otorgaste
a los gopikas, enloquecidos de amor, ese gozo intenso
e inmenso del espíritu que solo los yoguis alcanzan, y
que los hiciste dignos de respeto incluso de Brahma y de
Shiva.*

*¡Oh Krishna de hermosa forma, tú que eres accesible a
los seres que poseen gran devoción, concédeme la gracia
de tu protección!*

—Shrimad Narayaniyam
Canto 69, versículo 11.

Cuando Sudhamani tenía nueve años inició sus estudios de cuarto grado. Como su madre padecía una enfermedad crónica le confiaron numerosas responsabilidades domésticas. Se levantaba antes del alba, atendía sus obligaciones, y tan pronto las acababa, salía corriendo hacia la escuela. Al volver a casa, por la tarde, hacía sus tareas domésticas y el tiempo que le sobraba lo dedicaba a orar y meditar. Llevaba consigo a todas partes su imagen favorita, lloraba sobre ella y la apretaba contra su corazón, llenándola de besos. Aquella pequeña imagen estaba siempre empapada en lágrimas.

A veces, Damayanthi iba a buscar agua a un lugar distante, dejando en casa a Kunju, pero la pequeña la seguía a escondidas, pensando que su madre podría necesitarla, y si Damayanthi trataba de impedir que la siguiese, ella protestaba enérgicamente. Era tan testaruda que a veces Damayanthi la encerraba en una habitación e intentaba atemorizarla, diciéndole: "¡Cuidado con el fantasma, que viene por ti!" Pero nadie podía asustar a Sudhamani. Desde su infancia, era intrépida y valiente, y estas cualidades le habían hecho ganar el respeto de los aldeanos, quienes ya sentían un gran afecto por esta criatura tan virtuosa.

Había en la aldea una mujer muy conocida por el miedo que inspiraba a los niños. Cuando éstos se portaban mal, los padres la llamaban para que los asustara y, de este modo, fueran más obedientes. Esta mujer, de nombre Appisil Amma, fue llamada varias veces a Idammanel para asustar a la pequeña Sudhamani. Cuando llegaba, se asomaba a la ventana donde se encontraba Sudhamani y, cubriéndose la cabeza con un saco, intentaba sorprenderla dando saltos y gritos, mientras gesticulaba de modo desafiante. Pero la pequeña, mirando por la ventana, le decía con gran valentía: "¡Vete, que ya sé quien eres!, ¡Eres Appisil Amma, y no vas a asustarme!"

Al igual que una niña desolada y abandonada, Sudhamani invocaba a su amado Krishna. Los aldeanos la veían como si se tratara de alguien que vivía en otro mundo. Incapaces de comprender la razón de su dolor, procuraban compadecerse de ella, diciendo: "¡Qué pena! ¡Pobre niña! ¿Qué le habrá ocurrido para que esté siempre llorando? ¡Qué mala suerte! ¿Es que ha nacido sólo para llorar? ¿Tan mal la trata su familia? Si es así, ¿qué habrá hecho para padecer tanto sufrimiento?" Todos se apiadaban de ella y algunos incluso trataban de consolarla. Pero, ¿quién podía apaciguar su insaciable sed de unión espiritual, sino el Bien-amado de las *gopis*?

Tal como ya hemos indicado, su ecuanimidad, su noble carácter, la compasión de esta niña hacia todos los seres vivos y sus melodiosos cantos devocionales, hicieron que se ganara el cariño de los habitantes de la aldea. Aquellos que tenían la gran suerte de encontrarse con ella, le abrían su corazón. Pero, por desgracia, no sucedía igual con los miembros de su propia familia. La madre y el hermano mayor le eran particularmente hostiles a causa de su extraño comportamiento.

Por esta época, después del nacimiento de otros cinco hijos, la salud de Damayanthi se deterioró hasta tal punto, que fue incapaz de ocuparse de las tareas domésticas. Dado que Kasturi y Subhagan, los hijos mayores, proseguían sus estudios, la responsabilidad de la casa, de la que ya en buena parte se ocupaba Sudhamani, recayó completamente sobre sus hombros. Esto fue para ella el principio de una vida llena de pruebas y tribulaciones.

Sudhamani trabajó duro día y noche. Se levantaba a las tres de la madrugada para limpiar la casa, barrer el patio, traer agua, cocinar, limpiar y ordeñar las vacas. Y si le quedaba algo de tiempo, lo dedicaba a lavar la ropa de toda la familia y a fregar los utensilios de cocina.

Si el rigor de esta rutina hubiera dejado rendido a cualquier adulto, ¿qué decir de la pequeña Sudhamani? Sólo el cuidado de los animales, suponía suficiente trabajo para una sola persona. Sin embargo, Sudhamani realizaba todas las tareas con fervor y paciencia, sin proferir una sola queja.

A causa de esta pesada carga, su escolaridad concluyó prácticamente en esta época. La mayoría de los días no podía llegar a la escuela a tiempo. Ella se las arreglaba para terminar su trabajo y salir corriendo hacia la escuela, pero cuando llegaba, las clases ya habían empezado, y para castigarla por su retraso, los maestros la hacían esperar detrás de la puerta. Y aunque la obligasen a quedarse fuera, Sudhamani seguía con interés las clases, por lo que logró concluir el cuarto grado.

Al llegar a quinto, le fue imposible simultanear las numerosas tareas domésticas con sus estudios. Así, pues, cuando tenía diez años, la pequeña Sudhamani tuvo que abandonar la escuela y dedicarse por completo a sus obligaciones domésticas. Trabajaba sin cesar desde antes del amanecer hasta bien entrada la noche. Pero a pesar del arduo trabajo, a la pequeña siempre se le oía repetir los nombres divinos de su amado Krishna. A veces, se quedaba totalmente absorta en su amor por Él y se olvidaba de todo lo que tenía alrededor.

Tal como hemos señalado, su jornada empezaba antes del alba, y si alguna vez Sudhamani se quedaba dormida a causa del agotamiento, Damayanthi no dudaba en verter un cántaro de agua fría sobre su cabeza. Tan pronto se levantaba, su primera tarea consistía en machacar cáscaras de coco para obtener suaves fibras con las que fabrican un tipo de cuerdas de carácter artesanal. A continuación comenzaba la primera serie de tareas: limpiar la casa y el patio, ir a buscar agua a una fuente de la aldea, lavar la vajilla, preparar el desayuno y ayudar a sus hermanos menores para que llegaran a tiempo a la escuela. Después, seguidamente, limpiaba las vacas, les echaba forraje, limpiaba de nuevo la vajilla que habían utilizado para el desayuno, lavaba la ropa de toda la familia y salía a cortar hierba para las vacas. Toda esta actividad la tenía ocupada hasta casi las cuatro de la tarde, hora en que sus hermanos volvían de la escuela. Entonces, ella les preparaba una merienda ligera y un té. A lo largo de su pesado trabajo, siempre encontraba tiempo para visitar las casas vecinas y recoger restos de hortalizas y arroz con que alimentar a las vacas. Además, siguiendo instrucciones de su madre, Sudhamani hacía algunas tareas domésticas en las casas que visitaba cuando observaba que no estaban debidamente atendidas. Finalmente, Kunju preparaba la cena para su familia y una vez más limpiaba la vajilla.

Nadie la ayudó jamás, pues la consideraban una sirvienta doméstica y ésas eran sus obligaciones. Su madre, Damayanthi, observaba atentamente cada uno de sus actos, y si cometía algún error, por pequeño que fuera, le imponía de inmediato un castigo. El único amigo de Sudhamani era Krishna, jamás olvidaba su nombre y era su única inspiración. Incluso durante la realización de los trabajos más diversos, el pensamiento intenso de su amado Señor, le hacía brotar lágrimas en sus ojos y lloraba durante horas y horas.

La jornada de Sudhamani terminaba hacia las once de la noche. Este era el único momento en el que ella podía descansar, pero no tumbada sobre una cama, sino descansar en sí misma para invocar a su Señor. Cuando todos estaban profundamente dormidos, Kunju se sentaba ante el altar familiar que había en su casa y le abría el corazón a Krishna por medio de cantos devocionales. En la oscuridad de la noche, Sudhamani lloraba con el corazón partido, y cantaba hasta que finalmente se quedaba dormida.

Krishna niyennil karunyamekane

¡Oh Krishna!, muéstrame tu compasión.
¡Oh Señor Vishnu!, te adoro uniendo mis manos.
¡Libérame del peso de la palabra,
de la mente y del cuerpo!
¡Protégeme con tu afecto!

¡Oh Krishna!, Tú, el amigo de los desdichados,
¿no vas a sentir un poco de compasión?
¿Es que sólo resides en el templo dorado?
¿Se han apagado tus radiantes ojos?

¡Océano de compasión,
desbordas afecto por tus devotos!
¡Tus pies son el apoyo eterno!

Durante estos años, el espíritu de Sudhamani planeaba a tales alturas que, ante el más mínimo incidente o el sonido de un canto que cautivara su corazón, volaba hacia las más elevadas esferas divinas. Un día, la pequeña fue al mercado para hacer algunas compras y, al volver a casa, oyó los ecos distantes de un canto lleno de devoción. Atraída por esta música y en un estado semiconsciente, sin pensarlo dos veces, Sudhamani se dio media vuelta en dirección al lugar de donde provenía la melodía. Descubrió que el canto emanaba de una familia cristiana, uno de cuyos miembros había muerto aquel día. Todos los parientes estaban sentados alrededor del cadáver, cantando alabanzas en un tono lleno de tristeza. El corazón de Kunju se deshizo de pronto y, ajena al mundo, entró en un estado de beatitud divina. De sus ojos cerrados brotaron lágrimas que corrieron por sus mejillas, y todas las compras que acababa de hacer cayeron de sus manos. La familia allí reunida no sabía qué pensar de la transformación repentina de aquella joven desconocida, y se equivocaban si creían que a ella también le afectaba la muerte de su pariente.

Así transcurrió una media hora hasta que Sudhamani recobró parcialmente su estado de conciencia habitual. Recogió del suelo los paquetes de la compra y reemprendió rápidamente el camino de regreso, ya que se le había hecho muy tarde. Tal como podía prever, Damayanthi la esperaba en la puerta mostrando toda su indignación y, en un arranque de ira, la castigó golpeándola violentamente. La pequeña se hallaba todavía abstraída, por lo que recibió el castigo en silencio, sin quejarse lo más mínimo. ¿Qué fuerza exterior iba a distraer un alma absorta en Dios?

Además de su inteligencia excepcional, inalterable buen humor, ejemplar devoción y cautivadores cantos, Sudhamani era conocida por su compasión sin limite hacia los pobres y necesitados. Aunque la pequeña hacía todo lo posible por ayudar a su madre en las tareas de la casa, Damayanthi no dudada en castigarla al más mínimo error. Como hemos anotado anteriormente, había una razón muy especial en la aversión que sentía la madre por esta hija, y era el color oscuro de su piel. Además, Damayanthi sorprendía a veces a la pequeña cogiendo sigilosamente mantequilla, leche o requesón, imitando así al notable ladrón de mantequilla, el niño Shri Krishna. Lo que ella no supo durante mucho tiempo es que estos alimentos, Sudhamani se los entregaba a familias necesitadas que despertaban su simpatía.

Sin que nadie se diera cuenta, Kunju se llevaba secretamente la leche y el requesón, reemplazando las cantidades sustraídas por agua. Si era descubierta, recibía una buena reprimenda. A menudo, la tendencia compasiva de la pequeña fue explotada por sus hermanos, quienes también robaban, pero para ellos mismos, y luego acusaban a Sudhamani. Aunque conociera perfectamente al culpable, ella no lo delataba y soportaba en silencio los golpes que le propinaban.

Cuando Sudhamani oía hablar de una familia que pasaba hambre, tomaba dinero de la caja en la que su madre lo guardaba para comprar lo necesario. Si no podía conseguirlo, acosaba insistentemente a su padre hasta que éste le daba algunas monedas. Y si estos dos medios no eran suficientes para conseguir lo necesario, Kunju tomaba entonces algunos alimentos de la escasa despensa familiar y se los daba a la familia necesitada.

Salvo algunas travesuras infantiles y algunos juegos divertidos, todas las acciones de Sudhamani tenían un fin altruista; eran el resultado de su compasión innata por el sufrimiento humano. Pero estas acciones caritativas no le atraían la simpatía de Damayanthi. Sin importarle el sacrificio y el sufrimiento que tuviera que soportar, la pequeña sentía una gran satisfacción y una alegría inmensa cuando daba paz y ayudaba a los demás. Los castigos no impedían que siguiera con sus prácticas caritativas, y nunca confesaba a nadie los sufrimientos que debía soportar por ayudar a las pobres de la aldea.

Sugunanandan se ausentaba con frecuencia de Idamannel, durante varios días, para tratar asuntos de pesca, y cuando volvía a última hora de la noche sus hijos ya estaban profundamente dormidos. Damayanthi aprovechaba estas ocasiones para detallarle todas las acusaciones que tenía contra la pequeña Sudhamani. En una de estas conversaciones, Sudhamani, que pretendía estar dormida, exclamó de pronto: "¿Acaso no soy tu hija? ¡Parece más que soy tu nuera! Damayanthi se quedó perpleja al oír las palabras de Sudhamani, pues estaba claro el sentido de lo que acababa de decir. Le recordaba a Damayanthi que una verdadera madre perdonaría pacientemente las faltas de su hija, en tanto que una suegra informaría meticulosamente de los errores de la nuera, exagerándolos mil veces.

¿Quién podría imaginar que este insaciable deseo de Sudhamani por aliviar el dolor y el sufrimiento de los demás, atraería muy pronto a multitud de personas de todo el mundo a las orillas del mar Arábigo, al igual que un oasis atrae a los sedientos perdidos en el desierto?

Aunque Sudhamani llevaba a cabo sus tareas con una gran entrega, su madre no dejaba de castigarla al más mínimo error. Si la pequeña tenía cualquier descuido, Damayanthi le advertía: "¡Niña, no seas perezosa! Si permaneces ociosa, Dios no te dará trabajo y, al final, te morirás de hambre. Ruega siempre a Dios: "¡Oh, Dios, por favor, dame trabajo!", pues así es como ora todo el mundo". Tras oír estas palabras, Sudhamani imploró: "¡Oh Krishna, te suplico que me des trabajo, por favor, dame tu trabajo!"

La paciencia, resistencia y sacrificio que mostraba Sudhamani eran increíbles. Su capacidad para llevar a cabo todo lo que se le presentaba y al mismo tiempo recordar a su amado Krishna, anunciaba la llegada a la India de un nuevo Mahatama (gran alma), formando parte del legado ininterrumpido de seres iluminados que han realizado a Dios. Aunque la pequeña tuvo que soportar innumerables pruebas y fue maltratada sin piedad, Sudhamani lo aceptó todo como un favor de la providencia divina. Ella se guardó su dolor y sólo se lo confió al divino flautista, Shri Krishna.

En la oscuridad de la noche, tras las puertas cerradas del pequeño oratorio familiar, imploraba a Krishna con los ojos llenos de lágrimas: "¡Oh, mi Bien-amado Krishna, nadie más que Tú puede comprender mi corazón. Este mundo está lleno de dolor y sufrimiento, todo lo domina el egoísmo. La gente solo busca su propia felicidad y su placer. Mi Bien-amado Krishna, no deseo nada más que la unión total contigo. ¡Oh Señor! ¿no has visto hoy mi sufrimiento? ¡Oh Señor, te ruego que vengas! ¡Que pueda ver tu forma divina! Estos sufrimientos no son nada para mí, pero no puedo soportar el estar separada de ti".

En aquella época, Sudhamani compuso esta canción:

Karunya murte

¡Oh encarnación de la compasión,
de tez oscura
dígnate abrir los ojos
¿No eres aquel que destruye el dolor?

Si es así, ¡pon fin a mi sufrimiento!
En este mundo, tú eres el refugio,

tú, el de brillantes colores,
y ojos como pétalos de flor de loto rojo.

Te adoro por siempre
con las flores de mis lágrimas,
¡Oh Krishna!...

¡Oh Gopala!, encantador del espíritu,
vago en las tinieblas.
Tú, que llenas los catorce mundos,
¡Oh Sridhara, abre los ojos y líbrame del dolor!

Así pasaron tres años de intensa nostalgia y aflicción. Sudhamani, con trece años, seguía trabajando duramente. Parecía que con su crecimiento, sus responsabilidades también aumentaban. Sin quejarse lo más mínimo, siguió su lucha como antes. Al mismo tiempo, sus prácticas espirituales se hicieron cada vez más intensas. Los labios de la pequeña estaban siempre en movimiento recitando el nombre divino. Tanto interna como externamente, el sagrado nombre fluía como una corriente interminable.

La vida con sus parientes

En esta región costera, no era fácil encontrar sirvientes para los trabajos de cocina y otras tareas domésticas, pues existían otros trabajos mejor remunerados, como la fabricación de redes de pesca o la producción de fibras de coco. Además, cualquier otro trabajo que no estuviera relacionado con el oficio tradicional de pesca, era considerado por los aldeanos como una desgracia. Por este motivo, las niñas que abandonaban sus estudios trabajaban día y noche realizando tareas domésticas, e incluso, a menudo, se las enviaba a las casas de los parientes para prestar diversos servicios, pues era habitual entre familiares requerir la ayuda de estas niñas.

Esta fue la suerte de Sudhamani. Sus parientes insistieron para que fuera a servirles y, cediendo finalmente a tal insistencia, sus padres la enviaron a casa de su abuela materna. De este modo, Sudhamani pasó los siguientes cuatro años trabajando como criada en distintas casas de parientes próximos.

La abuela de Sudhamani vivía a seis kilómetros al sur de Parayakadavu. El nombre de ese lugar era Bhandaraturuttu. Se podía llegar allí en barca por el remanso, o bien caminando por la orilla del mar Arábigo. Podemos fácilmente imaginar el efecto embriagador que producía en Sudhamani cualquiera de estos dos trayectos. Sentada en la barca, podía fijar su mirada en el azul del cielo y verter lágrimas de gozo pensando en su Krishna de azulada tez. Ella adquirió el hábito de cantar "Om" al unísono con el ronroneo del motor de la barca. Centraba su atención en las suaves olas que bailaban en la superficie del agua, imaginando que veía la forma de su Bien-amado y sus juegos divinos. Muy pronto entraba en un estado de fervor lleno de devoción y su dulce son "Om" se transformaba en un canto de amor. Los pasajeros disfrutaban enormemente el canto melodioso de la pequeña y no se sorprendían de su conducta, pues siempre la habían considerado como perteneciente a otro mundo. Gracias a estas prácticas, nunca sentía Sudhamani la distancia o el aburrimiento de la travesía.

Pero el gozo de viajar en barca duró poco. Un día, cuando pidió a su madre el dinero para el viaje, Damayanthi le reprochó inmediatamente: "¿Quién eres tú para viajar en barca?, ¿acaso vas a una escuela superior?, a ti te basta con ir a pie". En aquella época Kasturi había iniciado sus estudios superiores, lo que no era frecuente en las aldeas costeras, por tanto, Damayanthi se sentía orgullosa de su hija y le daba suficiente dinero para sus gastos. Estudiar en una escuela superior era realmente algo extraordinario, pues casi todas las familias eran muy pobres y no podían ofrecer estudios de larga duración a sus hijos. Incluso cuando los padres se lo podían permitir, los hijos mostraban tan poco interés y entusiasmo que rápidamente se abandonaba esta idea. No era, pues, sorprendente que en esta situación Damayanthi manifestara algo de orgullo.

Sudhamani, una simple criada de piel oscura, era ignorada, abandonada y absolutamente incomprendida por su familia. Con todo, incluso a esta tierna edad, se la veía pacífica y tranquila, en medio de la injusticia y de la pobreza, sin que nada la colmara salvo su amado Krishna. No le molestó en absoluto la actitud inflexible de Damayanthi. ¡Todo lo contrario! Se sentía feliz de poder ir a casa de su abuela caminando por la orilla del mar. ¡Qué gran bendición poder estar sola para cantar y bailar en éxtasis! El paseo de seis kilómetros era una experiencia indescriptible para Sudhamani, que consideraba el océano como su propia madre.

Fácilmente podemos imaginar a la pequeña caminando a lo largo de la orilla, cantando a pleno pulmón, mientras las olas le marcaban el compás. Olvidándose del mundo exterior, sus pasos se iban haciendo cada vez más lentos. La visión del océano azul y de las grisáceas nubes tormentosas, embargaba su espíritu. El estruendo del mar semejaba el sonido "Om", y siempre ejercía sobre ella un efecto embriagador. Al ver a Krishna en las olas, ¡intentaba a veces abrazarlas! La brisa marina no era mas que la dulce caricia de su amado Krishna. A veces le gritaba bien fuerte: "¡Krishna!, ¡Krishna!", y dejándose absorber por ese supremo estado devocional, se movía por la orilla del mar con pasos vacilantes y, a veces, perdía toda conciencia del mundo externo y se desplomaba en la arena.

Cuando recuperaba su conciencia habitual, Sudhamani se deshacía en llanto e imploraba: "Kanna, mi querido Krishna, ¡ven pronto! ¿Dónde has ido, dejándome aquí? ¿Por qué me has abandonado en esta desconocida orilla? ¿Dónde estoy? ¡Amado Krishna!, ven pronto antes de que las olas de este océano de la transmigración me engullan. ¡Oh Krishna!, eleva a esta desterrada desde la arena del placer. ¿Acaso no eres tú el salvador de tus devotos? ¿Acaso no conoces el dolor de mi corazón? ¿Qué falta he cometido para que me dejes sufrir así? ¡Oh Señor de todos los mundos, ¿acaso no vas a mostrar un poco de compasión por esta humilde sierva? Cada día espero oír el sonido melodioso de la música de tu flauta divina. ¡Oh Krishna, Krishna, ven rápido! ¡Ven, por favor!"

Al cabo de un rato, volvía a un estado más tranquilo y seguía su camino por la orilla del mar, cantando extasiada, pero no tardaba en caer de nuevo sobre la arena, ignorando totalmente el mundo que le rodeaba.

Karunya varidhe

¡Oh Krishna!, océano de compasión,
las miserias de la vida siguen creciendo.
No hay paz para el espíritu.
¡Ay!, es tanta la confusión...

Perdona todas las faltas
enjuga el sudor de mi frente.
¡Oh Kanna!, ya no tengo otro apoyo
que tus adorables pies de loto...
¡Oh Krishna!, mi garganta se seca,
se me nubla la vista,
mis pies están cansados,
estoy cayendo al suelo, ¡oh Krishna!

De este modo, bebiendo el néctar del amor y de la devoción supremas, Sudhamani llegaba a casa de su abuela para enfrentarse a un cúmulo de trabajo agotador. Sin embargo, la jovencita cantaba con alegría los nombres del Señor Krishna mientras llevaba a cabo su tarea. Cada instante de su vida, ya fuera agradable o desagradable, lo consideraba como una oportunidad que le ofrecía el Señor supremo para servirle y recordarle.

De vez en cuando, Sudhamani debía ir a un molino un poco alejado de la casa de la abuela, para descascarillar granos de arroz. Hacía el viaje cantando alegremente sus canciones devocionales preferidas. En el camino al molino, debía pasar por una zona de la aldea donde vivían numerosas familias en medio de una gran pobreza. Sudhamani, cuya naturaleza misma era pura compasión, observaba desesperada la miseria de aquella gente con la que se encontraba al volver de descascarillar el arroz, por lo que solía dar una parte a aquellas familias que habían estado sin comer varios días seguidos. A veces, su abuela se daba cuenta de la parte que faltaba y, creyendo que la había vendido para comprarse algún capricho, la reñía y la golpeaba. Pero por más que la presionaran para que hablara, la pequeña nunca revelaba el nombre de las familias a las que había dado el arroz. Pensaba que si daba a conocer sus nombres, su abuela iría a verlos y provocaría una discusión.

Mientras Sudhamani estuvo en Bhandaraturuttu, la enviaban a cuidar los campos recién sembrados de arroz para ahuyentar a cuervos y otras aves. Las plantaciones estaban alejadas y como era habitual en la pequeña, ésta transformaba cualquier situación en una oportunidad para recordar a Dios. Esta tarea suponía una ocasión única para alejarse de su familia, y pasar algún tiempo en soledad, recordando y orando al Señor. Con cada respiración, ella pronunciaba el nombre de Krishna. Cada paso que daba, le recordaba su forma divina. Eran tan intensos su amor y devoción que, algunas veces, la encontraban desplomada junto a los campos de arroz, en éxtasis, llorando sin parar.

Para gran consuelo de Sudhamani, su abuela era devota del Señor Krishna. Su retrato estaba colgado en la pared y Sudhamani se pasaba mucho tiempo ante él, dedicándole cantos devocionales, hasta que tenía que ir a trabajar. Su tío Ratnadasan, que amaba mucho a la pequeña, le traía un taburete para que se sentara mientras hacía sus oraciones y no permaneciese tanto tiempo de pie, pero Sudhamani exclamaba: "¡Cómo voy a sentarme si Krishna está de pie?" Para ella la imagen del Señor no era un simple dibujo sobre un papel, era Krishna en carne y hueso. Para un verdadero devoto no existe la materia inerte, todo es manifestación de la gloria del Señor.

Atraídos por los conmovedores cantos de Sudhamani, los vecinos acudían a escucharla, y el fervor con el que cantaba les llenaba de amor y devoción. Poco a poco, fueron aprendiendo estas composiciones, y las cantaban en los oratorios de sus casas. Para protegerla contra el mal de ojo, el tío de Sudhamani aplicó sobre la frente de la pequeña ceniza consagrada con especiales plegarias.

Así fueron transcurriendo, uno tras otro, varios meses. Cuando Sudhamani cumplió catorce años, sus padres la enviaron a casa de la hermana mayor de Damayanthi, y allí se encontró, como siempre, con una pesada carga de trabajo que tuvo que asumir ella sola. Primero tenía que hervir el arroz completo y luego secarlo al sol. A continuación, cocinaba, lavaba la ropa y limpiaba la vajilla. Todos los hijos de esta familia iban a una escuela superior y consideraban vergonzosa cualquier tarea doméstica. Ninguno tenía fe en Dios, por lo que se dedicaban a hostigar, sin piedad, a Kunju por su actitud devota, y hacían todo lo posible para impedir que cantara sus canciones devocionales. ¡Pobre Sudhamani! ¿Qué podía hacer ella contra esta gente sin corazón? Cuando conseguían su propósito, Sudhamani se tapaba el rostro con las manos y se echaba a llorar. Aunque exteriormente guardara silencio, nadie podía apreciar la corriente incesante de amor que desde su corazón fluía hacia su bien-amado Krishna.

Dada la proximidad del océano, la casa estaba rodeada de agua salada, y Sudhamani tenía que ir a buscar agua potable, remando en un pequeño bote, hasta una fuente de agua dulce, al otro lado de la laguna. Algunas veces transportaba en el bote a sus primos que iban a la escuela y también aceptaba, de buen corazón, a otros niños.

De regreso, sentada en su canoa, Sudhamani disfrutaba de la belleza del paisaje natural. Entonces invocaba sin contenerse a su Señor, mientras crecía enormemente su deseo por llegar a verlo. Conversaba con las suaves olas que danzaban en la superficie del agua, y les decía: "Pequeñas olas, ¿alguna de vosotras ha visto a mi Krishna, de oscura tez azul como nube de tormenta? ¿Habéis oído alguna vez el sonido de su dulce y melodiosa flauta encantadora?" Al ver que las olas continuaban danzando en la superficie del agua, Sudhamani creía que la respuesta era negativa, por lo que rompía a llorar y pensaba: "Estas pequeñas olas también sienten como yo el profundo dolor de no ver a Krishna". Kunju percibía en todo lo que la rodeaba el reflejo de su ilimitado sufrimiento. Al observar la Naturaleza, imploraba en voz alta: "¡Oh nubes azules en el cielo infinito, ¿dónde habéis escondido a mi amado Krishna? ¡Oh blancas grullas que voláis libremente por el cielo, ¿vais a Vrindavan[5]?Si acaso os encontráis con Krishna, habladle de esta pobre niña que siempre está llorando y pensando en Él". Inmediatamente después, perdía la conciencia externa y, sentada en la barca, permanecía inmóvil como una estatua. A medida que iba recobrando su estado normal, se daba cuenta de que todavía seguía sentada en la canoa, pero ésta había perdido su rumbo y se alejaba más y más, a la deriva. Estos estados de exaltación espiritual que le sobrevenían en cualquier lugar y momento, la enfrentaban, a veces, a serios peligros que podían haberle costado la vida. El siguiente incidente se produjo durante la estancia en casa de su tía.

Un día, después de descascarillar arroz, la pequeña Sudhamani regresó a casa en una pequeña embarcación. Mientras iba remando, miraba a su alrededor y disfrutaba del paisaje. Al contemplar el cielo, vio las nubes desafiantes, de color azul oscuro, que surgían en el horizonte. Esta visión llenó su inocente corazón de la memoria de su amado Krishna de tez azulada. En un instante, perdió totalmente la consciencia del mundo exterior y entró en *samadhi*[6]. Los remos cayeron de sus manos. Sus ojos fijos en el cielo azul se olvidaron de todo lo que tenían alrededor, mientras ella permanecía sentada, en total quietud. Y aunque de vez en cuando exclamara: "¡Krishna, Krishna!", seguía completamente ausente de este mundo. La canoa navegaba a la deriva e iba arrastrada por una corriente peligrosa, cuando de pronto se escuchó el motor de un enorme barco. ¡Se dirigía directamente hacia la pequeña embarcación de Sudhamani, la colisión ya parecía inminente! Los pasajeros del barco empezaron

---

[5] Lugar donde se desarrolló la infancia de Shri Krishna y en el que viven, actualmente, numerosos devotos.
[6] Éxtasis, meditación profunda en la que la consciencia individual se une a la Consciencia Suprema. La mente entra en un estado de completa quietud y solo permanece la Pura Conciencia.

a dar voces de alarma, pero no conseguían despertarla. La gente que se hallaba en la orilla del río también empezó a gritar, y algunos lanzaron piedras al agua en torno al bote. Ya en el último momento, la pequeña recuperó parcialmente la conciencia externa, y de la forma que pudo, logró alejar su bote del peligro.

Pasó otro año, y esta vez Sudhamani fue enviada a casa de Anandan, el hermano mayor de Damayanthi. La casa estaba en el pueblo de Karunagappally, a unos diez kilómetros de Parayakadavu, hacia el interior del país. Sudhamani llevaba a cabo su trabajo cotidiano con gran dedicación y entusiasmo, lo que llenaba de satisfacción a Anandan y a su esposa. Ésta llegó incluso a regalarle un par de pendientes como agradecimiento sincero por su entrega al trabajo.

La compasión por los pobres y necesitados era uno de los rasgos más destacados del carácter de la pequeña. Dondequiera que se encontrase, ya fuera en la casa de su tío, de su tía o en su propia casa, nada podía impedir que Sudhamani prestara su ayuda a los necesitados. Muchas familias musulmanas vivían cerca de la casa de su tío, y la mayoría eran bien pobres. Para ayudarles, la pequeña tomaba toda clase de alimentos y objetos de la casa de su tío y, secretamente, se los daba. Al principio nadie se percató de sus acciones, pero muy pronto fue sorprendida. Su tía empezó entonces a sentir una gran aversión hacia ella, y no le importó castigarla con numerosas palizas. Sin embargo, Kunju no se quejó ni se sintió jamás ofendida por el comportamiento de su tía, pues pensaba: "¿Por qué voy a ofenderme? La aversión surge cuando uno se siente diferente de los demás, pero yo nunca los he considerado como si estuvieran separados de mí. Si en mi propia casa me han golpeado, ¿por qué voy a quejarme ahora por recibir el mismo trato aquí?"

Aunque a menudo recibió duras palizas, Sudhamani no dejó de manifestar su compasión hacia los afligidos, ni abandonó nunca el hábito de dar a los demás. Los hechos que venimos relatando muestran la paciencia, compasión y resistencia extraordinarias que estaban indisolublemente unidas a su propia naturaleza. Todos los acontecimientos de su vida pueden tomarse como una lección, y ella misma los consideró así. Su mensaje futuro de amor iba a ser la prolongación de su sacrificio único e inmenso, que ella acepta como modo de vida.

La agudeza intelectual de Sudhamani le permite penetrar fácilmente en todas las cosas y extraer de ellas los principios espirituales esenciales. Años más tarde, describió las pruebas y tribulaciones que tuvo que superar como raras bendiciones, otorgadas por el Supremo para hacerle comprender la naturaleza efímera del mundo y de las relaciones humanas. En cierta ocasión dijo:

"A través de estas experiencias, comprendí que el mundo estaba lleno de sufrimiento. No tenemos verdaderas relaciones familiares ni de amistad, ya que todos nos aman sólo para satisfacer sus propias necesidades egoístas. Los seres humanos se aman entre sí movidos por el deseo. Nadie nos ama desinteresadamente. Sólo Dios nos ama así".

Sudhamani percibió claramente que el permanecer en estrecha relación con esos parientes, sería un gran obstáculo para el objetivo supremo de su vida, por lo que, finalmente, optó por crear las circunstancias que la liberaran de aquella esclavitud. Una mañana discutió acaloradamente con esta familia con el propósito de romper su atadura y abandonar la casa. Sus tíos estaban tan furiosos que le retiraron todos los regalos que le habían hecho, incluso los pendientes, y la enviaron a su casa con las manos vacías. Antes de partir, Sudhamani les anunció: "Llegará un día en que tendréis que venir a mí suplicando. Hasta ese día, no volveré a entrar en esta casa".

Al cabo de once años, la familia de su tío se vio acosada por graves problemas económicos y acudieron todos a Idamannel a implorar la ayuda de Sudhamani. Solo entonces volvió a casa de sus tíos para llevar a cabo una ceremonia y otorgarles su bendición. Ese día, la tía de Sudhamani se arrepintió de los hechos pasados y dijo: "Nunca imaginé que Kunju llegara a ser tan grande. ¡Con qué dureza la reñí y la golpeé!"

El Señor Supremo está siempre deseoso de cumplir la promesa de sus verdaderos devotos. Las grandes epopeyas de la India nos muestran muchos acontecimientos similares que lo atestiguan. Dios es realmente el servidor de sus devotos.

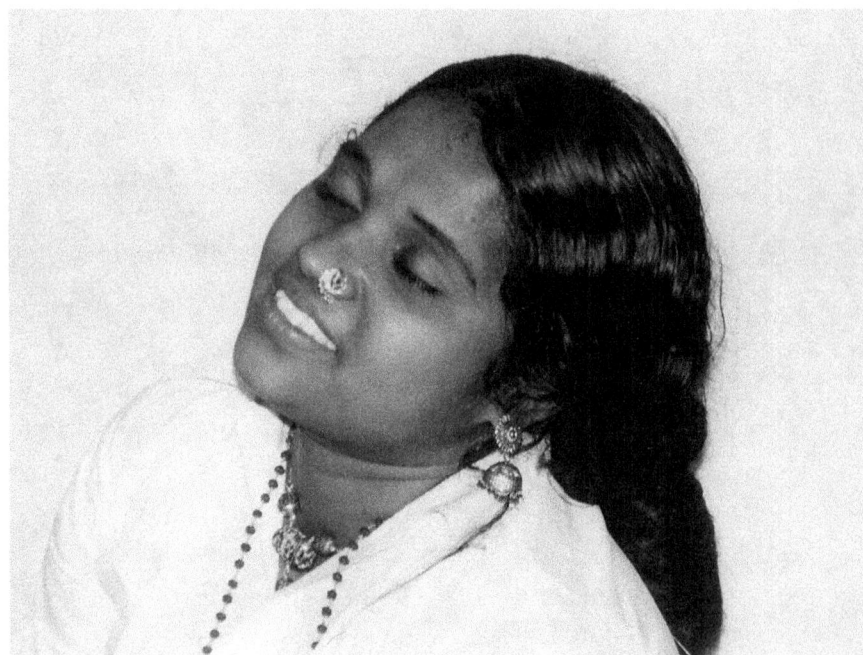

Capítulo 3

Lágrimas por Krishna

"No teniendo mantequilla ni leche que ofrecerte, te ofrezco un poco de mi dolor.
¡Oh Kanna!, a tus Pies ofreceré las perlas de mis lágrimas."

—Mata Amritanandamayi

śrī bhagavān uvāca:
mayyāveśya mano ye mām nityayuktā upāsate
śraddhā parayopetās te me yuktatamā matāḥ

mayyeva mana ādhatsva mayi buddhim niveśaya
nivasiṣyasi mayyeva ata ūrdhvam na samśayaḥ

El Divino Señor dijo:
*"Aquellos que, fijando en mí su pensamiento, me adoran
en continua meditación y poseen supremo shraddha, esos
son a mis ojos los mejores practicantes de Yoga.*

*Fija tu mirada sólo en mí, concentra tu mente en
mí; entonces, sin ninguna duda, tu vivirás en mí
eternamente".*

– Srimad Bhagavad Gita
Capítulo 12, versículos 2 y 8.

Regreso a Idamannel

Al volver a Idamannel desde la casa de su tío, Sudhamani, que
ahora tenía dieciséis años, se sumergió totalmente en sus prácticas
espirituales, al tiempo que asumía una enorme carga de trabajo
doméstico. Incluso en el contexto de la India, su pasión por realizar austeridades espirituales a pesar de los más grandes obstáculos,
constituye un ejemplo único e incomparable.

Su trabajo constituía, tal como siempre lo había sido, una adoración al Supremo. Quienquiera que hubiera visto a Sudhamani
durante aquella época, se hubiera quedado perplejo. ¿Cómo podía
soportar su pequeño cuerpo una carga de trabajo tan pesada? Damayanthi se había vuelto incluso más cruel e irascible a causa de su
reumatismo crónico, agravado por la ausencia de su hija. Además,
los hurtos que Sudhamani había cometido en casa de sus parientes,

52

por pura compasión, le habían proporcionado una mala reputación. Esto aumentó la hostilidad de Damayanthi hacia su hija, por lo que la reñía y la golpeaba incluso cuando Sudhamani cumplía intachablemente sus deberes domésticos.

A pesar del trato tan cruel que recibía de su madre, la pequeña no alimentaba ningún rencor. Algunos años más tarde, Sudhamani hablará con reverencia de Damayanthi y la considerará como su primer gurú. Escuchemos sus palabras:

"Damayanthi Amma fue, en cierto modo, mi gurú. Ella me inculcó diligencia, devoción y disciplina. Ella observaba meticulosamente todos mis actos. Si después de haber barrido el patio, quedaba algún resto, ella me golpeaba. Cuando acababa de lavar todos los platos y utensilios, ella los examinaba escrupulosamente, y si había la más mínima huella de suciedad, me reñía. Incluso me castigaba si caía inadvertidamente en la olla una mota de polvo o de ceniza. Damayanthi deseaba que sus hijas hicieran sus plegarias a primera hora de la mañana y no dudaba en verter un jarro de agua en sus caras, especialmente en la mía, si nos despertábamos tarde a causa de la fatiga. Cuando cortaba hierba para las vacas, ella me observaba a distancia para ver si me distraía hablando con otros. Incluso me golpeaba con un mortero de madera que se utilizaba para moler arroz. Los vecinos, al ver el comportamiento de mi madre, le decían: "¡No la golpees así, no ves que un día tendrás que entregarla en matrimonio!" Sin embargo, yo era consciente de que esas experiencias eran por mi propio bien".

Los lectores quizás se sientan asombrados por la actitud severa de Damayanthi hacia su hija, sobre todo después de haberla descrito como una mujer piadosa. Pero su comportamiento se explica mejor si lo consideramos a la luz de una devoción desprovista de conocimiento. Muchos devotos del Señor tienen una fe y un respeto profundos por dioses y diosas, y cumplen regularmente con los ritos religiosos, pero su concepción de Dios no va más allá. A Dios no se le percibe residiendo en el corazón de todos los seres, sino más bien como limitado a las cuatro paredes del templo. Estos devotos llevan a cabo sus ritos con la finalidad de ver cumplidos sus deseos o por complacer a Dios. Su concepto de la religión y de la adoración al Señor no tiene nada que ver con la mejora del carácter o la aniquilación de sus propias tendencias negativas. Ellos no persiguen la meta suprema de la realización de Dios o del Ser. Adoran a Dios porque sus padres así lo hicieron o por miedo a cometer algún pecado.

Sin embargo, existe otra clase de devotos que consideran a Dios como inmanente en el corazón de todas las cosas y le sirven como tal. Renuncian a todo y se abandonan enteramente a los pies de loto del Señor. El fin último de su vida es el de llegar a conocer la realidad suprema y unirse a ella."

Damayanthi pertenecía a la primera categoría de devotos, y por tanto no debe sorprender que tuviera una visión limitada de Dios y de la espiritualidad, como se reflejaba en la severidad con que trataba a su hija.

A veces, cuando Damayanthi estaba a punto de golpearla por una razón u otra, Sudhamani sujetaba su mano, y aunque no era muy grande, era bastante fuerte. Incapaz de soltarse de la mano de Sudhamani, intentaba entonces golpearla con los pies. Kunju sabía responder eficazmente y también lograba sujetarle la pierna. El siguiente movimiento de Damayanthi aún era más interesante, pues como no encontraba otro medio para castigar a su hija, entonces la mordía. En alguna ocasión, llegaba a golpearla con un machete que se utilizaba para abrir cocos y, sin contenerse, vertía sobre ella toda clase de injurias e insultos.

Sudhamani podía ser muy atrevida y mostrarse impertinente cuando tenía que hacer frente a su madre. A veces cuando Damayanthi le ordenaba: "¡Cállate!", ella replicaba inmediatamente: "¡No me voy a callar!" Si Damayanthi le decía: "¡No lo hagas!", ella respondía sin dudar: "¡Lo voy a hacer!" Pero cuanto más protestaba, mayor era el castigo. Al final, ya cansada, Damayanthi maldecía a su hija: "¡Maldita sea esta hija tan arrogante!" y añadía: "Si sigue así, será una gran deshonra para toda la familia. ¡Oh Dios!, ¿por qué no pones fin a su existencia?"

54

Por su parte, a Sudhamani no le molestaba la hostilidad que le mostraba su madre. Ante sus ojos todos los seres eran iguales. Desde su infancia, llamaba a todos los hombres, "padre" y a las mujeres "madre", lo que irritaba a sus padres, pues consideraban esta forma peculiar de dirigirse a los demás como una desgracia para toda la familia. Entonces, la reñían diciéndole: ¿Te parece correcto llamar padre y madre a toda esa sucia gente? Sudhamani respondía de inmediato: "Nunca he visto a mi verdadero Padre ni a mi verdadera Madre. Por tanto, todos son mi padre y mi madre".

La familia prohibió a la pequeña que se pusiera ceniza sagrada en la frente, y para burlarse de ella, le decían: "Eh tú, niña, ¿vas a convertirte en un *sannyasin*? A Sudhamani no se le permitía siquiera vestirse como a la otras niñas. Si se ponía bermellón[7] en la frente, llevaba una blusa a cuadros o se ponía una chaqueta limpia, inmediatamente surgían las burlas. Para mofarse de ella, le preguntaban: ¿Por qué llevas esas ropas de colores y te pones el bermellón? ¿A quién quieres agradar? También le daban consejos: "Las jóvenes deben comportarse con el mayor pudor".

Más sorprendente que el deplorable trato que recibía, era la imperturbable tolerancia de Sudhamani hacia todo lo que le sucedía. Aunque a veces mostrara impertinencia, no había en su actitud ni un ápice de odio. Cuando más tarde le preguntaron sobre esta cuestión, Kunju simplemente respondió: "Damayanthi no me castigaba. Era sólo una visión limitada lo que hacía que me tratara duramente. Estas pruebas me llevaron al sendero correcto. Por tanto, no siento ningún odio hacia ella".

Como si el sufrimiento de Sudhamani no hubiera sido suficiente, Dios la bendijo con un hermano mayor, llamado Subhagan, que era un verdadero terror, y no sólo para Sudhamani sino también para la familia y los aldeanos. Se proclamaba ateo y sostenía que las mujeres debían ser reservadas y permanecer en silencio. Su carácter agresivo

---

[7] Marca roja que llevan los hinduistas en la frente y simboliza el ojo del Conocimiento.

era bien conocido y Sudhamani se convirtió en su víctima habitual. No le permitía relacionarse con otras niñas de su edad, pues estaba convencido de que cualquier amistad estropearía su carácter. Cuando Sudhamani debía ir a buscar agua potable para su familia, tenía que ir siempre sola. Si llegaba a encontrarse con algunas jóvenes, podía estar segura de que recibiría un severo castigo de Subhagan. En realidad, esta prohibición no le importaba a Kunju, pues prefería estar sola para recordar a Dios sin impedimento alguno.

Por aquella época no había más que una fuente de agua potable para toda la aldea y funcionaba con un molino de viento. Siempre había una gran cola para tomar el agua y todos debían esperar su turno. Las mujeres de la aldea se reunían allí con sus vasijas y Sudhamani aguardaba junto a ellas. Los aldeanos esperaban durante horas, allí reunidos, hasta que el viento soplara. Los días en que había que aguardar mucho, Sudhamani dejaba sus vasijas en la cola e iba a cortar hierba para las vacas. Las otras mujeres que conocían la naturaleza piadosa y trabajadora de la pequeña, le llenaban gentilmente las vasijas y se las guardaban.

Como hemos indicado al principio, Sudhamani visitaba las casas vecinas para recoger restos de verduras y arroz para las vacas. Si le hacían esperar, entraba en el oratorio familiar y cantaba *bhajans* o meditaba. Después pasaba algún tiempo con las ancianas de la casa, se interesaba por la salud de éstas y escuchaba atentamente la explicación que hacían de sus males. Sus hijos parecían maltratarlas y desatenderlas simplemente porque eran viejas o estaban enfermas. Fue así como Sudhamani, desde su temprana edad, fue testigo de la naturaleza efímera y egoísta de las relaciones humanas. Siempre que podía llevaba a estas ancianas a su casa, les daba un baño caliente, las vestía con la ropa de su familia y les preparaba una suculenta comida.

Si se enteraba de alguien que estaba pasando hambre, Sudhamani le ofrecía, al menos, las verduras que encontraba en casa. A veces llevaba a su casa a los niños que encontraba vagando por los alrededores. Al verlos descuidados y mal alimentados por sus propios padres, les daba todo lo que necesitaran antes de pedirles que volvieran a sus casas.

Un día Sudhamani fue sorprendida cuando sacaba comida de su casa para alimentar a un pobre. A pesar de la severidad del castigo, ella no abandonó los actos compasivos y, sin que sus padres lo supieran, continuó prodigando su ayuda cada vez que lo veía necesario. Otro día, se encontró con una familia que estaba a punto de morir de hambre. Al no encontrar otra cosa, les dio un brazalete de oro que pertenecía a su madre, a fin de que consiguieran dinero para comprar el alimento que tan desesperadamente necesitaban. Cuando su padre se enteró, montó en cólera. La sujetó a un árbol y la golpeó sin piedad hasta que su tierno cuerpo empezó a sangrar. Pero a pesar de este trato, la pequeña mantenía un gran valor y perdonaba. Se le oía implorar a Dios para que perdonara las terribles acciones cometidas por sus familiares, fruto de su ignorancia.

Cuando se encontraba sola, Sudhamani pensaba: "¡Oh Krishna!, ¿qué clase de mundo es éste? Si ni siquiera la madre que trae al mundo un hijo, lo trata con amor. Si no llega a sentir amor verdadero ni por su propia familia. ¿Dónde puedo encontrar un amor puro y desinteresado en este mundo? El amor que yo encuentro, ¿es real? o ¿es acaso una simple ilusión?" A veces, sentada ante su altar familiar, se deshacía en lágrimas con estos pensamientos y exclamaba: "¡Krishna!, ¡Krishna!, no tengo a nadie en este mundo más que a ti. Mi espíritu te persigue sin cesar, anhelando ver tu forma divina. ¿No me vas a llevar contigo? ¡Oh, Krishna!, te ruego que vengas pronto!"

Durante esta época, un anciano vino a vivir a Idamannel. Se trataba de un pariente lejano que se había quedado sin familia, y su salud era tan precaria que apenas podía caminar. Incapaz de levantarse, se veía obligado a hacer todas sus necesidades en la cama. Sin que nadie se lo pidiera, Sudhamani se ocupó inmediatamente del anciano y asumió la responsabilidad de su cuidado. Los otros miembros de la familia ni siquiera lo miraban, y menos aún se ofrecían para atenderlo. Kunju se ocupó de él con devoción y paciencia. Lavaba su ropa, le daba un baño de agua caliente todos los días, retiraba su orina y excrementos y le daba las medicinas prescritas en el momento oportuno. Aunque Sudhamani manifestaba una abundancia extraordinaria de nobles cualidades, ningún miembro de su familia lo resaltó, nadie parecía comprender o apreciar su generosa actitud de apertura hacia la vida. Solo una paradoja divina explicaría el que ella no recibiera mas que continuos malos tratos por cada una de sus acciones.

Mientras hacía sus tareas, Sudhamani acostumbraba recordar a Krishna, e imaginaba que ella misma era Krishna, Radha, una *gopi* u otra persona vinculada con la vida de Krishna. A veces, mientras cocinaba, su corazón se colmaba con la imagen y los sentimientos de la madre de Krishna, Yashoda, a la que veía batiendo la leche y amamantando a su bebé Krishna. Cuando Sudhamani ayudaba a sus hermanos para ir a la escuela, se imaginaba que estaba vistiendo a Krishna, Balarama y los *gopas*[8] antes de que salieran a apacentar a las vacas. Al contemplar todo esto con su visión interna, derramaba lágrimas de alegría. Cuando iba al mercado a hacer las compras, recordaba a las *gopis* que solían andar por las calles de Vrindavan vendiendo leche y mantequilla. En lugar de gritar: ¡Leche, mantequilla!", decían "¡Krishna, Madhava, Govinda, Achyuta!" Tan intensa era su devoción.

El amor puro y la devoción de los *gopis* por Shri Krishna fue siempre una fuente inagotable de inspiración para Sudhamani. A veces imaginaba que era Radha, la Bien-amada de Shri Krishna. El sólo pensamiento de Radha bastaba para que su espíritu levantara el vuelo y rápidamente perdiera la conciencia del mundo externo. Totalmente absorta en un estado divino, se ponía a cantar y a bailar, derramando lágrimas de éxtasis.

Kalina Kannan

¡Oh Tú!, el de tez oscura,
mis ojos languidecen por ver tus Pies.

---

[8] Los niños pastores de Vrindâvan.

Oh Tú, el de los ojos de loto, ven pronto,
con tus vacas y tu flauta melodiosa.

¿Cuántos días he estado llamándote?
¿Qué falta irreparable he cometido?
¿No eres Tú el amante de los devotos?

Dígnate venir con tu flauta
antes de que me deshaga en lágrimas,
sin verte, soy incapaz de vivir así.
Tú la única realidad, ven, ven...

Cumplidor de deseos, causa de toda existencia,
¡Oh Tú!, el de tez oscura, ven, ven...
Sin pérdida de tiempo, sin aumentar mi dolor,
¡Oh encarnación de la compasión!, ven, ven...

Mientras iba a buscar agua, Sudhamani recordaba a las *gopis* que iban al río Yamuna y llevaban los cántaros en sus cabezas. Cuando lavaba la ropa de la familia, entonaba cantos devocionales e imaginaba que lavaba las túnicas de seda de Krishna y de las *gopis*. Después de haber tendido la ropa, Sudhamani miraba cómo ondeaban al viento y pensaba: "¡Qué bien danzan con la brisa las túnicas de seda amarilla de Krishna!" Cuando recogía hierba para las vacas y las alimentaba, pensaba intensamente en Krishna que de niño cuidaba a diario las vacas en las praderas y bosques de Vrindavan. Sudhamani se deleitaba recordando las historias del joven pastor y de las *gopis*.

El momento del día que Sudhamani prefería era el crepúsculo, cuando recorría la laguna en busca de patos, cabras y vacas que se habían perdido durante el día. Al hacerlo, recordaba a Krishna cuando iba a buscar las vacas y terneros que se habían apartado del rebaño. Si oía algún canto devocional, lo que era muy común en la India a la hora del crepúsculo, se quedaba inmóvil, transportada a otro mundo. No eran raras las ocasiones en que esto sucedía. Si tardaba en volver, entonces, algún miembro de la familia, enojado, salía a buscarla.

Sudhamani estaba siempre ocupada en una labor u otra, pero su espíritu no se diluía en el trabajo ni quedaba preso en él. Estaba constantemente lleno de anhelo por Krishna, emprendiendo siempre su búsqueda. Los nombres sagrados del Señor estaban continuamente en sus labios y la misma palabra "Krishna" le llenaba los ojos de lágrimas. Como siempre estaba llevando agua, lavando la ropa de la familia o caminando por el remanso, sus ropas estaban todo el día empapadas de agua. Solía decir: "¡Cuánto deseaba que mi ropa se secara! Aunque tenía un trabajo agotador, le pedía a Dios que me diera más para tener la oportunidad de estar siempre ocupada en Él y dedicarle todos mis actos. Al tener que transportar vasijas llenas de agua para la cocina y ollas de arroz hervido sobre la cabeza, perdí una parte de mi pelo debido al peso y al calor de las vasijas".

Cualquiera que fuera su actividad, Sudhamani la hacía moviendo continuamente sus labios. Nadie comprendía que la pequeña repetía sin cesar los nombres del Señor. Un día, su hermano más pequeño, Sathish, que había adquirido la costumbre de sus hermanos mayores de agredirla verbalmente, señaló en un tono incisivo: "¡Mover continuamente los labios es síntoma de trastorno mental!" Sudhamani escuchó el comentario de Sathish, pero no le molestó. Más adelante, cuando Sathish sufrió un agudo ataque de asma, Sudhamani lo llevó sobre sus espaldas hasta el hospital, aun cuando otros miembros de la familia podían haberlo hecho con menor esfuerzo. A nadie le importaba su condición asmática, salvo a la inocente niña que siempre esperaba una oportunidad para servir y ayudar a los demás con abnegación.

Sudhamani terminaba el trabajo bien entrada la noche, cuando ya no quedaba ni una sola lámpara encendida en su casa ni en toda la vecindad. Por tanto, aunque fuera muy tarde, Sudhamani cantaba en voz alta a su Señor en el pequeño oratorio familiar. Damayanthi y Subhagan la maldecían por cantar así en la oscuridad y perturbarles el sueño. Su hermano mayor, Subhagan, solía decirle: "¿Por qué gritas y aúllas de ese modo? ¿Es para que Dios pueda oírte en el cielo? ¿Acaso está sordo tu Dios?" Pero a pesar de los castigos y reprimendas, Sudhamani no estaba dispuesta a dejar de cantar en las silenciosas horas de la noche. Una vez, Subhagan montó en cólera y entró en la sala de oraciones para reprocharle que cantara de ese modo en la oscuridad. Inmediatamente le respondió: "Tú solo ves la lámpara exterior, pero en mí brilla una lámpara que no se apaga jamás". No hace falta decir que el sentido profundo de esta observación pasó completamente desapercibido.

Sudhamani temía que Dios castigase a sus padres y hermano mayor por golpearla mientras entonaba cantos devocionales, por eso se puso a cantar más bajo y así evitar que incurrieran en acciones violentas. Profundamente apenada por los obstáculos que encontraba en su familia, Sudhamani se sentaba en el oratorio y se echaba a llorar. Entonces surgía otra objeción. Insistían en que no debía llorar mientras entonaba cantos devocionales, pues les podría acarrear graves desgracias. En todo lo que ella hacía, siempre encontraban algo mal. ¡Pobre niña! Todo lo soportaba en silencio, y se olvidaba de los sufrimientos con la dulce memoria de Krishna.

Ya desde su infancia, Sudhamani nunca hizo partícipes a los demás de su sufrimiento. Shri Krishna era el único al que le abría el corazón. Sudhamani hablaba también a menudo con los animales y la Naturaleza, convencida de que Krishna escuchaba cada una de sus palabras. Al percibir a Krishna en todas las cosas, siempre procuraba conversar con ellas. Veía a las vacas como si fueran Krishna escuchando atentamente su discurso, y si una de ellas se tumbaba, la pequeña se estiraba junto a su cuerpo, mientras pensaba que descansaba feliz en el regazo de Krishna.

Cuando veía las estrellas, la luna y los árboles en flor, les preguntaba: "¡Oh amigos míos!, ¿habéis visto a mi querido Krishna? ¡Oh dulce brisa!, ¿has acariciado alguna vez su encantadora forma? Y vosotras, estrellas brillantes y silenciosa luna, ¿andáis también tras Él? Si lo encontráis, decidle que esta pobre Sudhamani también lo espera."

Ningalil arunum undo

¿Alguno de vosotros ha visto a mi Bien-amado Krishna?
Vosotros podéis verlo, pero Él nunca aparece
ante mis ojos...
La señal de sándalo en su frente,
la belleza de su túnica de seda amarilla,
los ondulantes rizos de su cabello
adornados con la pluma de pavo real...
¡Oh!, ¿cuándo contemplaré todo esto?
¿De qué me sirve esta existencia y este cuerpo?
Ha puesto fin a toda mi buena fortuna...
¿Cuánto tiempo persistirán estos sufrimientos?

Entre los mejores amigos de Sudhamani se encontraba la "Madre Mar", ya que veía en ella a su propia madre. Siempre que podía, Kunju se escapaba a la orilla del mar y desahogaba la tristeza de su corazón, mientras observaba la inmensidad del mar. El azul intenso del agua le recordaba la tez oscura de su amado Krishna, y de inmediato perdía la conciencia del mundo exterior.

Sudhamani observó que algunos vecinos se ganaban la vida haciendo pequeños trabajos de costura. Ante la posibilidad de ayudar a otros con el dinero que pudiera ganar, abrigó el deseo de aprender a coser. De este modo, no tendría que coger de casa lo necesario para ayudar a los demás. Llena de esperanza, expresó este deseo a sus padres, pero la respuesta de Damayanthi no fue muy alentadora: "No vamos a enviarte a ningún sitio para que aprendas a coser, pues muy pronto te daremos en matrimonio a un trepador de cocoteros". En Kerala, los hombres que se dedican a subir a los palmerales para recoger cocos pertenecen a una clase muy baja, pues su única fuente de ingresos proviene de la recogida de cocos. A Sudhamani la habían sorprendido a menudo cogiendo cocos, y aunque Damayanthi estaba segura de que eran para comérselos ella, lo cierto es que siempre se los entregaba a los aldeanos necesitados.

Finalmente, como Kunju insistía tanto, sus padres la autorizaron a aprender a coser durante una hora diaria, pero con una condición: debía terminar todas las labores de la casa antes de ir a la clase de costura. No es fácil imaginar cómo Sudhamani se las arreglaba en aquella época para explotar al máximo su tiempo. Tenía que acabar el trabajo de la mañana antes del mediodía para poder llegar a la clase de costura. Las jóvenes que estudiaban con ella conocían su situación y, a veces, acudían a ayudarla. Bajo el sol abrasador del mediodía, Sudhamani caminaba dos o tres kilómetros hasta el lugar donde aprendía a coser. Una hora después tenía que volver a casa apresuradamente para servir la comida.

El resto del día transcurría como de costumbre, con su agotadora rutina. Los únicos momentos que podía dedicar a lo que realmente consideraba importante, la oración y la meditación, eran las horas silenciosas de la noche. Llorando sin parar, la pequeña se fundía en un embriagador estado de unión divina, después recuperaba algo de conciencia y se dejaba llevar por el sueño.

La inagotable paciencia, resistencia y energía de Sudhamani, que todavía hoy se mantienen intactas, eran realmente milagrosas. Cualquiera que fuera la cantidad de trabajo que tuviera que hacer, ella lo realizaba alegremente, sin la menor queja. Sudhamani consideraba como su derecho de nacimiento y su *dharma*, el socorrer a todos los que tuvieran necesidad, sin esperar a que se lo pidieran. Más tarde explicó: "Me sentía gozosa al ver la felicidad de los demás y nunca pensaba en mi comodidad, ni en la carga de mi trabajo. Cada vez que había una oportunidad de servir y ayudar a los demás, me dedicaba por entero, con el máximo amor y sinceridad".

Al principio, Sudhamani aprendió a coser en dos sitios diferentes. Más tarde, eligió el curso que ofrecía un taller parroquial de una iglesia cercana. En poco tiempo aprendió el arte de la costura y empezó a realizar algunos trabajos de confección para las mujeres pobres de la vecindad. Aunque al principio rechazó el dinero que le daban, ya que esa era su manera de actuar; más tarde, al negarse sus padres a pagar las clases, tuvo que aceptar algún dinero por ese trabajo. De este modo pudo pagar las clases, comprarse algunos utensilios indispensables para su labor de confección, y entregar el resto del dinero a los aldeanos sin recursos. Sudhamani se convirtió en una experta costurera, por lo que ganaba un buen sueldo, pero todo el dinero lo empleaba en ayudar a los pobres, sin dar ni una *paisa*[9] para su casa.

Mientras cosía en el taller de la iglesia, Sudhamani cantaba cantos devocionales, e inmersa en aquella atmósfera, derramaba lágrimas que caían sobre la máquina de coser. El sacerdote de esa iglesia era un hombre de edad, muy piadoso, que pronto se percató del carácter extraordinario de Sudhamani. Mientras las otras jóvenes no paraban de hablar, Sudhamani se sumergía en sus cantos de amor. Conmovido por esta forma de actuar, el sacerdote le tomó un gran cariño. Esto provocó la envidia de las otras jóvenes, pero Kunju les seguía mostrando su afecto, sin la más mínima huella de animosidad.

Sathish acompañaba siempre a su hermana al taller de costura y la esperaba junto a la iglesia, sentado en un rincón. Un día, a la hora de la oración, Sudhamani le preguntó: "¿Por qué no entras y oras con nosotros?" Él le contestó: "¿No somos nosotros hindúes? A continuación Sudhamani le dijo: "Pregúntale al sacerdote si tú también puedes participar". El sacerdote aceptó de buen grado y, a partir de aquel día, Sathish asistió regularmente a la plegaria.

Cuando terminaba la clase, Sudhamani se ponía a bordar en el cementerio que había junto a la iglesia. Le gustaba la soledad que encontraba en aquel lugar. Sentada allí, hablaba con las almas de los que se habían ido: "¿Cómo es vuestra vida? ¿Dónde vivís? ¿Sois felices donde estáis? ¿Sentís algo?" Ella tenía la impresión de estar en su compañía y de consolarlos. Una amiga de su hermana Kasturi estaba enterrada en ese cementerio. Esta joven había mostrado un amor sin limites por Sudhamani, incluso cuando era maltratada cruelmente por su familia, y quizás fuera también esa razón por la que Sudhamani se encontraba tan a gusto en aquel lugar. Sensible

---

[9] Moneda india de ínfimo valor.

al sufrimiento de los que se habían ido, derramaba lágrimas, hablaba con las almas que andaban vagando en sus cuerpos sutiles y les cantaba en un tono conmovedor para que descansaran en paz. A veces se sentaba a meditar en el silencio y la quietud del cementerio cristiano, y entraba en *samadhi*.

Si al terminar de bordar le quedaba tiempo, volvía a la iglesia y se dirigía a una estancia interior que parecía una cueva. En la penumbra contemplaba la imagen de Jesucristo crucificado y, al ver su cuerpo en la cruz, sentía que era su Bien-amado Krishna. De inmediato entraba en éxtasis, y cuando volvía a su estado de conciencia habitual, lloraba pensando en el gran amor y el sacrificio de Jesús y de Krishna. Se decía: "¡Cómo se sacrificaron por el mundo! Los hombres se volvieron contra ellos y, sin embargo, siguieron amándolos. Si ellos lo hicieron, ¿por qué no lo voy a hacer yo? No es nada nuevo".

Sudhamani era plenamente consciente de la tremenda pobreza de los aldeanos. Cuando pensaba en sus miserias y sufrimientos, durante las horas silenciosas que pasaba en el oratorio familiar, no dejaba de llorar. Entonces rogaba: "¡Oh Dios mío!, ¿es esto vida? La gente trabaja sin descanso por un poco de alimento para mitigar su hambre. ¡Oh Krishna!, ¿por qué permites que mueran de hambre?, ¿por qué dejas que caigan enfermos? A donde quiera que miro, sólo encuentro egoísmo y el sufrimiento que éste provoca. Los jóvenes rezan por tener una larga vida, y los hijos rezan para que sus ancianos padres mueran pronto. A nadie le interesa cuidar de los mayores. ¡Oh Señor!, ¿qué clase de mundo es éste? ¿Qué objeto tiene crear un mundo así? ¡Oh Krishna!, ¿cómo se puede remediar todo esto?" Tales eran las plegarias de la inocente joven.

Al cabo de tres años, Sudhamani decidió abandonar sus clases de costura, ya que las consideraba un obstáculo para las prácticas espirituales que ella deseaba intensificar, y dejó de ir al taller de la iglesia. Por aquel entonces el sacerdote también fue trasladado a otra parroquia. Antes de marcharse, pidió a algunas jóvenes de la clase que fueran a Idamannel y le comunicaran a Sudhamani su deseo de despedirse de ella. Acompañada de Sathish, Sudhamani fue a visitar al sacerdote por última vez. Al fijar sus ojos en ella, el sacerdote rompió a llorar como un niño pequeño. Sudhamani se sintió conmovida. El sacerdote le dijo: "Hija, voy a renunciar a este trabajo, ahora. He decidido llevar la vida de un *sannyasin*". Cuando Sudhamani y Sathish iban a despedirse, el sacerdote le dijo a Sathish: "Recuerda, Sudhamani llegara a ser grande en el futuro". Quizás el virtuoso sacerdote había percibido ya la divinidad que irradiaba el corazón de la joven.

Como ya dominaba la costura, Sudhamani deseaba tener una máquina de coser. Damayanthi le reprochó el que fuera tan ambiciosa, pero Sugunanandan le prometió varias veces que le compraría una. Sin embargo, ésta nunca llegó. Entonces Sudhamani se dijo: "Nunca más pediré una máquina de coser, sólo la usaré, si Dios me la da". Muchos años más tarde, cuando los devotos empezaron a congregarse en Idamannel, un holandés llamado Peter le regaló una máquina de coser y Sudhamani recordó su promesa. Realmente Dios atiende el más mínimo deseo de sus devotos sinceros.

Excepto Sudhamani, todos los hijos realizaron estudios de secundaria o superiores. Todos tenían una complexión delgada y la piel clara. Pero la piel oscura de Sudhamani y su costumbre a trabajar duro, hacía que los demás la vieran como una simple criada. Ni siquiera le daban la ropa necesaria. Los aldeanos, al ver todas las desdichas que tenía que soportar y la actitud agresiva que hacia ella tenían sus padres y hermanos mayores, solían murmurar: "Sudhamani fue comprada en Kollam[10] a cambio de un poco de arroz". Sus padres llevaban a todos los hijos a los templos cuando había alguna celebración o ceremonia, pero ignoraban a Sudhamani y la dejaban en casa.

Un día, recibió una blusa a cuadros y se la puso muy contenta. Al verla vestida así, su hermano mayor le ordenó que se la quitara, después se la arrebató de las manos, le prendió fuego delante de ella

---

[10] Ciudad costera a 35 kilómetros al sur de Parayakadavu.

y gritando le dijo: "Te pones estas ropas de color, solo para atraer la atención de los demás". Otro día, Damayanthi la insultó por ponerse una chaqueta de seda que pertenecía a una de sus hermanas. A partir de entonces decidió ponerse sólo la ropa que el Señor le diera, es decir la vieja ropa usada que los demás desechaban. Sudhamani cortaba esas ropas y las transformaba en blusas y faldas. Para coserla usaba los hilos sueltos de una vieja cuerda de colgar la ropa, y se sentía muy feliz por no ser una carga para nadie. Refiriéndose a esta época, una vez señaló: "Sin hilo adecuado, sin tijeras y sin máquina de coser, conseguía hacerme mi propia ropa".

Capítulo 4

La verdadera flauta

"La verdadera flauta se halla en tu interior. Haz que suene en ti y disfruta de su sonido. Cuando lo escuches, habrás trascendido el nacimiento y la muerte."

—*Mata Amritanandamayi*

Vaggadgada dravate yasya cittam
rudatyabhishnam hasati kvacicca
vilajja udgayati nrityate ca
madbharktiyukto bhuvanam punati

El devoto cuya voz se estremece de emoción, cuyo
corazón se deshace en amor, que solloza sin cesar o salta
de alegría y que, abandonando su timidez, canta en voz
alta y baila, ese devoto santifica al mundo entero.

—Srimad Bhagavatam
Skanda X, canto XIV, versículo 24

La gloria espiritual de un alma que ha realizado a Dios y el comportamiento que le acompaña, sobrepasan la capacidad de comprensión de una conciencia humana ordinaria. Algunos consideran la sed por Dios como locura, otros la denominan inhibición psicológica, y otros incluso se niegan a aceptar la posibilidad de su existencia. Sea lo que fuera, las grandes almas permanecen impasibles. No prestan ninguna atención a los comentarios absurdos de los escépticos, ni a sus críticas, ya que no se les puede culpar por su limitada percepción de los estados más sutiles de conciencia. ¿Acaso deja lo físico de existir porque el hombre de la calle ponga en duda la realidad de las partículas subatómicas y sus propiedades? ¿Acaso van a molestarse por unas opiniones sin fundamento?

No es de extrañar que esta actitud crítica prevaleciese en el entorno de Sudhamani. Al final de su adolescencia, estaba inmersa en una corriente ininterrumpida de conciencia espiritual. La intensidad de su devoción por el Señor Krishna era indescriptible. Sudhamani ascendía natural y espontáneamente de un plano de conciencia a otro, y no podía soportar el estar separada de su Bien-amado. Para compensar la pesada carga de su trabajo, el deseo intenso de su corazón se desahogaba sin cesar en conmovedores cantos devocionales que entonaba a lo largo del día y de la noche.

Niramilla

Un arco iris sin colores, una flor sin fragancia,
si así está mi corazón, ¿para qué implorar compasión?

La vida resulta tan fría, sin una llama,
es como un laúd desprovisto de su dulce melodía
que permanece solitario, en triste silencio...

¿Podrán abrirse las flores de loto
en el pequeño estanque, en lo profundo del bosque,
donde no llegan los rayos del sol?

Al ver las nubes del cielo, el pavo real abre
el abanico de sus plumas para bailar, mas en vano,
y el pájaro chataka[11] espera las gotas de lluvia...

Incapaces de comprender el sentido de sus estados de devoción y de éxtasis, los padres y el hermano mayor de Sudhamani la castigaban y la maltrataban continuamente. Estaban convencidos de que todas sus prácticas devocionales eran síntomas de debilidad y depresiones psicológicas.

Kunju pasaba los días y las noches meditando, cantando y repitiendo el nombre divino. A menudo se encerraba en el oratorio familiar y danzaba en éxtasis, lo que disgustaba a su hermano mayor. Otras veces, se la veía llorar, sobrecogida por el dolor de la separación, y más tarde la encontraban inconsciente, tendida en la arena. Sorprende pensar cómo el amor de Kunju por Krishna podía aumentar todavía más, pero ese amor no conocía límites. Las puertas

---

[11] Se dice que el pájaro *chataka* sólo bebe las gotas de lluvia que caen del cielo antes de llegar a tierra. No bebe ninguna otra agua. La idea que expresa el poema es que tanto el pavo real como el *chataka* son felices al ver las nubes de tormenta y se entristecen ante la falta de lluvia. De la misma manera que al pavo real, nos puede parecer vano esperar la gracia de Dios, cuando tarda en llegar y nuestras prácticas espirituales no parecen dar fruto alguno. No así al *chataka* que espera siempre anhelante esas gotas de lluvia.

de su corazón permanecían siempre abiertas y Sudhamani esperaba ardientemente la llegada de su Bien-amado.

Sudhamani deseaba escuchar siempre historias de Shri Krishna, y si sorprendía a alguien narrándolas, su atención quedaba rápidamente absorta y entraba en *samadhi*. Mucho después de haber acabado la narración, Sudhamani seguía todavía sentada, inmóvil, en el mismo lugar. Los habitantes de la aldea ya no encontraban extraño su comportamiento, ni se sorprendían. Algunas veces, Sudhamani reunía a los niños de la aldea y los invitaba a representar las historias relacionadas con la vida de Krishna. Ella observaba la actuación de estos niños con lágrimas en los ojos, y mientras contaban la historia, pensaba que Krishna estaba sentado a su lado y que Él mismo contaba sus aventuras. Ajena a las circunstancias exteriores, abrazaba a los niños imaginando que ellos eran verdaderamente Krishna. Pero, ante este comportamiento tan poco habitual y los extraños estados de Sudhamani, los niños se atemorizaban. La inocente Kunju adoptó el hábito de adorar a los niños como si fueran Krishna, y les ofrecía *naivedyam*[12] y otras golosinas mientras hacía sus plegarias.

Si alguien llegaba a despertarse durante las horas silenciosas de la noche, podía oír las súplicas desgarradas de la pequeña implorando a su Bien-amado:

"¡Krishna!, ¡Krishna!, ¡Tú eres el fin de mi vida! ¿Cuándo podré contemplar tu forma maravillosa? ¿Es que mi vida y todos los esfuerzos por verte serán en vano? Mis plegarias por unirme a ti, ¿permanecerán estériles y sin respuesta? ¡Oh Krishna!, dicen que estás lleno de compasión por tus devotos. ¿Es que he ofendido tu corazón? ¿No soy digna de ser tu servidora? ¿Cuántos días tendré que esperar para que respondas a mis plegarias? ¿No sientes ninguna compasión por esta humilde niña desamparada! ¡Oh Kanna! ¿También Tú me has abandonado? ¿Dónde estás?... ¿Dónde estás?..."

---

[12] Ofrenda a Dios o a la divinidad de un templo, antes de ser distribuida entre los devotos.

Ella caía finalmente desplomada al suelo, pero pasaba las noches en vela. Esperaba y esperaba a cada instante, con sus grandes ojos abiertos, la llegada de su Señor.

Algunas veces, Sudhamani esculpía con arcilla una imagen de Krishna, y luego la adoraba. Mentalmente le confiaba a su Bien-amado: "Tú sabes que nadie me ha enseñado a servirte y adorarte. ¡Te ruego que perdones mis errores!" Luego, a falta de flores, ofrecía arena a los pies de la divinidad. Al final del ritual, sentía que el verdadero Krishna había llegado y se encontraba de pie ante ella. Con el cuerpo estremecido y los ojos llenos de lágrimas, Sudhamani inmersa en devoción se postraba interminablemente ante la imagen de arcilla. A continuación presentía que Krishna iba a huir y se abalanzaba sobre Él para atraparlo. Luego se daba cuenta de que todo había sido imaginación suya, y que la imagen de arcilla seguía siendo de arcilla. Entonces rompía a llorar y, lamentando su triste estado, imploraba sin cesar: "¡Krishna!, ¡Krishna!, ¡Te suplico que vengas y bendigas a esta niña que se desgarra por el deseo de verte! ¿Todo esto es para probar mi amor por ti? ¿Por qué dudas? ¡Oh Kanna, puedo soportar cualquier tormento, menos el estar separada de ti! ¡Oh Kanna!, ¿ha perdido tu corazón toda compasión?"

Sudhamani no se desanimaba fácilmente. Llena de optimismo y esperanza, esta hija de pescadores esperaba indefinidamente la llegada de su Señor. Unas veces se consideraba como la amada de Krishna, y otras como su servidora. Esta niña con pocos estudios, los que tuvo que dejar en quinto grado, y sin conocer las Escrituras, los Vedas ni los Upanishads, se convirtió en la encarnación de la devoción suprema al Señor Krishna. Diferentes aspectos de esta devoción se manifiestan en ella espontáneamente.

Durante esta época, la economía familiar dio un giro inesperado, al sufrir Sugunanandan graves pérdidas en su negocio de pesca. Damayanthi y los otros miembros de la familia estaban desesperados. Un día Damayanthi dijo a Sudhamani: ¿Por qué nos envía Dios estos sufrimientos? Hija mía, ruega por tu padre, ya que todos sus negocios se han venido abajo. Sudhamani pensó entonces:

"Krishna, ¿cómo nace el dolor? ¿Cual es su origen? Mi madre está hundida porque desea alcanzar la felicidad por medio de su marido y desea vivir cómodamente. ¿No es el deseo la causa del sufrimiento? ¡Amado Krishna, no permitas que yo sea su prisionera! Si dependo de seres humanos que están inmersos en la ignorancia y el deseo, ciertamente me veré atrapada por el dolor. ¡Krishna, que mi espíritu permanezca siempre sujeto a tus Pies de Loto!"

Fue en esa época, cuando los padres de Sudhamani, a causa de sus problemas financieros, decidieron casarla. Conviene mencionar aquí el orgullo que Damayanthi mostraba por la educación de sus cuatro hijas, y no era, desde luego, ningún secreto para los habitantes de la aldea. Deseaba que sus hijas fueran consideradas como excepcionales y virtuosas por la comunidad. Si perdían estas cualidades, todo estaba perdido a los ojos de Damayanthi, y por este motivo las educó con el máximo rigor. No se les permitía hablar con ningún hombre, especialmente con los de su misma edad.

En aquellos días, Idamannel estaba rodeada de agua por tres de sus cuatro costados, y además Damayanthi mandó levantar una cerca alrededor de toda la casa para protegerla contra posibles intrusos. Pero no del todo satisfecha, alimentó a un perro para que le advirtiera si alguien se aproximaba. Si el perro ladraba, enviaba a Subhagan a ver quién era, y si se trataba de un hombre joven o de un extraño, le prohibía que abriese la puerta. Como Damayanthi tenía que estar siempre atenta a sus hijas mayores, su deseo de deshacerse de Sudhamani, la principal causante de sus problemas, se convirtió en un asunto urgente.

Sugunanandan y Subhagan encontraron un novio adecuado para Sudhamani y, como es costumbre en la India, se concertó el primer encuentro, lo que permitía a los padres asegurarse antes de la boda la simpatía mutua de los jóvenes. Todo esto fue preparado sin el conocimiento ni el consentimiento de Sudhamani. Además, los conspiradores habían planeado que el encuentro se celebrara en una casa alejada de Idamannel. El día convenido, una señora de dicha casa fue a la de Sudhamani con el pretexto de encargar a la pequeña un trabajo de confección. Pidió a Sudhamani que la acompañara a su casa para que tomara medidas de sus hijas y les hiciera unas blusas y faldas. Cuando Sudhamani llegó a la casa de la señora, comprendió que la intención de ésta era bien distinta. La mujer le dio un vaso de té y le dijo: "Sudhamani, hay una persona en la habitación de al lado. Ofrécele este té". Esta es la forma habitual de presentar una joven a su futuro esposo. Sudhamani, adivinando las intenciones de su anfitriona, respondió en un tono grave: "No puedo. He venido aquí a tomar medidas y no a servir té. Dicho esto, se fue. Al volver a su casa, contó a Damayanthi el incidente y entonces se dio cuenta de que todo había sido arreglado por sus propios padres y su hermano mayor.

A esta primera, siguió otra proposición de matrimonio. Esta vez se acordó que el pretendiente y su familia viniesen a Idamannel, pensando que este arreglo sería más seguro. Cuando llegó el pretendiente, Damayanthi pidió con gran amabilidad a Sudhamani que le ofreciera unos plátanos. En presencia de los invitados, la pequeña respondió: ¡No, no lo haré! Si quieres llévaselos tú. Así acabó esta segunda tentativa de boda.

Pero los padres no estaban dispuestos a abandonar su idea. Por tanto, organizaron un nuevo encuentro en la casa de Idamannel. De antemano, Damayanthi fue a ver a Sudhamani y le suplicó entre sollozos: "Hija, te ruego, que no estropees nuestra reputación por tu comportamiento. Por favor, sé amable con tu futuro esposo". Cuando el joven llegó para conocer a Sudhamani, se sentó tranquilamente en el salón. Sudhamani estaba entonces ocupada en la cocina machacando chiles rojos con un mortero de madera. Ella ya había tomado la decisión de afrontar la situación de una manera más tajante que las anteriores. Blandiendo el mortero con ambas manos, como un soldado dispuesto para el ataque, Sudhamani se puso a proferir amenazas contra el joven a través de la ventana que separaba la cocina de la sala de estar, agitando el mortero con gestos grotescos.

Damayanthi casi se desmaya de vergüenza, pero la pequeña no estaba dispuesta a darse por vencida. Por tanto, siguió su representación hasta que la familia del pretendiente salió huyendo de la casa, pensando que estaba loca. A continuación, Sudhamani recibió su ración diaria de golpes y puntapiés, pero en esta ocasión de forma todavía más brutal.

Después de este incidente, Kunju decidió que si sus padres la importunaban de nuevo con propuestas matrimoniales, se iría de casa para seguir sus prácticas espirituales en una cueva o algún lugar solitario. En esta cuestión matrimonial, Sudhamani se mostraba absolutamente inflexible, y ahora estaba convencida de que sus padres no lo intentarían de nuevo durante algún tiempo. Es difícil imaginar cómo los malos tratos infligidos a la pequeña por su familia podían empeorar todavía más, pero así fue. Dispuesta a no seguir aguantando por más tiempo esta situación, Sudhamani decidió marcharse de casa. Ese mismo día, un trozo de papel llevado por el viento se posó delante mismo de sus pies. Lo recogió y con gran asombro descubrió que se trataba de un recorte de periódico que hablaba de las desventuras de una joven que se había escapado de casa. La pequeña valoró este hecho como un mensaje que venía directamente de Dios y abandonó la idea de irse.

En otra ocasión, no pudiendo soportar más los castigos injustos que le infligían los miembros de su familia, decidió poner fin a su vida lanzándose al mar. Pero en aquel momento pensó: "¿Quién muere?, ¿Quién nace? ¿Quién puede atormentar a una verdadera devota del Señor?" Esta convicción profunda modificó radicalmente su forma de pensar.

Durante aquellos días en que hizo intenso *sadhana*, Sudhamani no podía dormir en ninguna otra casa que no fuera la suya, ni comer ningún alimento que se hubiera preparado en la cocina de una persona mundana. Si por casualidad la comía, se sentía extremadamente inquieta e incluso, vomitaba. Por esta razón, la mayoría de los días ayunaba. Si tenía que dormir en otra casa en la que había dormido gente mundana, no podía descansar ni un solo momento. Pero no le importaba si no podía dormir, ya que prefería permanecer despierta para meditar o llamar a su Bien-amado. Siempre temía quedarse dormida, ya que estaba segura de que Krishna iba a venir en ese preciso momento y perdería la tan esperada ocasión de ver Su forma divina.

Incluso durante esta época, Sudhamani siempre terminaba sus tareas domésticas. Debido a su agotador trabajo sin fin, los aldeanos le pusieron por sobrenombre "Kaveri". Kaveri era un personaje ideal dotado de todas las virtudes; y se decía de ella que iba siempre de casa en casa vendiendo leche, incluso estando enferma. Al ver las interminables dificultades de Sudhamani y sus nobles cualidades, los aldeanos sentían un inmenso respeto y un gran amor por ella.

Las amargas experiencias que tuvo que afrontar y el riguroso ambiente en el que creció, convencieron a Sudhamani de la naturaleza inestable y egoísta de este mundo. Sumergió su mente en una seria y profunda contemplación de la vida y su sentido, y reflexionando sobre el misterio de la existencia, pensaba: "Dios mío, ¿no ves todas estas penas y sufrimientos? ¿Estoy sola en el mundo? ¿Cual es mi verdadera familia? ¿Quién es mi Padre y quién es mi Madre? ¿Dónde está la verdad en todo esto? Si uno nace en un cuerpo humano, ¿está destinado a sufrir?" Absorta en estos pensamientos, la pequeña lloraba y suplicaba sinceramente al Señor.

Sudhamani sentía siempre compasión por la gente que ansiaba los placeres efímeros de la vida mundana. Oraba por ellos: "¡Oh Señor, te suplico que salves a aquellos que sufren a causa de su ignorancia y otorgan tanto valor a este mundo efímero. Dales el verdadero conocimiento".

Las vacas eran muy queridas por Damayanthi. Aunque los miembros de su familia tuvieran que sufrir, no permitía que las vacas soportaran incomodidad alguna. A sus ojos, las vacas eran tan sagradas como Dios. Durante la época de los monzones las lagunas de Kerala se desbordan y se unen al mar Arábigo, provocando inundaciones a lo largo de toda la costa. En Idamannel, el establo quedaba totalmente anegado y, en esas ocasiones, Damayanthi llevaba las vacas al interior de la casa, llenando la sala de estar de boñigas y orines. Todos los miembros de la familia protestaban y maldecían a

Damayanthi, excepto, claro está, Sudhamani que adoraba las vacas, incluso más que a su madre, dado el importante papel que ellas desempeñaron en la vida de Shri Krishna.

Todas las estaciones del año eran para Kunju una fuente de inspiración, ya que todo formaba parte de la representación divina. No le preocupaba en absoluto el calor abrasador del verano, ni las lluvias torrenciales del monzón, o las heladas brisas marinas del invierno. En la Naturaleza no veía otra cosa que a su Bien-amado. No tenía nada que ganar en este mundo cambiante, su único objetivo era fundirse en los pies de loto de Shri Krishna. Incluso el sonido de las gotas de lluvia al caer, llenaba su corazón de amor y de devoción. Para ella todos los sonidos se parecían a la sílaba sagrada "Om", especialmente el sonido de la lluvia. Cantaba las alabanzas a su Señor en armonía con ese sonido y observaba llena de gozo cómo caía la lluvia, visualizando a Krishna en cada gota de agua.

Con el paso de los días, las prácticas espirituales de Sudhamani se intensificaron y los momentos en los que quedaba absorta se hicieron cada vez más notorios. A veces entraba en el baño a ducharse y la encontraban tres horas más tarde, totalmente inconsciente del mundo que la rodeaba. Estos estados de Sudhamani constituían un misterio para sus familiares, estaban convencidos de que sufría alguna clase de trastorno mental. La pequeña era una viajera solitaria dentro de su propio mundo. ¿Cómo imaginar la profundidad espiritual de esta inocente niña, cuyo corazón no conocía límites cuando se trataba de amar a su Señor Krishna? ¿Qué fuerza, sino Dios mismo, la conducía siempre más allá en las profundidades de la Realización del Ser?

A menudo, cuando iba a buscar hojas para alimentar a las cabras, la acompañaban algunos niños que la seguían allí donde fuera. Les gustaba su compañía y la veían como su guía. Sentada sobre la rama de un árbol para recoger sus hojas, le asaltaba de pronto el sentimiento de ser Krishna. Años más tarde declaró: "Todos los niños y niñas que jugaban bajo el árbol me parecían que eran los *gopas* y las *gopis*".

Después de este suceso, empezó a tener numerosas visiones divinas. Krishna venía por la noche y se le aparecía. El flautista divino cogía sus manos y danzaba con ella. Otras veces jugaba con ella y la hacía reír. Durante aquellos momentos de éxtasis divino, bailaba como nunca la danza de Radha y Krishna, mientras escuchaba el melodioso sonido de la flauta de Krishna. Al principio creía que el Señor tocaba su celestial flauta desde algún lugar cercano, pero al escuchar más atentamente, ¡descubrió que el sonido venía del interior de ella misma! De inmediato se deshacía en lágrimas y se desvanecía ante la imagen de Krishna.

Si se quedaba dormida, en seguida aparecía Krishna ante ella y la despertaba. Sudhamani explicó más tarde: "El color de su rostro era una mezcla de azul oscuro y rosa pálido". A veces veía una alfombra con toda clase de flores aromáticas sobre la que el Señor danzaba con ella, tomándola de las manos. La elevaba por las nubes y le mostraba diferentes mundos y otros hermosos paisajes. Pero Sudhamani pensaba: "Sin Él, ¿qué belleza pueden tener estas cosas? ¡Él está en la esencia, mientras la apariencia de estos mundos seguirá cambiando!" Estaba firmemente convencida. Con gran frecuencia emprendía el vuelo interno hacia su Bien-amado. Durante esta época, la entrega de la pequeña al Señor llegó a su plenitud.

A veces Sudhamani veía al Señor caminando a su lado. Otras veces, cuando ella se identificaba internamente con Krishna, le entraban deseos de arrancar de la pared todas las imágenes de dioses y diosas, incluidas las del mismo Krishna. "Estas imágenes son solo papel y tinta, no son Krishna. ¡Yo soy Krishna!" Al cabo de un minuto cambiaba de opinión: "No, no debo romper estas imágenes, ellas fueron las que me ayudaron mientras esperaba a Krishna. Todo está impregnado del Señor, la conciencia suprema. ¡Por tanto, estas imágenes también son Eso!"

Este momento en el que ella realiza la presencia de Krishna en todas las cosas, marca un punto culminante de un largo período de sacrificio y de intensa aspiración. A Sudhamani se la veía abrazando y besando los árboles, las plantas y a los niños, pues adondequiera que mirase siempre veía la forma encantadora del Señor Krishna. No existía ni la más mínima partícula en la que no pudiera percibir su presencia.

Más tarde, refiriéndose a este periodo, dijo: "Solía contemplar la Naturaleza y veía en todo a Krishna. No podía, incluso, cortar una simple flor, pues percibía también en ella a Krishna. Cuando la brisa rozaba mi cuerpo, la sentía como una caricia de Krishna. Tenía miedo de caminar pues pensaba: '¡Oh, estoy caminando sobre Krishna!' Para mí, el menor grano de arena era Krishna. De vez en cuando, percibía claramente que yo misma era Krishna. Progresivamente, este estado se hizo natural. Ya no podía ver diferencia alguna entre Krishna que vivía en Vrindavan y yo misma".

Así fue como Sudhamani se sumergió en el océano de la existencia y beatitud puras, y alcanzó la perfecta paz de espíritu. Sin embargo, su identidad con el Supremo fue desconocida por su familia y los habitantes de la aldea. Aunque por fuera parecía la misma joven de siempre, interiormente era una con el Señor Krishna, en el estado natural de identificación con la realidad única.

Capítulo 5

Por el bien del mundo

"Todas las deidades que representan los aspectos infinitos del supremo y único Ser existen también dentro de nosotros. Una encarnación divina puede manifestar cualquiera de ellos en un simple acto de voluntad, por el bien del mundo. El estado divino de identificación total con Krishna (Krishna bhava) es la manifestación del Absoluto bajo su aspecto de purusha o pura consciencia".

—Mata Amritanandamayi

Vaṁśī vibhūṣita karāt navanīrādabhāt
pītāmbarāt aruṇabimbaphala taroṣṭhāt
pūrṇendu sundara mukhāt aravinda netrāt
kṛṣṇāt param kimapi tatva maham na jāne

*No conozco otra realidad que la de Shri Krishna, cuyas
manos sostienen la flauta, cuya belleza es como una
refrescante nube de lluvia, vestido de amarillo, cuyos
labios son rojos como la fruta aruna bimba, cuyo rostro
es encantador como la luna llena y cuyos ojos alargados
son como pétalos de flor de loto.*

—Madhusudana Saraswati

El advenimiento del Krishna bhava

La joven Sudhamani, cuyo ser estaba total y eternamente inmerso en el
Supremo, se esforzaba ahora por realizar sus tareas domésticas como en
el pasado. Intentaba cumplir sin falta con sus obligaciones pero, como
veremos, no era esto lo que la Divinidad le tenía reservado.

En la tarde de un miércoles del mes de septiembre de 1975, ocurrieron una serie de acontecimientos que, más tarde, iban a marcar el
comienzo de un nuevo capítulo en los anales de la historia espiritual
de la India. Sudhamani había terminado de cortar la hierba para las
vacas y volvía a casa acompañada de su hermano pequeño Sathish. Era
alrededor de las cinco de la tarde y sobre la cabeza llevaba un gran bulto
de hierba. Se hallaba en su acostumbrado estado sublime y sus labios
dejaban escapar la melodía armoniosa de un canto devocional. Cuando
los dos jóvenes pasaban ante el portal de una casa vecina, situada al norte
de Idamannel, Sudhamani se detuvo repentinamente. Había oído los
versos finales del Srimad Bhagavatam, leídos en voz alta en el patio de
la casa[13]. La lectura había terminado y los *bhajans* acababan de empezar.

---

[13] Esta familia organizaba cada mes lecturas de esta gran epopeya que relata la
vida y las aventuras de Shri Krishna. Un señor llamado Narayana solía visitar la

Sudhamani se quedó allí absorta, parecía estar escuchando el canto atentamente. De pronto, su actitud cambió de manera espectacular. El bulto de hierba cayó de su cabeza mientras se precipitaba hacia el lugar de donde provenía el canto, y se quedó de pie en medio de los devotos que estaban allí reunidos. Estaba inundada de dicha divina y su identificación interior con el Señor emanaba de todo su ser, ¡modificando su porte y sus gestos en los del mismo Shri Krishna!

La mayoría de los devotos creyeron que Shri Krishna se les había aparecido por un instante bajo la forma de esta joven, para bendecirlos. Sudhamani pidió a uno de ellos que trajera agua, a continuación roció a cada uno como si se tratara de agua sagrada. La noticia de la manifestación divina de Sudhamani se extendió rápidamente, y en muy poco tiempo se congregó una gran multitud. Entre esta multitud había algunos escépticos que ponían objeciones a la repentina manifestación divina de la pequeña, y decían: "Si realmente eres el Señor Krishna, nos lo tendrás que probar por medio de un milagro. De lo contrario, ¿cómo vamos a creerte?" La respuesta llegó de inmediato: "Un objeto que no existe no puede ser traído a la existencia. Todas las cosas no son más que una proyección de la mente. Si en vosotros reside una verdadera joya, ¿para qué vais a desear una imitación? ¡A pesar de que el Ser, en toda su pureza, está en vosotros, la ignorancia os lo está ocultando!"

Incapaces de entender esta sublime verdad, pronunciada por un ser establecido en esa pura existencia, le insistieron de nuevo para que realizara un milagro. Sudhamani respondió: "No tengo ningún interés en conseguir que alguien crea solo porque hago un milagro. Mi propósito no es realizar prodigios. Mi objetivo es hacer que en los seres humanos se despierte el deseo por la liberación a través de la Realización de su Ser eterno. Los milagros son ilusorios. En ellos no reside el principio esencial sobre el que se sustenta la espiritualidad. Además, una vez realizado un milagro, desearéis y pediréis otros, y así indefinidamente. Yo no he venido aquí para crear deseos, sino para eliminarlos".

Los escépticos insistían: "¡No, no pediremos más que uno, haz un solo milagro, uno sólo! Al final, cediendo a sus súplicas, Sudhamani les dijo: "Para despertar la fe en vosotros, realizaré uno. Pero no os acerquéis de nuevo a mí con esta clase de deseos. Aquellos que dudan,

---

aldea vecina para leer algún capítulo.

que vengan a este lugar el día en que comience la próxima lectura del Srimad Bhagavatam".

Aquel día, un gran número de personas se congregó dentro y fuera de la casa. Los incrédulos treparon a los árboles y se subieron a los tejados con la esperanza de descubrir cualquier fraude. Manifestando su identidad con Shri Krishna, Sudhamani pidió a uno de ellos que trajera un cántaro de agua. Como la vez anterior, ésta fue rociada sobre los devotos como agua sagrada. Después, Sudhamani pidió al mismo hombre que metiera sus dedos en el agua que quedaba. Para asombro de todos, ¡el agua se había convertido en leche pura! Ésta se distribuyó entre la multitud como una ofrenda sagrada procedente de Dios. A continuación Sudhamani llamó a otro escéptico y le pidió que introdujera sus dedos en el cántaro. La leche que contenía se había transformado en un dulce y fragante pudín (panchamritam) hecho de leche, plátanos, azúcar moreno, uvas pasas y azúcar de caramelo. Todos los asistentes lanzaron un grito de admiración: "¡Dios mío!, ¡Dios mío!", y creyeron de verdad estar en la divina presencia de Shri Krishna.

El panchamritam se repartió entre más de mil personas y, sin embargo, el recipiente seguía lleno hasta el borde. Algunas personas sentadas a cierta distancia junto a un pequeño árbol banian, a la orilla del mar, también recibieron su parte de pudín, y no obstante el contenido del recipiente seguía sin menguar. Unos cuantos escépticos que no estaban del todo satisfechos decían que todo lo ocurrido no era más que un fenómeno hipnótico y que el panchamritam se desvanecería al cabo de unos segundos. Para gran decepción de ellos, no solo no desapareció, sino que su gusto dulzón permaneció impregnado en las manos durante muchos días. Este suceso aumentó considerablemente la fe de los aldeanos y se convencieron de la divinidad de Sudhamani.

Respecto al advenimiento del Krishna *bhava*, Sudhamani nos ha explicado:

"En los primeros días solía bailar en éxtasis cuando estaba sola, permaneciendo en Krishna *bhava*, pero nadie lo sabía. Un día, sentí un fuerte deseo de fundirme en ese Ser supremo, de una vez por todas. Escuché entonces una voz interior: "Miles y miles de personas en el mundo están hundidas en la miseria. Yo tengo mucho por realizar a través de ti, tú que eres una conmigo".

Fue después de haber oído esa voz cuando Sudhamani manifestó ante los aldeanos su identidad con Shri Krishna. Sudhamani nos ha seguido explicando:

"Tenía la facultad de conocerlo todo acerca de cada persona. Estaba plenamente consciente de ser yo misma Shri Krishna, no solo durante el momento particular de la manifestación, sino también en cualquier otro momento. Y no pensaba: "Soy un personaje importante". Cuando veía a la gente y conocía sus sufrimientos, sentía por ellos una inmensa compasión. Era consciente de que los devotos se postraban ante mi y me llamaban "Señor". Podía conocer sus aflicciones sin que nadie me las dijera".

A partir de aquel momento, Sudhamani manifestó regularmente Krishna *bhava*, junto a un pequeño árbol banian que crecía en la costa oeste de Idamannel, próximo al sendero que bordea la orilla del mar. En torno al árbol había algunas plantas en flor, formando una especie de matorral. Algunos años antes, los aldeanos habían proyectado construir en aquel lugar un templo, y para inaugurar su ubicación, algunos jóvenes de la aldea se reunieron para plantar un árbol banian y encender una lámpara de aceite consagrado.

Sugunanandan había animado a los jóvenes y participaba activamente en sus esfuerzos. Su madre, Madhavi, entrada en años, venía cada tarde, a menudo acompañada por Sudhamani, para encender la lámpara de aceite y cantar algunos *bhajans*. Frente al árbol banian[14], se levantó una minúscula choza, cubierta con hojas de cocotero, y colgaron las imágenes de Krishna y de Kali en su interior.

Ese era el lugar en el que, algunos años más tarde, Sudhamani iba a revelar su identidad con Shri Krishna. Como el terreno era de propiedad pública, parecía el lugar adecuado para que la gente se reuniera y participara en el Krishna *bhava*. Acostada sobre una delgada rama de árbol banian, Sudhamani adoptaba la postura de Anantasayana, la del Señor Vishnu apoyándose sobre Ananta, la serpiente de mil cabezas. En ese momento, por un simple acto de

---

[14] En ese lugar hay un pequeño altar. Está situado detrás del ashram de Amritapuri.

voluntad, el cuerpo de la pequeña se volvía ligero como el aire. Era realmente una escena maravillosa para los devotos.

Este lugar sagrado se convirtió en un verdadero Vrindavan -la morada de Shri Krishna-, y la atmósfera estaba repleta de cantos devocionales en honor al Señor. Los devotos empezaron a congregarse para recibir el *darshan* beneficioso de Shri Krishna y para ser consolados de sus penas. La angustia de los devotos se desvanecía misteriosamente después de haberle confiado sus dificultades a Sudhamani durante el Krishna *bhava*.

En aquella época, cuando un devoto suplicaba una solución a sus problemas, Sudhamani en Krishna, le pedía que encendiera un trozo de alcanfor y lo colocara encendido sobre la lengua de Krishna. ¡Ella entonces se lo tragaba todo, el alcanfor y la llama! Al final del Krishna *bhava*, nadie podía descubrir el más mínimo trazo de quemadura sobre su lengua. Esta práctica hizo que aumentase aún más la fe de la gente.

Las noticias relativas al Krishna *bhava* se extendieron rápidamente y empezó a llegar a Parayakadavu gente de todo Kerala y de otros estados de la India. Esto marcó el inicio de una peregrinación hacia este lugar sagrado, que no ha cesado desde entonces. Algunos venían para buscar alivio a sus enfermedades, otros para encontrar una solución a sus dificultades materiales, algunos atraídos por la curiosidad y otros movidos por la devoción. Pero todos constataban una realidad: después de acudir a Sudhamani, sus problemas encontraban solución.

Un grupo de escépticos de las aldeas vecinas empezó a acercarse sólo para pasar el tiempo, esperando descubrir algún día el fraude que creían percibir en la manifestación divina de Sudhamani. Pero la pequeña permanecía imperturbable ante cualquier circunstancia. Más tarde explicaba:

"Durante los *bhavas*, diferentes clases de personas vienen a verme: algunos por devoción, otros para encontrar una solución a sus problemas mundanos, o para aliviar sus enfermedades. Yo no rechazo a nadie ¿Acaso podría hacerlo? ¿Son ellos diferentes a mí?

86

¿No somos todos perlas ensartadas en el mismo hilo de la vida? Cada cual me ve según su propio nivel de comprensión. Tanto los que me aman como los que me odian, son iguales para mí".

Durante los dos primeros Krishna *bhavas*, Sugunanandan estuvo ausente de la aldea a causa de sus negocios. Cuando escuchó la noticia de la misteriosa transformación sobrevenida a su hija, pensó que se trataba de alguna enfermedad desconocida. Resolvió por tanto presenciar un Krishna *bhava* para hacerse una idea antes de tomar una decisión definitiva. Así, pues, organizó una lectura del Bhagavatam en Idamannel, y aquel día Sudhamani reveló su fusión con Shri Krishna. Cuando presenció la manifestación divina de su hija, aquella que tantas sorpresas le había reservado desde su nacimiento, se quedó estupefacto, incapaz de pronunciar una sola palabra. A partir de ese día, Sugunanandan, que era un ardiente devoto de Shri Krishna, participó en todos los *bhava darshan*. Estos se convirtieron en un acontecimiento regular en esta bendita región costera, dedicada a la pesca.

En esta época, sus padres creían que las manifestaciones divinas de Sudhamani eran simples posesiones temporales de Shri Krishna, y que sus prácticas devocionales eran aberraciones que algún día desaparecerían. Por tanto esperaban ansiosos que así ocurriera para poder entregarla en matrimonio. No se les puede reprochar esta confusión, pues no conocían la existencia de grandes almas, ni su comportamiento. Su visión de Dios y de sus manifestaciones en la tierra era simple y se limitaba estrictamente a los dioses y diosas de sus oratorios y templos. A Dios no se le podía encontrar en ningún otro lugar, ¡y menos aún en su excéntrica hija!

Los padres organizaron un nuevo matrimonio para Sudhamani, olvidando sus experiencias pasadas. Pero en cada ocasión, ella amenazaba abiertamente a todo pretendiente que tuviera la desgracia de llegar a Idamannel. Finalmente, Sudhamani advirtió enérgicamente a sus padres: "¡Si os empeñáis en darme en matrimonio a alguien, lo mataré y después vendré a Idamannel!"

Tras fracasar lamentablemente en su tentativa de casar a Sudhamani, los padres decidieron consultar a un astrólogo de prestigio[15] que vivía en una aldea alejada y que nunca había oído hablar de Idamannel, de Sudhamani ni de sus manifestaciones divinas. Los padres estaban ilusionados con la esperanza de poner fin a sus penas. Después de haber consultado la carta astral de Sudhamani, el astrólogo se volvió hacia Sugunanandan y le dijo en un tono solemne: "Esta joven es un *mahatma*[16]. Si la boda no se ha concertado aún, os ruego que abandonéis todo esfuerzo en ese sentido. Y si ya está concertada, anulad vuestro compromiso de inmediato. De lo contrario tendréis que afrontar una gran desgracia, que os causara un profundo dolor". El padre volvió a casa abatido, y abandonó todos los planes que se había forjado para casar a su hija.

Cuando la gente comprendió que la manifestación divina de Sudhamani en Krishna *bhava* era auténtica, aumentó el número de personas que venían para recibir sus bendiciones. Paralelamente, algunos otros llegaron con la esperanza de aprovecharse de su benevolencia divina para satisfacer sus fines egoístas y hacer fortuna. Una noche, un grupo se acercó a Sudhamani y, creyendo que podrían tentarla con algo de dinero, le ofrecieron una gran suma si hacía algunos milagros. Sudhamani se echó a reír con todas sus fuerzas y, amablemente, les dijo:

"No gano nada haciendo milagros. Mi objetivo no es conseguir fama ni riquezas exhibiendo milagros. Dentro de nosotros hay un tesoro divino inmenso e inagotable. ¿Por qué se le ignora y se va tras los bienes perecederos e insignificantes de este mundo? Servir desinteresadamente a Dios y a la humanidad que sufre es el objetivo de mi vida. No estoy aquí para ganar algo, sino para renunciar a todo por el bien de los demás".

Las experiencias maravillosas vividas por aquellos que habían asistido al Krishna *bhava*, animaban a otros a buscar refugio en

---

[15] En la India, los matrimonios se conciertan entre los padres, no sin antes consultar con un astrólogo, que estudia los horóscopos de los posibles novios.
[16] Una gran alma, una santa.

Sudhamani, y así el número de devotos fue creciendo de día en día. Alrededor del árbol banian, todo el lugar vibraba con los cantos llenos de devoción, y los aldeanos, olvidando sus diferencias, se congregaban para cantar juntos y recibir su bendición.

En una ocasión, un grupo numeroso de devotos se encontraba reunido alrededor del pequeño templo, junto al árbol banian sagrado, cuando de pronto unas enormes nubes negras y amenazantes se arremolinaron sobre sus cabezas y empezó a caer una lluvia torrencial. Como no había donde refugiarse, los devotos se quedaron allí esperando que la lluvia los empapara completamente. Pero ante el asombro general, ¡no cayó ni una sola gota en el lugar en el que se encontraban, si bien llovió a cántaros alrededor de ellos!

En esa época, una cobra venenosa atormentaba constantemente a los lugareños, particularmente de noche, y los aldeanos, que la veían a menudo ir y venir con total libertad, temían caminar de noche por la orilla del mar. Algunos se dirigieron a Sudhamani durante un Krishna *bhava* y le rogaron que les ayudara. Otra noche en que también se celebraba un *bhava* divino, hizo su aparición la temida cobra. La multitud se dispersó y se mantuvo a una distancia prudente mientras que, sin el menor temor, Sudhamani la tomó y a continuación tocó la lengua siseante del reptil con su propia lengua. Después de hacer esto, la soltó. Los aldeanos no volvieron a ser molestados por la cobra y de nuevo pasearon libremente por la orilla del mar.

Un día, los "Hijos de la Madre Océano" -apelativo que se aplica a los pescadores- estaban atenazados por el hambre, y no habían podido conseguir ni un solo pez desde hacía días. Fueron a ver a Sudhamani durante un Krishna *bhava* y le explicaron su desgracia. Ella les dio una hoja de *tulasi*[17], y les pidió que un niño la lanzara al mar en un lugar determinado, en el que a continuación podrían pescar. Para probarla, los pescadores no siguieron su consejo y volvieron a visitarla en el transcurso de su siguiente *darshan*. Antes

---

[17] Una variedad de albahaca que está considera como una planta santa y sagrada a Shri Krishna.

de que ellos pudieran pronunciar palabra, Sudhamani les reveló su mala intención y les dio una nueva hoja de *tulasi*. Sorprendidos y arrepentidos, los pescadores aceptaron la hoja y salieron al mar, pero por algún motivo desconocido, no la lanzaron en el lugar indicado.

Algunos fueron de nuevo a verla en su siguiente *darshan*. Sudhamani se apiadó de ellos y, danzando en éxtasis a la orilla del mar, les otorgó así su bendición. Al día siguiente, para satisfacción y alegría de los pescadores, un enorme banco de peces se acercó a la orilla. ¡Nunca antes en la historia de la aldea se había visto una pesca tan abundante! En respuesta a la plegaria y a la demanda sincera de los pescadores, Sudhamani repitió este gesto otras dos veces. Pero esta clase de devoción inspirada en el egoísmo y los deseos, nunca fue alentada ni promovida por ella. Aunque el Krishna *bhava* era sólo la manifestación externa del infinito poder espiritual de Sudhamani, expresada bajo el aspecto de Krishna, sus padres y la mayoría de los aldeanos creían que mientras duraba el *bhava*, estaba poseída temporalmente por Shri Krishna. Su hermano mayor y sus padres pensaban además que sufría una esquizofrenia o alguna otra alucinación. Por su parte, Sudhamani prefería dejar las cosas así. Le bastaba con que la gente, a través del Krishna *bhava*, aumentara su devoción hacia Dios y se sintiera reconfortada en su dolor. Las diversas etapas de este juego divino se irían desarrollando de acuerdo con los deseos de los devotos y en su momento oportuno.

Celebrar el *bhava darshan* a la orilla del mar presentaba sus inconvenientes, si bien los aldeanos podían reunirse allí con plena libertad. La mayoría venía por devoción y por respeto religioso, pero había también un grupo que asistía para injuriar y desacreditar a Sudhamani. No solo eso, el rápido crecimiento de devotos ocasionó algunos incidentes. Un grupo de aldeanos por propia iniciativa y con fines interesados se asoció para formar un consejo administrativo. Con toda celeridad, determinaron instalar una caja, cerrada con candado, para recoger los donativos en beneficio propio. Era el signo que preludiaba la creación de una alianza que iba a causar numerosos problemas.

Estos sucesos entristecieron profundamente a Sugunanandan. Una noche, se acercó a Sudhamani durante el Krishna *bhava* y le transmitió su inquietud: "Me apena verte realizar el Krishna *bhava* a la orilla de este camino, y tampoco puedo soportar lo que dicen los incrédulos que se mofan de ti. Además, eres mi hija y me causa un gran dolor el verte así, rodeada de toda clase de gente en un lugar público". Tras estas palabras, se puso a llorar.

Sudhamani le respondió: "En ese caso, dame un lugar para recibir a mis devotos. Si no hay otro sitio, puedo utilizar el establo". Sugunanandan aceptó de inmediato y se iniciaron los arreglos para acondicionar el establo. Se puso cemento en el suelo y se construyó un muro en el centro de media altura que lo dividió en dos secciones. Un lado seguía siendo establo y el otro se preparó para la celebración del *bhava darshan*. Todas las paredes se cubrieron con paneles de hojas trenzadas de cocotero.

Pronto, el *bhava darshan* se trasladó desde el santuario del árbol banian, junto a la orilla del mar, a Idamannel, en donde continua hoy día. Durante el Krishna *bhava*, Sudhamani daba su *darshan* de pie en el templo recién construido. De vez en cuando, se inclinaba sobre el medio muro y ponía su mano sobre alguna de las vacas que se encontraban al otro lado.

Una noche, durante un Krishna *bhava*, Sudhamani llamó a su padre y le dijo:

"Mis devotos acudirán desde todos los confines de la tierra. Muchos de ellos se instalarán aquí a vivir permanentemente. Tendrás que enfrentarte a numerosos obstáculos, pero no temas. Sopórtalo todo, nunca intentes vengarte. No seas envidioso, no solicites nada de nadie. Todo lo que necesites vendrá a ti sin que lo pidas. Da siempre en caridad una parte de lo que recibas. A su debido tiempo, este lugar se convertirá en un gran centro espiritual. Kunju viajará muchas veces alrededor del mundo. Aunque tengas que sufrir en un futuro cercano, la bendición de Dios estará siempre contigo y recibirás todo cuanto necesites. Tu propia familia, e incluso los aldeanos, te odiarán e injuriarán, pero con el paso del tiempo se convertirán en tus amigos. Miles de mis devotos serán para ti como tus propios hijos. De hoy en adelante, Kunju es pura para siempre".

Una vez más, Sugunanandan se quedó mudo de asombro. Su hija de tez azul oscura, que había recibido incontables palizas de sus propias manos, ¿viajaría por todo el mundo? ¡Ella que nunca había ido más allá del Cabo Comorin[18]! ¿Y cómo es que van a venir miles de devotos a Idamannel? ¿Pero dónde van a alojarse? Allí sólo había una minúscula casa. ¿Qué significaba aquello de "Kunju es pura para siempre[19]"? A pesar de la impresión profunda que le causaron estas palabras, Sugunanandan las consideró en aquel momento como fabulaciones de una hija un poco trastornada. Sólo después de muchos años, comprendió el verdadero significado de lo que ella le había revelado aquella noche.

El traslado del Krishna *bhava* perjudicó los intereses de algunas personas del lugar, las cuales protestaron enérgicamente: ¡No queremos un Dios que se pliega a los caprichos de su padre! Los devotos que se reunían habitualmente en torno al árbol banian se dividieron en dos grupos. Uno expresó su oposición, negándose a cooperar, y el otro siguió acudiendo a Idamannel para cantar *bhajans* durante el *bhava darshan*. Irritados por la actitud de los devotos que seguían fieles, algunos aldeanos se presentaron en Idamannel con el sólo propósito de provocar disputas y peleas. Comenzaron a insultar abiertamente a los que cantaban *bhajans* durante el *bhava darshan*. El grupo de opositores, formado por hombres y mujeres, persistió en su actitud, hasta que un día Sugunanandan se molestó. Ayudado de otros devotos, los echó de su casa, pero esto no fue más que el inicio de nuevos problemas.

---

[18] Cabo situado en el extremo sur de la India, a unos 200 kilómetros de Parayakadavu.

[19] Con el advenimiento del Krishna bhava ,concluyó el ciclo menstrual de Sudhamani.

El movimiento de los racionalistas

Algunos de los que formaban el grupo opositor eran hijos de los propietarios ricos de la aldea. Ellos se unieron y formaron una asociación llamada: "Comité contra las Creencias Ciegas", también conocido como "Movimiento de los Racionalistas". Recorrieron trece aldeas de la costa y lograron reunir a unos mil jóvenes, que emprendieron una campaña para poner fin a las manifestaciones divinas de Sudhamani.

Los aldeanos amaban a la pequeña desde su infancia, por su carácter noble y virtuoso, especialmente cuando saludaba cada nuevo día con un canto conmovedor a Krishna. Además tenían fe en sus manifestaciones divinas y en su inquebrantable devoción. Sin embargo, la naturaleza inflexible de Sugunanandan contribuía a incrementar los sentimientos de envidia o enemistad que pudieran existir. Al principio del Krishna *bhava*, durante un *darshan*, Sudhamani había advertido a su padre para que no disputara ni se vengara de nadie que se opusiera a ella. Pero Sugunanandan no tuvo en cuenta este consejo divino y tomó ciertas medidas en contra del comité, lo que redobló la animosidad de los que se hacían llamar racionalistas.

Empezaron a difundir lemas en contra de Sudhamani y después publicaron panfletos cargados de críticas absurdas y sin fundamento. Esta campaña de ataques no acabó aquí: de hecho, sus esfuerzos por difamar a Sudhamani y poner fin al Krishna *bhava* no habían hecho más que comenzar. Su siguiente paso consistió en presentar una falsa denuncia ante la policía, alegando que engañaba a la gente en nombre de la devoción.

Como resultado de aquella denuncia, algunos inspectores de policía se desplazaron a Idamannel para interrogar a Sudhamani. Mostrando valor, como hacía siempre ante cualquier circunstancia, le dijo a los inspectores: "Os pido que me detengáis y me llevéis a la cárcel si así lo queréis. Aquí mi familia y los aldeanos no me dejan meditar. En la cárcel, al menos, estaré sola y podré concentrarme en Dios sin ser molestada. Si esa es la voluntad de Dios, que así sea".

Tras estas palabras, extendió sus manos. Los inspectores estaban impresionados por la forma valerosa, y a la vez inocente, con la que afrontaba aquella situación y se dirigía a ellos. Algunos pensaron que debía estar loca, pero los demás se sintieron atraídos por su personalidad y, al mismo tiempo, desolados porque aquella gran alma fuera expuesta tan mezquinamente al escándalo y perseguida sin razón alguna. Los inspectores la saludaron respetuosamente y se fueron de Idamannel.

Sudhamani compuso el siguiente *bhajan* en la época en que se presentó la falsa denuncia y se llevó a cabo la investigación policial correspondiente:

Bhagavane Bhagavane

¡Oh, Bhagavan! ¡Oh, Bhagavan![20]
Tú que eres compasivo con tus devotos...
¡Oh, Consciencia pura!
¡Tú que aniquilas todas las faltas!
¿Sólo hay pecadores en este mundo?

¡Oh, Bhagavan! ¡Oh Bhagavan!
¿Quién puede mostrarnos el camino?
Los principios esenciales[21] solo se encuentran
impresos en las páginas de los libros.

¡Oh, Bhagavan! ¡Oh, Bhagavan!
Lo que se ve no es más que
disfraz y falsa apariencia.
¡Oh, Kanna, protege y restaura la rectitud!

Un día, mientras tenían lugar a la hora del crepúsculo los *bhajans*, otro inspector de policía, insatisfecho por los resultados de la primera investigación, llegó a Idamannel con el pretexto de que se había

---

[20] ¡Señor! ¡Señor!
[21] Se refiere a las eternas verdades espirituales contenidas en las Escrituras védicas.

94

presentado una nueva queja. Para su gran sorpresa, la atmósfera que allí se respiraba ejerció sobre él un efecto tranquilizador e, incapaz de encontrar nada ofensivo o ilegal, abandonó el lugar sin pronunciar una sola palabra.

Los incrédulos siguieron esforzándose para poner fin a las manifestaciones divinas de Sudhamani. En esta ocasión recurrieron a tácticas mucho más directas y agresivas con el fin de lograr su objetivo. Su siguiente plan de acción consistía en ir a Idamannel en pequeños grupos durante el *bhava darshan*, y, una vez allí, apoderarse de Sudhamani mientras encarnaba a Krishna. De esta manera, esperaban deshonrarla y poner de manifiesto, al mismo tiempo, la falsedad de su *darshan*. Una vez hubieran sujetado a la pequeña, intentarían darle una paliza. Estaban seguros de que el plan tendría éxito y se enorgullecían de su valentía y fuerza. Al final, abandonaron Idamannel antes de acabar la noche, ya que por una inexplicable razón ninguno de ellos se atrevió a acercarse a Sudhamani durante su manifestación divina.

Como no se daban por vencidos, contrataron seguidamente a un hechicero dedicado a la magia negra, famoso por sus encantamientos mortales. El hechicero vino a Idamannel y ofreció a Sudhamani una supuesta "ceniza sagrada" sobre la que previamente había invocado fuerzas maléficas. Esta ceniza había sido preparada con el cuerpo calcinado de una cobra, y se sabía que sus efectos eran tan poderosos que podían provocar la muerte de la persona a la que iba destinada. El simple hecho de recibir esta ceniza en la mano era considerado como un mal augurio y podía ser causa de grandes desgracias. Plenamente consciente de las supuestas consecuencias, Sudhamani tomó la ceniza y la frotó en su cuerpo, delante mismo de este hombre ignorante. Ella pensaba: " Si el cuerpo debe perecer a causa de esta ceniza, que así sea. Si esa es la voluntad de Dios, ¿puede alguien escapar de ella?" Aquel hombre sin escrúpulos esperó bastante tiempo para presenciar los efectos atroces de su brujería, que ya había sido empleada contra numerosas víctimas. Al final tuvo que abandonar el lugar y admitir su completa derrota, ya que, incluso después de muchas horas, nada funesto había ocurrido.

Desesperados por acabar con Sudhamani y sus estados divinos, los incrédulos pusieron entonces en marcha un plan más pérfido. Durante el Krishna *bhava*, irían al templo y le ofrecerían a Kunju un vaso de leche mezclada con un mortífero veneno. Sudhamani desempeñó su papel a la perfección y, sonriendo con amabilidad, se bebió todo el vaso de leche sin vacilar. Los asesinos esperaron impacientes para ver cómo Sudhamani, presa de convulsiones, se desplomaba en el templo y exhalaba su último suspiro. Pero se quedaron amargamente desilusionados ya que, transcurridos unos instantes, Sudhamani se volvió, vomitó delante de ellos la leche envenenada y continuó recibiendo a los devotos como si nada hubiera ocurrido. Los racionalistas huyeron de aquel lugar y por un tiempo renunciaron a su campaña contra la pequeña.

Otro obstáculo contra el que Sudhamani tuvo que luchar continuamente, fue la actitud de sus familiares. A pesar de las incesantes injurias que recibía de ellos, el espíritu de Sudhamani nunca dejó de ser ecuánime y tolerante, y no se desvió de la resolución que había adoptado de ayudar a los seres humanos a superar su sufrimiento, ya se tratase de amigos o enemigos, de familiares o extraños.

La creación de esta organización antagonista y sus malévolas intenciones para atacar a Sudhamani, generó una gran angustia en Sugunanandan. A lo largo de esta época, Sudhamani pasaba a menudo las noches a la intemperie, meditando bajo el cielo estrellado. Desde su infancia, siempre había considerado sagrados la soledad y el silencio de la noche. En esos momentos podía entrar en comunión con la Divinidad y danzar en éxtasis, absorta totalmente en Dios, sin llegar a ser molestada.

El temor de Sugunanandan por su hija se multiplicaba cuando imaginaba que sus enemigos podían llegar subrepticiamente en medio de la noche y atacarla mientras se encontraba sola. Por esta razón, un día, le suplicó: "Hija mía, ven a dormir a casa". Sin embargo, Sudhamani lo tranquilizó con firmeza: "Mira, yo no tengo casa.

Prefiero dormir bajo las estrellas. Dios es omnipresente, está en todas partes, tanto dentro como fuera. ¿Para qué vamos a inquietarnos? Si alguien quiere hacerme daño, Dios me protegerá".

Por lo que respecta a Damayanthi, ésta tenía fe en Krishna mientras se celebraba el Krishna *bhava*, pero tan pronto acababa volvía a tratar a su hija tal como acostumbraba. Pensaba que Sudhamani estaba poseída por Krishna durante el *bhava*; pero, fuera de él, seguía siendo, como siempre, su excéntrica hija y humilde criada. Tras el advenimiento del Krishna *bhava*, Damayanthi no tuvo más remedio que liberar a Sudhamani de las tareas domésticas, ya que en cualquier momento su mente podía fundirse en *samadhi*, sin importar cuándo o dónde se encontrara. Si estos estados de absorción total sobrevenían mientras cocinaba o vadeaba el remanso, se convertían en un auténtico riesgo.

Como ya hemos señalado, Damayanthi era muy estricta en lo concerniente a la conducta de su hija. No le permitía que hablara con los devotos al final del *darshan*, especialmente si éstos eran hombres de su edad. Si lo hacía, su madre la castigaba severamente y la golpeaba sin vacilar un momento. Aún temía que la extraña conducta de Sudhamani fuera motivo de deshonra y mala reputación familiar. Aunque Sudhamani estaba por encima de toda clase de atracción o repulsión, sus padres la consideraban siempre, sin razón alguna, como una joven ordinaria, que experimentaba los sentimientos, los deseos y las debilidades de un ser humano, salvo durante el *bhava darshan*. ¿Cómo se explica que los seres más próximos a ella fueran, no obstante, los menos capaces de reconocer su constante absorción en el Supremo?

El miembro más intratable de la familia era Subhagan, el hermano mayor. No soportaba la forma en la que ella recibía a los devotos, ni cómo cantaba y bailaba, en éxtasis, con devoción. Sudhamani, establecida más allá de toda dualidad, recibía de igual manera a hombres, mujeres, niños y ancianos. Esto enfurecía a Subhagan, y no solo porque fuera ateo, sino porque estaba convencido de que las mujeres eran inferiores a los hombres y debían callar y ocultarse. Creía que su hermana era una esquizofrénica y continuamente se esforzaba en crearle toda clase de obstáculos.

Un día rompió intencionadamente la lámpara de aceite que los devotos mantenían encendida en el templo durante el Krishna *bhava*. Cuando aquella noche se presentaron los devotos para el *darshan*, se sintieron desolados al ver la lampara rota, ya que no había otra para reemplazarla. Al ver la expresión de tristeza en sus rostros, Sudhamani pidió a algunos devotos que trajeran conchas marinas. Seguidamente, les dijo que pusieran en ellas mechas y las encendieran sin aceite, ya que no había. Entonces sucedió lo imposible. No solo se encendieron las mechas, sino que ardieron durante toda la noche hasta el final del Krishna *bhava*, sin la más mínima gota de aceite. Cuando le preguntaron cómo podía haber ocurrido eso, Sudhamani contesto simplemente: "Las lámparas ardieron así por el *sankalpa*[22] de los devotos". En el transcurso del *bhava darshan* siguiente, otro devoto, que no estaba al corriente de lo sucedido, hizo una ofrenda de lámparas de aceite para el templo. Cuando se le preguntó por los motivos de su gesto, explicó que había tenido un sueño en el que se le pedía que las trajera.

De los lugareños que se burlaron con gran arrogancia de Sudhamani, algunos tuvieron que hacer frente a graves dificultades. El siguiente suceso es uno de estos ejemplos.

Un día, cuando Sudhamani volvía a su casa después de visitar a unos vecinos, se encontró en el camino con un grupo de aldeanos. Al pasar a su lado, Sudhamani escuchó lo que uno decía para burlarse de ella. Se trataba de un hombre rico que le decía a otro, en voz alta: "¿Ves a esa joven?, está loca. Se pasa todo el día cantando, bailando y fingiendo que es Krishna. ¡Qué tontería! Es un caso de histeria emocional. Bastaría con que su padre la diera en matrimonio, y eso la curaría". Al oír estos comentarios tan cáusticos, sus amigos se echaron a reír. A continuación, mostrándose vanidoso, dijo: "Si su

---

[22] Una resolución o decisión pura.

padre necesita la dote, estoy dispuesto a darle un crédito de dos mil rupias para casar a su hija. Voy a decírselo hoy mismo".

Sudhamani no pronunció palabra. Al llegar a su casa, corrió hasta el pequeño oratorio familiar y abrió su corazón a Krishna: "¡Oh Krishna! ¿Has oído lo que estaban diciendo? ¡Me tratan de loca! No saben nada de tu belleza y les gustaría, más bien, hacerme prisionera de su egoísta forma de vida. ¡Oh, Krishna! Protector de los que buscan refugio en ti, ¿también Tú me has abandonado? Si es así, quien va a adorarte al ver mi desesperada condición? ¿Es ésta la recompensa por las lágrimas que he derramado pensando sólo en ti? El amor y la devoción que yo siento ¿no son más que los desvaríos de una joven loca? Tu eres ahora mi único consuelo. En el azul del cielo, veo tu rostro sonriente, y en el movimiento de las olas, tu cuerpo que danza. El canto matinal de las palomas no es otro que el sonido divino de tu flauta. ¡Oh Krishna, Krishna...!" Tras esta sentida oración, empezó a llorar y cayó desmayada al suelo.

Mientras tanto, el rico aldeano que se había burlado de Sudhamani estaba ocupado preparando las barcas y redes de pesca, de las que era el orgulloso propietario. Cuando consiguió reunir a sus hombres, se lanzaron al mar. Aquel día tuvieron una pesca excepcional, y todos se regocijaban mientras remaban de vuelta a la orilla.

Durante el viaje de regreso, algunos de sus empleados que amaban y adoraban a Sudhamani comentaron a su patrón: "No ha estado nada bien que te burlaras de la inocente pequeña". El patrón repuso despectivamente: ¿Y qué importa si lo hice? Mirad lo que hemos conseguido hoy como resultado de mis burlas: la mejor pesca en mucho tiempo". Al no poder replicarle, los devotos bajaron la cabeza y siguieron con su trabajo.

Cuando ya el barco se acercaba a la costa, el patrón exclamó de pronto: ¡Eh!, ¿por qué no vamos a Nindakara[23]? Allí nos darán un buen precio por nuestra pesca. En Parayakadavu, los precios son muy bajos". Una vez decidido, pusieron rumbo a Nindakara. Estaban ya

---

[23] Una ciudad de Kerala conocida por su mercado de pesca.

a punto de llegar a su destino cuando, de repente, el mar empezó a encresparse. En menos de un segundo, se levantaron enormes olas que golpearon la barca de madera por todos lados. Llena de peces, de redes y pescadores, la barca era zarandeada arriba y abajo por olas gigantescas. Todos los esfuerzos por controlar la embarcación resultaron inútiles. En ese momento, como si la empujara una enorme ola, la barca fue lanzada contra las rocas y se partió en mil pedazos. La pesca de aquel día se perdió, se destruyó uno de los mejores barcos del rico armador y las redes de pesca quedaron destrozadas contra las rocas. Sólo sus vidas fueron perdonadas. Con gran dificultad, el patrón y sus empleados lograron llegar a nado hasta la orilla.

Fue un desastre totalmente inesperado para el arrogante armador. Ahora era él quien tenía que andar cabizbajo a lo largo de la costa. Desesperado, se desplomó en la arena incapaz de soportar el peso de tan gran pérdida. Los empleados que admiraban a Sudhamani comentaron entre sí: "Ha sido la furia divina. Presumía de su buena suerte después de mofarse de Kunju. Mirad lo que le ha ocurrido". Otro pescador, también devoto, comentó: "Salió de la costa de Parayakadavu después de decir que la pequeña sufría una histeria e incluso presumía de que le daría dos mil rupias para casarla. A ver de dónde va a sacar ahora el dinero". Entre la barca, las redes y la pesca, perdió ese día setenta y cinco mil rupias. Los pescadores volvieron a casa en autobús y la noticia se extendió rápidamente por todas partes.

En aquel tiempo, Sudhamani se ponía a jugar a veces como una niña de tres años y hacía travesuras con los devotos que acudían al Krishna *bhava*. Cuando terminaba el *darshan*, se deslizaba sigilosamente entre los devotos dormidos. Entonces ataba la punta del *sari* de una mujer a los cabellos de otra o vertía arena sobre los que dormían con la boca abierta. Harshan, el mayor de sus primos, que era cojo, sentía mucho respeto y un gran amor hacia ella. Si al acabar el *darshan* se quedaba dormido en alguna parte, Sudhamani lo buscaba hasta encontrarlo y, sujetándolo por ambas piernas, lo arrastraba de aquí para allá. A él también le resultaba divertido y todos los devotos reían viendo los infantiles juegos de Sudhamani. Por el contrario, a Subhagan nunca le gustaron las travesuras de su hermana, y le echaba en cara su extraña conducta. Él que nunca había estudiado ni tan siquiera los primeros rudimentos de la espiritualidad, ¿cómo iba a comprender el elevado estado de Sudhamani? Refiriéndose a su insólito comportamiento, ella dijo: "Mi espíritu está siempre ascendiendo, queriendo fundirse con el Absoluto. Yo trato siempre de hacerlo descender para poder servir a la humanidad sufriente y mezclarme con los devotos. Por eso juego así... para mantener mi mente en el mundo de los devotos, sin dejarme apegar."

Capítulo 6

Como la hija de la Madre Divina

"A medida que las aspiraciones nobles se manifestaban claramente en mi espíritu, la Madre divina, con brillantes y dulces manos, me acariciaba la cabeza. Inclinándome ante la Madre, le dije que mi vida estaba dedicada a Ella..."

—*Mata Amritanandamayi*

Śivastvam gurustvaṁmca śaktistvameva
tvamevāsi mātā pitā ca tvameva
tvamevāsi vidyā tvamevāsi bandhur
gatirme matirdevī sarvam tvameva

¡Oh Devi, verdaderamente tú eres Shiva,
sólo tú eres el Maestro, solo tú eres la Energía suprema,
sólo tú eres la Madre, sólo tú eres el Padre.
Para mí, conocimiento, familia, sustento, inteligencia,
todo eres Tú.

—Devi Bhujangam

La devoción

Bhakti (la devoción), con su encanto único, es indescriptible. El gran deseo de un devoto sincero es llegar a ser devoto para siempre. No aspira a alcanzar el cielo ni la liberación. Para él, la devoción es su vida y el Señor su Todo supremo. El devoto siempre siente un inmenso placer al cantar la gloria del Señor. Por esa razón los *bhakti shastras*[24] declaran:

> *La devoción es solo el fruto de la devoción.*
> *Por su propia naturaleza, este amor divino*
> *es gozo eterno...*

Incluso el gran santo Suka, que estaba perfectamente establecido en la Conciencia Suprema, se deleitaba intensamente al cantar las glorias del Señor. ¡Tan grande es la felicidad que engendra la devoción pura!

Aunque Sudhamani estaba continuamente establecida en la conciencia de Krishna, sentía una insaciable sed por gozar del éxtasis de la devoción suprema -Parabhakti. Pero debido a su completa identificación con el Señor, no podía meditar en la forma de

---

[24] Escritos devocionales en general. Entre los más famosos, los Narada Bhakti Sutras.

Krishna o quedar totalmente absorta pensando en Él. Poco a poco sus plegarias dejaron de fluir hacia el Señor Krishna y su *sadhana* consagrado a Él llegó a su fin.

Un día, Sudhamani tuvo una visión que modificó considerablemente su forma de manifestar al Supremo y de servir al mundo. Esta inesperada experiencia abrió la vía de su *sadhana* consagrado a Devi, de su búsqueda apasionada por realizar al Supremo bajo el aspecto de la Madre del universo. Sudhamani se encontraba sola, sentada en una habitación de la casa. Tenía los ojos abiertos, pero su espíritu absorto en el Ser miraba hacia el interior. De pronto, apareció frente a ella una bola de luz resplandeciente, roja como el sol de poniente y suave como la luz de la luna. Esta esfera luminosa no se posaba en la tierra ni se quedaba suspendida en el cielo, giraba sobre sí misma. Sobre el fondo de este disco de luz, radiante y refrescante a la vez, surgió la más encantadora forma de Devi, la Madre divina, que adornaba su cabeza con una magnífica corona. Dominada por esta visión que arrebataba todo su ánimo, Sudhamani exclamó: ¡Oh Krishna, ha venido la Madre! ¡Llévame, por favor, hasta ella, que quiero estrecharla en mis brazos!" De inmediato sintió que Krishna la elevaba y la llevaba por encima de las nubes, desde donde contempló extraños paisajes: majestuosas colinas, inmensos bosques frondosos, serpientes azules y terroríficas cuevas. Pero como no encontraba a Devi por ninguna parte, se puso a llamarla igual que un niño: "¡Quiero ver a mi Madre! ¿Dónde está mi Madre?", y a continuación se deshizo en lágrimas.

Esta extraordinaria visión de la gran encantadora se desvaneció, pero quedó grabada en lo más profundo de su corazón. Sudhamani permaneció mucho tiempo inmersa en un estado de éxtasis. A partir de aquel momento, sólo tenía deseos de contemplar la bondadosa sonrisa y el rostro lleno de compasión de la Madre divina. Sudhamani, que había contemplado tantas veces la forma sublime de Shri Krishna, se quedó maravillada ante el extraordinario resplandor de Devi. Su corazón se sentía impulsado hacia Ella y lo único que deseaba era abrazarla, sentarse en su regazo y besar sus mejillas.

Así pues, Sudhamani, que no había meditado en otra forma que no fuera la de Krishna y que había creído firmemente que no había ninguna otra deidad superior, se consagraba ahora por entero a realizar al Supremo en su aspecto de Madre universal, *Adi Parashakti*[25]. Salvo el tiempo que pasaba en Krishna *bhava*, permanecía inmersa en la contemplación de la forma resplandeciente de Devi. Día y noche, el deseo de verla abrasaba su corazón. Tiempo atrás, sus tareas domésticas le exigían permanecer activa en el mundo exterior, pero ahora ya no estaba obligada, y podía abstraerse totalmente del plano físico de la existencia. No obstante, aún tenía que luchar por cuidar mínimamente de su cuerpo. Durante meses, no se alimentó más que de hojas de *tulasi* y agua.

A veces, cuando Sudhamani emergía desde la profundidad de la meditación, se le oía llorar y suplicar:

"¡Amma! ¡Amma! ¿Dónde te has ido? ¿Es que sólo apareciste aquel día para abandonarme? ¡Ten piedad de esta hija tuya y manifiesta de nuevo tu forma incomparablemente hermosa! ¡Oh Madre, permite, si soy digna, que me funda en ti! ¡No puedo soportar el dolor de estar separada de ti! Madre del universo, ¿por qué permaneces indiferente a la llamada desesperada de esta hija? !Abrázame, te lo suplico, tómame en tu regazo!"

Kannunir Kondu

Yo lavaré tus pies con mis lágrimas
¡Oh Katyayani!, no me abandones.
¿Cuántos días tendré que esperar? Madre mía,
para que me concedas la visión de tu forma?

Aunque tardes en darme lo que deseo,
mi espíritu permanece satisfecho gracias a tu maya.

---

[25] La energía suprema primordial. La Creadora, la complementación femenina de Shiva, el principio masculino o consciencia pura.

¿Me permites que te ofrezca
a tus pies una flor roja?

Vago a lo largo de este camino desierto,
con la esperanza de encontrarte.
Dime, Amada de Shiva,
¿acaso no hay ternura en tu endurecido corazón?

Así como Sudhamani había percibido la presencia del Señor en todas las cosas al final de su *sadhana*, centrada en Krishna, ahora percibía en todo la divina presencia de la Madre, hasta tal punto que la brisa misma era su propio aliento. Solía vagar inocentemente hablando con las plantas, los árboles, los pájaros y otros animales. Consideraba la tierra como su Madre y rodaba por la arena llamándola: "¡Amma, Amma! ¿Dónde estás? ¿Dónde no estás?"

Un día, cuando salía del pequeño oratorio familiar, después de haber meditado, se vio sobrecogida de pronto por el sentimiento de ser un niño pequeño y que la Naturaleza era la Madre divina. Entonces, en aquel estado de conciencia, gateó como un bebé hasta un cocotero, y una vez allí, se sentó y se puso a llorar y a suplicar: "Madre... Madre..., ¿por qué te ocultas a mi mirada? Sé que te escondes tras este árbol, estás en estas plantas y vives en estos animales, en estos pájaros. La tierra no es otra cosa, sino tú. ¡Oh Madre... mi Madre esquiva!..." A continuación se abrazaba al cocotero, viendo en él a la Madre divina.

A veces Sudhamani se acostaba, pero no era para descansar ni relajarse. Se había desarrollado en ella una fuerte aversión hacia el mundo material y evitaba mirar a su alrededor, lleno de atrayentes objetos y de gente completamente perdida en los placeres mundanos. Por esta causa permanecía acostada mientras contemplaba el cielo infinito, las nubes plateadas, el centellear de las estrellas, el brillo del sol o la suave claridad de la luna, según el momento del día. Cuando se arremolinaban en el cielo abundantes nubes de tormenta, ya no veía en ellas a Krishna, sino la cascada del ondulante y largo cabello de la Madre divina. Cada objeto suspendido en la inmensidad de los cielos servía para que Sudhamani recordara a Devi. Cuando estaba así, acostada sobre la arena, no dormía jamás. Lo que externamente podía parecer sueño, no era más que un estado de inconsciencia, provocado por sus incesantes súplicas, bañadas en lágrimas, con las que imploraba a la Madre suprema del universo.

Más tarde, al referirse a esta época, Sudhamani comentó: "Mientras caminaba repetía a cada paso el nombre divino, y no daba el siguiente paso hasta haber repetido mi *mantra*. Si llegaba a olvidarme, retrocedía un paso y repetía el nombre, y sólo entonces, continuaba mi camino. Si tenía que hacer alguna tarea, decidía previamente el número de veces que iba a repetir el *mantra* antes de terminar mi trabajo. Cuando me bañaba en el río, decidía el número de veces que repetiría mi *mantra* desde el momento en que me zambullía hasta que emergía de nuevo a la superficie. Nunca tuve gurú, ni recibí iniciación, ni nadie me entrego un *mantra* particular. Lo que yo repetía sin cesar era "Amma, Amma".

En las Escrituras podemos leer: "Las acciones desaparecerán por sí mismas en el estado supremo de devoción". La vida de Sudhamani constituye un claro ejemplo. Por las mañanas, se lavaba los dientes pero, de inmediato, se perdía en el pensamiento de la Madre divina. Ese estado se hacía cada vez más profundo y persistía durante horas. Sus tentativas para tomar un baño tenían, aún, menos éxito. Entraba primero en el baño, pero a continuación se daba cuenta de que se había olvidado la toalla. Cuando ya la tenía, veía que tampoco tenía jabón. Entonces pensaba: "!Oh Madre, cuánto tiempo se pierde en el simple intento de tomar un baño. En lugar de esto, haz que mis pensamientos estén eternamente fijos en ti! Pasar un solo segundo sin pensar en ti provoca un dolor insoportable en mi corazón". Así abandonaba su idea inicial, y se sentaba en el baño para quedar inmersa en *samadhi*. Pasaban horas hasta que su familia iniciaba la búsqueda y, al final, la encontraban totalmente absorta en meditación. Para que volviera a su estado habitual le echaban un cubo de agua por la cabeza, y de esta manera la pequeña acababa duchándose.

Si no conseguían que volviera, la sacudían violentamente, y a veces no les quedaba más remedio que llevarla en brazos hasta la casa.

En esta zona costera, no existían servicios adecuados. Cada familia levantaba, junto al remanso una pequeña estructura de madera, cubierta con hojas entretejidas de cocotero, y había que subirse a una tabla para hacer las necesidades corporales, pues no había suelo. Muchas veces, mientras estaba sentada en este improvisado servicio, Sudhamani perdía toda conciencia del mundo exterior y caía con todo su cuerpo en las aguas del remanso.

Se pasaba largas horas sentada meditando en la Madre divina. Antes de quedar inmersa en su contemplación, se proponía internamente: "Debo estar durante tanto tiempo". A continuación le ordenaba a su cuerpo: "Quédate aquí, cuerpo", y luego le decía a Devi: "No me hagas travesuras. Guárdalas para ti. ¡No te dejaré marchar hasta que me permitas estar aquí meditando!" Si alguna circunstancia exterior llegaba a molestar, la pequeña mordía a Devi y le tiraba del pelo, hasta darse cuenta de que se estaba mordiendo a sí misma y se arrancaba su propio pelo.

Un día, Sudhamani fue incapaz de permanecer sentada todo el tiempo que había previsto, pues sintió que alguien sacudía violentamente su cuerpo y perturbaba su meditación. Entonces pensó: "¡Esta es una de tus travesuras! ¿Por qué no me dejas meditar?" De pronto abrió los ojos y salió corriendo del oratorio para volver, al cabo de un instante, con un mortero de madera con el que pensaba amenazar a Devi y golpearla. Alzando el mortero, la pequeña le gritaba: "¡Hoy te voy a...!", pero enseguida se dio cuenta de su insensatez y pensó: "¡Qué hago! ¿Golpear a Devi? ¿Es acaso justo? ¿Cómo es posible?" Tras dejar caer el mortero, reanudó su meditación.

Sudhamani no dejaba pasar ni un solo segundo sin recordar a la Madre divina. Si alguien le hablaba, se imaginaba que era Devi. Su interlocutor seguía hablando hasta darse cuenta de que la pequeña había escapado misteriosamente hacia otro mundo. Si se olvidaba un solo instante de la Madre divina, le confesaba desesperada: "¡Oh Madre, cuánto tiempo malgastado!" Para recuperar el tiempo

109

perdido, aquel día prolongaba su meditación. Si dejaba de hacer una meditación, pasaba la noche entera caminando de un lado a otro mientras repetía su *mantra* y suplicaba: "¡Oh Madre!, ¿Cómo voy a poder vivir, si soy incapaz de meditar en ti? Todo lo demás es maya que aguarda para devorarme. ¡Oh Madre, dame la fuerza necesaria! ¡Concédeme tu visión! ¡Haz que me disuelva en tu ser eternamente benevolente!"

A Sudhamani le gustaba sobre todo meditar a la orilla del mar, en el silencio de la noche. Para ella, las olas que rompían en la arena sonaban al compás de la sílaba sagrada "Om". La inmensidad del firmamento azul, centelleante de estrellas, reflejaba la inconmensurable divinidad de la Madre. En un instante, el espíritu de la pequeña se volvía hacia su interior y se establecía espontáneamente en el Ser.

Si durante aquellas noches Sugunanandan iba en busca de su hija, se inquietaba mucho al no encontrarla ni en la casa ni en el patio. Al final, corría a buscarla al mar, y allí la encontraba absorta en profunda meditación, quieta como una roca. Algunos aldeanos, ignorando el motivo de las visitas nocturnas de la joven a la orilla del mar, empezaron a esparcir rumores por su cuenta. Pronto llegaron a oídos de Sugunanandan, quien prohibió estrictamente a su hija meditar en la playa durante la noche.

Estos incidentes, característicos de la fase inicial de su *sadhana* consagrado a Devi, sólo sirvieron para convencer todavía más a su familia de la locura de Sudhamani. A veces sollozaba como un niño pequeño y suplicaba a un Ser que nadie podía ver; otras veces, palmoteaba y sonreía abiertamente, luego rodaba por la arena o intentaba abrazar las olas del mar, exclamando: "¡Amma, Amma!". No es sorprendente, pues, que este vuelo del ser hacia el Ser se considerara locura. Ni siquiera los devotos que la visitaban durante el Krishna *bhava*, llegaban a comprender esta búsqueda apasionada de Sudhamani para fundirse en la Madre divina.

Resulta extraño que su familia la considerase aquejada de una enfermedad mental, y, sin embargo, no intentara nunca descubrir la causa o el remedio de su mal, y persistieran en su costumbre de atormentarla y burlarse de ella, especialmente el hermano mayor, Subhagan. A causa del trato inhumano que le infligieron, Sudhamani decidió finalmente poner fin a su vida lanzándose al océano. Lloró y suplicó a la Madre divina: ¿Soy así de malvada? ¿Por qué mi familia sigue siendo tan cruel? La gente sólo ama a los aduladores. No encuentro amor puro en ninguna parte de este mundo. ¡Amada Madre! me parece que todo no es más que una ilusión. ¡Madre!, ¿no eres tú la protectora de tus devotos? ¿No soy yo tu hija? ¿También tú me abandonas? Si es así, ¿por qué debo seguir llevando este cuerpo? Es una carga para mí al igual que para los demás. ¡Acepta a tu hija, Madre Mar!" Con espíritu resuelto, Sudhamani corrió hacia la orilla. Al llegar allí, cuando ya estaba a punto de saltar, vio que el vasto mar era la misma Devi. Incapaz de mantener su espíritu en el plano físico, entró en *samadhi* y cayó inconsciente sobre la arena.

Su primo Harshan, que era amigo y devoto de Sudhamani, había oído, por casualidad, su oración de despedida cuando ella salía precipitadamente de Idamannel. La siguió a toda prisa, ya que adivinaba cuál era su intención. Cuando la encontró, inconsciente, en la playa, la tomó en sus brazos y la llevó reverentemente hasta Idamannel, dando gracias a Dios por haberla encontrado aún con vida.

La situación de Sudhamani despertaba las simpatías de los aldeanos, aunque un buen número de ellos pensara que estaba loca. Solían comentar entre sí: "¡Mirad en qué condiciones vive! ¡Pobre niña! Nadie se ocupa de ella. Incluso sus padres la tienen abandonada. Cuando estaba normal y disfrutaba de buena salud, trabajaba día y noche para ellos, pero ahora ya no les interesa cuidarla. ¿Es que no es su hija?

Algunas mujeres de la vecindad sintieron piedad de Kunju y empezaron a servirle con afecto. Estas mujeres sentían una profunda admiración por esta extraordinaria niña, desde su más tierna infancia. Ahora eran devotas del Krishna *bhava* y adoraban el esplendor espiritual y el amor incondicional que manifestaba Sudhamani. A su manera, tenían una vaga idea de aquellos sublimes estados espirituales y, cada vez que se presentaba la ocasión, le prestaban todo su apoyo o la salvaban de algún peligro.

Chellamma y su hija Valsala vivían en el terreno que estaba justo enfrente de Idamannel. Valsala consideraba a Kunju su mejor amiga y sentía por ella un amor inmenso. Al vivir junto a Idamannel, a menudo eran ellas las que la veían caerse, inconsciente, en las aguas del remanso. Enseguida la rescataban, la secaban y le ponían ropa limpia. Pushpavathi era la esposa de Bhaskaran y ambos eran fervientes devotos. Ella consideraba a Sudhamani como su propia hija y se entristecía al ver cómo su familia la maltrataba. Dos hermanas, Rema y Rati, vivían junto a Idamannel y Sudhamani les era muy querida. Aisha era la prima de Sudhamani por parte de su tía, y guardaba buenos recuerdos de la dulce y cariñosa Kunju. Estas fueron todas las mujeres que tuvieron la gran suerte de servir a Sudhamani durante este periodo de intenso *tapas*[26]. Como la familia de la pequeña la tenía descuidada por completo, estas mujeres se esforzaban, en la medida de lo posible, por ofrecerle su ayuda. Con frecuencia, cuando la pequeña perdía toda consciencia del mundo exterior, alguna de estas mujeres la encontraba tendida en el barro o en un lugar sucio. Si no conseguían que volviera en sí, la llevaban a sus casas en brazos. Como si se tratara de una niña pequeña, le cepillaban los dientes, le daban un baño caliente, la vestían con ropa limpia y la alimentaban con sus manos.

Como siempre, Subhagan estaba disgustado con Sudhamani y sus estados divinos. Muchas veces intentó presionarla para que pusiera fin al Krishna *bhava*, ya que lo consideraba deshonroso y podría acabar con la reputación familiar. Al ver que no conseguía nada con sus exigencias, se decidió a tomar medidas más drásticas.

Un día, después del *bhava darshan*, Sudhamani se disponía a entrar en la casa, cuando vio que su hermano, plantado en la puerta, le impedía de forma amenazadora el paso. Le gritó: "¡No pongas los pies en esta casa! ¡Sólo se te permitirá entrar cuando dejes esa

---

[26] Disciplina espiritual austera e intensa.

forma escandalosa de cantar y bailar!" Al considerar estas palabras como un mandato divino, Sudhamani salió sin pronunciar palabra y se sentó en el patio delante de la casa, pero Subhagan le ordenó que también se fuera de allí. Al oír esta orden, tomó un puñado de arena y se lo dio a su hermano, diciendo: "Si esto es tuyo, por favor, cuenta esta arena".

Desde aquel día, Sudhamani vivió a la intemperie, lo que era totalmente de su agrado. El cielo que cobijaba su cabeza se convirtió en su techo, la tierra en su cama, la luna en su lámpara y la brisa marina fue su abanico. Estas austeras condiciones sólo sirvieron para intensificar su renuncia y determinación para realizar a la Madre divina. Con las manos levantadas por encima de la cabeza y las mejillas bañadas en lágrimas, como un niño suplicando a su madre, Sudhamani imploraba: "¡Amma, Amma...! ¿Me has abandonado aquí para que muera de deseos por verte? Van pasando los días y mi espíritu sigue sin tener paz al no poder contemplar tu encantadora forma. Todas mis esperanzas están puestas en ti. ¿También tú vas a abandonarme? ¿Es que no ves la situación deplorable en que me encuentro?" Durante esta época, Sudhamani compuso estos *bhajans*:

Bhaktavalsale Devi

¡Oh Devi! ¡Oh Ambika! Encarnación de la hermosura,
tú que envuelves a los devotos de amor,
ven a morar aquí para poner fin
a los sufrimientos de los devotos.
Tú eres todas las cosas, y tienes poder para terminar
con mi sufrimiento. Tú que eres la raíz de todo lo que es...

Tú reinas, Emperadora, sobre todos los seres.
Tú eres todas las cosas, y a la vez proteges todo lo que es...
Fuerte en esta fe, canto tus glorias con devoción.
¡Oh diosa del universo!, deseo tanto verte...

Desde hace muchos días he deseado verte.
Sin perder un solo instante, canto tus glorias...

¿He cometido alguna falta?
¿No deseas acabar con mi sufrimiento?

¿O quizás deseas que mi ser interior
se queme y sea reducido a cenizas?
La confusión me embarga, no sé nada...

¿Es que no va a ser cierta la verdad
que guardo en mi corazón
de que todos los hijos son iguales para la Madre divina?

Para poner fin a mi sufrimiento,
pido un poco del néctar de tu gracia
que se derrama con una mirada de tus ojos sagrados...

Caeré a tus pies a fin de contemplar
tu rostro adorable y suplicaré tu bendición
para la realización de la vida.

Oru tuli sneham

¡Oh Madre!, para que mi vida sea colmada,
derrama una gota de tu amor
a mi seco y ardiente corazón.
¿Por qué, dime por qué ofreces fuego tórrido
para fertilizar esta planta ya reseca?

Me deshago en llanto, ¿cuántas lágrimas ardientes
he derramado a tus pies?

¿No oyes mi corazón palpitante
exprimiendo su dolor con entrecortados suspiros?

No dejes que el fuego penetre y baile

en el bosque de los árboles de sándalo.
No dejes que el fuego del sufrimiento
muestre su fuerza y arrase con todo.

¡Oh Devi!, repitiendo tu nombre "Durga, Durga",
mi espíritu ha olvidado todos los otros senderos.
¡Oh mi Durga!, no quiero el cielo ni la liberación.
Tan solo quiero devoción pura hacia ti...

A causa de su intensa austeridad, el cuerpo de Sudhamani se volvía extremadamente caliente, como si se encontrara entre ascuas ardiendo. A veces le resultaba tan insoportable que apenas podía llevar ropa encima. Para aliviar esta sensación abrasadora, rodaba por la arena fangosa del remanso. A veces se la veía sumergida en el agua durante horas, en profunda meditación.

Los devotos sinceros y fervientes de Sudhamani solían invitarla a sus casas, con motivo de celebraciones especiales. Creían que su presencia daba esplendor y poder espiritual a la ceremonia. Estas familias acudían a Idamannel para llevarla en autobús hasta sus casas. En algunas ocasiones, mientras esperaba en la parada del autobús, Sudhamani caía presa de un arrebato místico. Ajena al mundo exterior, rodaba por el suelo y estallaba en gozosas carcajadas. Por supuesto, la gente que estaba allí no podía entender el significado de estos estados y, congregándose alrededor de ella, la miraban atónitos. Algunos se mofaban y la acusaban de estar loca. Los niños la rodeaban y señalaban con el dedo. Pero ninguna de estas reacciones llegaba a afectarle. ¿Cómo iban a llegar estas burlas hasta los espacios a donde ella volaba? ¿Acaso algún desprecio podía alterar el estado de felicidad divina en el que se sumergía esta inocente niña?

El estar separada de la Madre divina le producía una angustia profunda y, a veces, Sudhamani se ponía a llorar y gritar bien fuerte. Los niños que se acercaban intentaban consolarla y le preguntaban: "Hermana mayor, ¿te duele la cabeza? No llores". Más tarde llegaron a comprender que lloraba por ver a Devi. Durante estas crisis incontrolables, una hermana pequeña de Sudhamani se situaba ante ella y adoptaba la pose de la Madre divina, vestida con un *sari* y dejando caer su largo cabello. Totalmente feliz, Sudhamani corría hacia ella y la abrazaba. Y si llegaba a ver a alguna hermosa niña cuando estaba en ese estado de espíritu, también se precipitaba a besarla y abrazarla, viendo en ella solo a Devi.

Sugunanandan, apiadándose del estado de abandono en el que se encontraba su hija, intentó varias veces construirle una choza para protegerla de la lluvia y del sol. Cuando la pequeña estaba inmersa en meditación, sus padres aprovechaban para levantar un cobertizo sobre ella. Cuando volvía a la consciencia del mundo exterior y observaba lo que sus padres habían construido, se alejaba del lugar diciéndoles: "Esto también se convertirá en una fuente de dolor. ¿Cuánto tiempo vais a mantenerlo? Y, si os vais, ¿quién se ocupará? Nada me afecta. Dejadme que soporte el calor, el frío y la lluvia para, de este modo, llegar a trascenderlos".

En estos días en los que tanto anhelaba ver a la Madre divina, Sudhamani se comportaba como una niña de dos años, la hija de Devi. Su identificación con esta relación, propia de un niño hacia su madre, era tan completa, que sólo a la luz de este hecho pueden entenderse muchas de sus acciones. Un día, al salir de meditar, Sudhamani sintió mucha hambre y sed. En ese momento, vio a Pushpavathi, una vecina, amamantando a su bebé. Directamente se fue allí y, apartando al bebé, se puso en el regazo de la mujer para alimentarse. En lugar de sentirse molesta por el comportamiento inesperado de Sudhamani, Pushpavathi se vio asaltada por sentimientos maternales hacia ella. Este incidente se repitió varias veces, hasta que Pushpavathi se dio cuenta de que era más seguro alimentar a su bebé fuera de la vista de la inocente Sudhamani.

Un día, Kunju yacía inconsciente en el barro y la arena, junto al remanso. Unos devotos la encontraron y se sintieron conmovidos al verla así, con la nariz, los ojos, los oídos y el pelo llenos de suciedad y arena. Un río de lágrimas había dejado huellas en su rostro azul oscuro. Los devotos fueron a avisar a Sugunanandan de la penosa condición en la que se encontraba su hija, pero no les hizo caso.

Profundamente afligidos por esta situación, decidieron llevarla hasta su casa, ya que no consiguieron que recuperara la consciencia. La limpiaron y la acostaron en la cama de su hermano mayor, sin percatarse de ello. Allí dejaron que descansara cómodamente.

Cuando volvió a casa Subhagan encontró a Sudhamani en su cama. Lleno de furia se puso a sacudir violentamente la cama como si quisiera destrozarla. Totalmente trastornado, se puso a gritar: "¿Quién ha puesto esta basura en mi cama? ¿Quién ha puesto esta basura en mi cama?" La cama se partió en mil pedazos, pero Sudhamani seguía inconsciente en medio de todo este alboroto. Más tarde, cuando supo lo que había pasado y el peligro que había corrido, dijo simplemente: "Todo lo que nos llega es para nuestro bien, de acuerdo con la voluntad de Dios". En el siguiente *darshan*, para asombro de todos, un devoto que era carpintero e ignoraba lo que había sucedido el día anterior, le regaló a Sudhamani una cama, una mesa y sillas. Cuando le preguntaron por la razón de esta ofrenda, dijo que Krishna se le había aparecido en sueños y le había pedido que llevara esas cosas.

Capítulo 7

Mucho mejores que el hombre

"Los seres humanos no son los únicos que pueden hablar. Los animales, los pájaros, las plantas también tienen esta facultad, pero nosotros no somos capaces de entenderlos. El que ha tenido la visión del Ser sabe estas cosas".

—*Mata Amritanandamayi*

Ahimsāpratiṣṭhāyām tatsamnidhau vairatyāgaḥ

*Cuando una persona se arraiga en la no-violencia,
todos los seres que se le acercan dejan de ser hostiles.*

—El yoga sutras de Patanjali
Sadhana Padam, versículo 2.35

Cuando Sudhamani vivió a la intemperie, los perros, gatos, vacas, cabras, serpientes, ardillas, palomas, loros y águilas, todos buscaron su compañía y llegaron a ser sus amigos íntimos. Esta etapa de su *sadhana* muestra el poder del amor, cuando no está viciado por la atracción o la repulsión, para crear armonía entre animales que son enemigos por naturaleza. Durante el tiempo en que su familia la abandonó y se oponía tenazmente a su vida espiritual, fueron estos animales los que, con lluvia o sol, estuvieron a su lado sirviéndola. Si observamos de cerca el comportamiento de estos animales, percibiremos que entendían a Sudhamani mucho mejor que los seres que se denominan humanos.

En esta época, Sudhamani no comía nada de su casa, ya que era extremadamente sensible a las comidas preparadas por gente mundana. Únicamente toleraba aquellos platos que se hubieran cocinado mientras se recitaba un *mantra*. Un día, al salir del templo, después de meditar, sintió de pronto un gran apetito y mucha sed. Delante mismo del templo, estaba tumbada una vaca que pertenecía a sus padres, tenía las patas echadas hacia atrás y se mantenía en una posición ideal para quien quisiera beber la leche de sus ubres. Valorando esta circunstancia como algo dispuesto por Dios, ¡eso fue exactamente lo que hizo la pequeña! Al igual que un ternero, bebió directamente de las ubres de la vaca, saciando, así, su sed y hambre.

No podemos considerar este hecho como una mera coincidencia, pues, a partir de aquel día, aquella vaca se habituó a tumbarse a diario ante el templo y esperaba a que Sudhamani saliera de su meditación. De no haber querido alimentarla, la vaca no hubiera rehusado ir a pastar o amamantar a su propio ternero. Contrariados por esto, Sugunanandan y otros miembros de la familia intentaron varias veces obligar a la vaca para que se alejara del lugar donde esperaba a Sudhamani. Le tiraban de la cola y le arrojaban cubos de agua pero, a pesar de todos los esfuerzos, no consiguieron que se moviera ni un centímetro.

Algunos días, le traían a Sudhamani leche de la vecindad que no era pura, sino mezclada con agua. Si la bebía, enseguida la vomitaba y las personas que se la habían enviado sufrían también alguna contrariedad. Por esta razón, decidió que sólo bebería y comería lo que le fuera suministrado por Dios.

Al día siguiente de tomar esta decisión, sucedió un hecho extraordinario que muestra claramente hasta qué punto es misteriosa la manera en que se desarrolla el plan divino. El lector tal vez recuerde la aldea de Bhandaraturuttu donde vivía la abuela de Kunju, a seis kilómetros al sur de Parayakadavu. Ratnadasan, el tío de Sudhamani, desató como siempre las vacas para llevarlas desde el establo hasta el patio en donde las alimentaba y lavaba. De pronto, una de las vacas se escapó y empezó a correr hacia el mar, y una vez allí giró bruscamente en ángulo recto hacia el norte. Corría a tal velocidad que Ratnadasan tuvo que hacer un gran esfuerzo para seguirla. Finalmente, la vaca giró para entrar en la aldea de Sudhamani, donde nunca antes había estado, y se dirigió hacia Idamannel.

El asombro de Ratnadasan no conoció límites cuando observó lo que sucedía a continuación. La vaca se dirigió directamente hacia el lugar donde se hallaba Kunju meditando y empezó a acariciarla con el hocico y a lamerla, expresando de este modo el amor que sentía por su antigua amiga. Como Sudhamani seguía profundamente absorta, la vaca se acostó a su lado, observándola atentamente, como si esperara que saliera de la meditación. Al cabo de un rato, Sudhamani abrió los ojos y, advirtiendo la presencia de aquella vaca, que le resultaba vagamente familiar, se levantó y caminó hacia ella. En ese momento, la vaca levantó una de sus patas traseras para invitarla a beber su leche y Kunju bebió de la ubre hasta saciarse. Oculto no lejos de allí, su tío movía la cabeza asombrado.

¿Qué misterioso poder había impulsado a la vaca para acudir hasta ese lugar desconocido, donde vivía Sudhamani? Es evidente que su desenfrenada carrera a lo largo de la costa tenía un propósito bien determinado. Años atrás, la pequeña se había ocupado de esta vaca durante el tiempo que estuvo en casa de su abuela; pero, ¿acaso este hecho podría explicar el comportamiento sin precedentes del animal? Aquí nuestro intelecto debe inclinarse ante la sabiduría del corazón.

En muchas ocasiones, mientras Sudhamani meditaba fuera, las serpientes se enrollaban en su cuerpo, como si quisieran hacerla volver al mundo exterior. Aunque pueda parecer que se trata de puras coincidencias, el siguiente suceso no puede calificarse de fortuito.

Un día, a causa de los malos tratos infligidos por su familia, Sudhamani se alejó de Idamannel. Durante el camino encontró a una mujer de la vecindad que la consoló y le dio cobijo en su casa. Al llegar allí, se dirigió al oratorio familiar para desahogar su corazón ante la Madre divina, y entonces compuso el siguiente *bhajan*:

Manasa Vacha

En mis pensamientos, palabras y actos,
te recuerdo incesantemente.
¡Oh amada Madre!, ¿por qué tardas
en mostrarme tu misericordia?
Han pasado los años y
mi espíritu no conoce todavía la paz.
¡Oh Madre adorada!, alivia mi sufrimiento.

Mi espíritu se tambalea
como un navío en medio de la tempestad.
¡Oh Madre!, dame un poco de paz,
no hagas que me vuelva loca...

Estoy agotada, Madre, no puedo más,
yo no quiero esta clase de vida,
ni puedo afrontar tus pruebas.
¡Oh Madre, soy incapaz de soportarlas!

Soy una pobre desamparada,
que no tiene a nadie más que a ti, Madre.
Te suplico que pongas fin a estas pruebas,
tiéndeme tu mano y elévame...

De pronto, su estado de ánimo cambió dominado por un arrebato de locura divina. Llorando y rodando por el suelo, empezó a arrancarse toda la ropa. Inmediatamente después, estalló en risas mientras rodaba sin control. Los miembros de la familia que la habían acogido la observaban, asombrados e inquietos, sin saber cómo calmarla. En aquel momento, apareció una gran serpiente por la puerta y se deslizó directamente hacia el cuerpo de Sudhamani. La familia se quedó petrificada de miedo al ver cómo la serpiente lamía con su lengua bífida el rostro de la pequeña, que seguía inconsciente. Esto duró algunos minutos y pareció tranquilizar inmediatamente a Sudhamani, quien volvió en seguida a su estado de consciencia habitual. El reptil se alejó entonces del cuerpo de la pequeña y desapareció. Los testigos de este hecho tuvieron la impresión de que la serpiente conocía el remedio para hacerla volver a la consciencia del mundo exterior, administrándole sabiamente lo que necesitaba.

Los que visitaban Idamannel en seguida se daban cuenta de que numerosas especies de pájaros eran parte integral de su entorno natural. Kunju amaba especialmente a los papagayos, pues eran muy queridos por Devi. Algunas veces, cuando invocaba: "¡Oh Madre!, ¿no vas a venir a mi lado?", una nube de papagayos se acercaba y se posaba alrededor de ella. En cierta ocasión, un devoto le regaló un papagayo y siempre se le veía revoloteando junto a ella. Sudhamani no lo encerraba nunca en la jaula. Un día en que ella pensaba: "¡Qué mundo tan cruel y terrible! No existe en ninguna parte un mínimo de rectitud, de verdad. Todos mienten y el mundo está poblado de pecadores. Nadie parece mostrar a la humanidad el camino a seguir". Entonces empezaron a rodarle las lágrimas por las mejillas y así permaneció un buen rato, en un estado introspectivo. Más tarde, se dio cuenta de que su papagayo estaba frente a ella y descubrió que él también derramaba lágrimas, como si padeciera el mismo dolor. El sufrimiento de Sudhamani también le había conmovido.

Además de este papagayo, otras dos palomas pasaban a menudo su tiempo junto a la pequeña. Cada vez que se ponía a cantar alabanzas a la Madre divina, los tres pájaros se colocaban frente a ella y danzaban felices al ritmo de la melodía, desplegando sus alas y saltando de aquí para allá.

En un gran árbol que pertenecía a Idamannel, había un nido de águilas[27]. Un día el nido perdió su estabilidad y cayó al suelo. Quedó completamente destruido y los dos polluelos que habitaban en él se vieron por el suelo, aturdidos e indefensos. Algunos niños traviesos no tardaron en lanzarles piedras para intentar matarlos, pero con gran rapidez Sudhamani acudió en su auxilio. Les dio cobijo y los cuidó hasta que, al cabo de algunas semanas, consiguieron suficiente fuerza para volar, y en ese momento los dejó en libertad. Después, estos dos garudas acudían siempre al principio de cada Krishna *bhava* y se posaban durante un buen rato en el tejado del pequeño templo. Constituía una gran atracción para los devotos, pues esta especie de pájaro está considerado como el vehículo del Señor Vishnu. El lazo misterioso que establecieron estos dos pájaros con Sudhamani añadió esplendor visual al *darshan* e incrementó la fe de los devotos en la naturaleza divina de la pequeña.

Durante el periodo del *sadhana* para realizar a Devi, cada vez que Sudhamani perdía la consciencia, derramando copiosas lágrimas por obtener la visión de la Madre divina, los dos pájaros descendían para posarse ante ella, como si quisieran protegerla. Algunas vecinas observaban entonces, con la boca abierta, cómo los dos pájaros,

---

[27] Al águila se le llama Garuda en la India. Sobre Garuda viajaba el Señor Vishnu de quién Shri Krisha fue una encarnación.

fijando su mirada en el rostro de Sudhamani, se ponían también a llorar al ver su intenso dolor.

Un día, después de la meditación, Sudhamani sintió de pronto un gran apetito. Uno de los dos garudas emprendió el vuelo inmediatamente hacia el océano y volvió al cabo de unos minutos con un pez en el pico. Lo dejó caer en el regazo de Sudhamani y ésta lo tomó tranquilamente y se lo comió crudo. Cuando Damayanthi se enteró de este hecho, decidió aguardar cada día la llegada del garuda con su ofrenda diaria. Tan pronto el ave dejaba caer el pescado, Damayanthi se apresuraba a cogerlo para cocinárselo a su hija. Durante la época de su *sadhana* por realizar a Krishna, Kunju había dejado de comer pescado, pues su simple olor la hacía vomitar, pero el que ahora se lo trajera el garuda, lo interpretaba como un alimento enviado por Dios y, por tanto, lo aceptaba. El ave siguió trayendo su ofrenda diaria durante bastante tiempo.

Otro animal que estaba siempre a su alrededor era un gato. Penetraba en el templo durante cada *bhava darshan* y giraba en torno a Sudhamani como si hiciera su *pradakshina*[28]. A continuación se sentaba a su lado con los ojos cerrados y parecía que meditara. Una vez alguien intentó deshacerse de él llevándolo al otro lado del remanso, pero volvió al día siguiente y permaneció junto a Sudhamani.

La fidelidad es una característica común de los perros, pero el comportamiento de cierto perro blanquinegro superó con mucho la lealtad canina habitual, tal como queda patente en el siguiente suceso. Cuando Sudhamani lloraba por ver a Devi y perdía el conocimiento en mitad de sus plegarias, el animal venía a acariciarla y le lamía el rostro y las extremidades a fin de reanimarla. Si Kunju se disponía a salir de Idamannel, el perro tiraba de su falda y ladraba para protestar e impedir que se fuera. Otras veces, le traía comida en su boca y la dejaba frente a ella para que la tomase. El perro no comía ni un solo grano de arroz de lo que había traído. Durante la

---

[28] Un tipo de culto que consiste en girar con reverencia alrededor de un objeto de adoración, guardando siempre la derecha, al igual que las manecillas del reloj.

noche, el perro dormía junto a Sudhamani y le servía de almohada cada vez que ella se estiraba en el suelo para contemplar el cielo.

Una noche mientras estaba sentada meditando en la orilla del remanso, quedó inmersa en un profundo *samadhi* y su cuerpo se cubrió de una espesa nube de mosquitos. En aquel momento Sugunanandan pasaba por allí y empezó a llamarla para que despertara. Como no obtuvo respuesta, empezó a sacudirla bruscamente, tal como solía hacer toda la familia. Entonces observó que el cuerpo de su hija se había vuelto más ligero que el de una pequeña rama. "Todo el cuerpo parecía un cadáver, pero como no era la primera vez que la encontraba en ese estado, no me preocupé", explicó años más tarde al recordar este incidente. Se sentó junto a su hija y, de pronto, apareció el perro blanquinegro, que se puso a ladrar furiosamente. En pocos minutos, Sudhamani abrió los ojos y volvió en sí. Parecía que los animales eran más capaces de llamar su atención, sin importar el mundo en el que se encontrara.

Este perro sentía un amor tan intenso por ella que, a veces, Kunju lo veía como la misma Madre divina. Entonces, olvidando todo lo demás, abrazaba al perro y lo besaba llamándole en voz alta: "¡Madre mía, Madre mía!"

En otra ocación, mientras meditaba, Sudhamani se sintió de pronto extremadamente inquieta. Rápidamente se levantó y se apresuró hacia la aldea. Entretanto, el perro blanquinegro había caído en manos de un perrero. Aullaba y lloraba lastimosamente, sin mostrar la menor agresividad. Incapaz de soltarse de la correa que lo aprisionaba, se dejaba arrastrar sobre sus patas mientras su raptor intentaba tirar de él. Algunas jóvenes de la aldea, amigas y devotas de Sudhamani, reconocieron al perro como su fiel compañero y pidieron al perrero que lo dejara en libertad, diciéndole que pertenecía a Sudhamani. Como el hombre parecía dudar, le prometieron una recompensa si lo liberaba. En ese momento llegó Kunju y el perro la miró tan lastimosamente que ella se puso a llorar. Esto bastó como recompensa, ya que no tuvo más remedio que aceptar, al ver el amor

126

incondicional que mostraba la pequeña hacia el animal. De forma parecida fue salvado varias veces de caer en manos de los perreros.

Había también otra perra de la vecindad que sentía un gran amor por Sudhamani. Un día, durante el embarazo de la perra, se acercó al templo y esperó llena de esperanza. Cuando Sudhamani salió de meditar, encontró al animal bajo el alero. La perra no había entrado en el templo, pero tenía puestas sus patas delanteras en el mismo umbral. Se puso a aullar de una forma peculiar, como si estuviese llorando. Sudhamani la abrazó y la beso mientras le preguntaba: "¿Qué ocurre hija, qué ocurre?" De inmediato, la perra abandonó el lugar y se acostó en la arena, no lejos de donde se encontraba Sudhamani. Al cabo de unos segundos, dio su último suspiro.

Cada vez que alguien se postraba ante Sudhamani, el perro blanquinegro estiraba sus patas delanteras e inclinaba también la cabeza ante ella. Cuando la pequeña danzaba en éxtasis devocional, el perro saltaba a su alrededor como si deseara compartir la felicidad de su danza. Cada tarde, al finalizar el culto a la hora crepuscular, tocaban la concha sagrada y el perro aullaba de una manera especial, imitando el sonido de la concha.

Un día, Sudhamani tuvo la fuerte impresión de que su amigo el perro blanquinegro iba a morir afectado por la rabia. Efectivamente, murió dos días más tarde sin apenas sufrimiento. Cuando le preguntaron a Sudhamani si estaba afectada por la muerte de su fiel compañero, respondió: "No me aflige su muerte, ya que incluso de este modo, él vendrá hacia mí. Entonces, ¿por qué voy a estar triste?" Más tarde dijo que el alma del perro se había reencarnado cerca de Idamannel, pero no reveló más detalles sobre esta cuestión.

Respecto a una cabra que tenía un gran afecto por ella, Sudhamani dijo: "Se le habían infectado las ubres y luchaba por sobrevivir. Un día al volver de un paseo, se encontró muy mal, a punto de morir. Al ver cuánto sufría, me senté cerca y me perdí en oraciones y meditación. Al abrir los ojos, vi que el pobre animal se me acercaba arrastrándose sobre sus patas. Cuando llegó a mi lado, puso su cabeza sobre mis rodillas y expiró apaciblemente, con su mirada fija en mi rostro. ¡Así es el amor puro!"

Algunos años más tarde, recordando estos hechos, señaló:

"¡Qué felices fueron, en verdad, aquellos días! Es sorprendente cómo aquellos animales podían comprender lo que yo sentía y actuaban en consecuencia. Si lloraba, lloraban conmigo. Si cantaba, bailaban ante mi. Cuando perdía mi consciencia del mundo exterior, se arrastraban sobre mi cuerpo. Todos los rasgos de carácter de los diferentes animales se encuentran en los seres humanos. Si uno se libera de todo apego y aversión, alcanza la ecuanimidad, y entonces, hasta los animales más feroces, se vuelven afectuosos cuando se hallan en nuestra presencia".

Capítulo 8

Deslumbrante como mil soles

"Sonriendo, Ella se transformó en un divino fulgor resplandeciente y se fundió en mí. Mi mente floreció bañada en el destello multicolor de la Divinidad, y la memoria de millones de años pasados surgió en mí. Desde entonces, no viendo nada separado de mi Ser, unidad absoluta, y fundiéndome en la Madre divina, renuncié a toda clase de placer".

—*Mata Amritanandamayi*
"El camino de la felicidad"

dṛśā drāghīyasyā daradalitanīlotpala rucā
davīyāmsam dīnam snāpaya kṛpayā mām api śive
anenāyam dhanyo bhavati na ca te hāniriyatā
vane vā harmye vā samakaranipāto himakaraḥ

¡Esposa de Shiva!, Haz, por tu gracia, que me bañe
en tu mirada penetrante, donde la belleza es igual a
la del lirio azul apenas florecido, ya que me encuentro
desamparado, tan lejos de ti. Solo con esa acción, este ser
mortal podrá alcanzar el bien supremo de la existencia.
Por esta acción, no hay pérdida alguna; después de
todo, no te va a apenar. La luna, blanca como la nieve,
derrama por igual su esplendor sobre un bosque que
sobre un palacio.

—Saundarya Lahari
Versículo 57

Con su fe absoluta puesta en la Madre divina, Sudhamani, nadaba
en el océano del amor inmortal. Para ella, toda la atmósfera que la
envolvía estaba impregnada de la presencia divina. La brisa era la
caricia amorosa de la Madre. Los árboles, arbustos y flores eran todos
Devi y, por tanto, dignos de su adoración incondicional. Fijando la
mirada en el cielo y contemplando lo que no sabemos, se sentía de
pronto desbordada por lágrimas y risas incontrolables que no cesaban
hasta que, inconsciente, se desplomaba en el suelo. Día y noche,
resonaban en el entorno de Idamannel las plegarias desgarradas de
esta niña huérfana dirigidas a su Madre desaparecida. Fue en este
estado de realización, en el que no veía más que a la Madre divina
en la Naturaleza entera, cuando escribió el siguiente *bhajan*:

Shrishtiyum niye

Tú eres la creación y el creador,
tu eres la energía y la verdad,

¡Oh diosa!, ¡oh diosa!, ¡oh diosa!

Tú eres la creadora del cosmos,
y tú eres el principio y el fin...

Tú eres la esencia del alma individual,
y también eres los cinco elementos.

Atendida ahora principalmente por el clan familiar de animales, no se la veía comer ni dormir. Nunca se relacionaba con otras personas, a menos que se acercaran a ella. Y tareas tan elementales como cepillarse los dientes, estaban más allá de la capacidad de su espíritu, que volaba por alturas inconcebibles. A veces la sorprendieron comiendo algo, pero podían ser hojas de te utilizadas, boñiga de vaca, trozos de vidrio o excrementos. Era incapaz de distinguir entre una comida sabrosa y todos estos desechos.

Sudhamani no podía contener su gran dolor y brotaban sin cesar sus plegarias a la Madre divina: "¡Oh Madre, mi corazón está destrozado por el dolor de esta separación! ¿Por qué no te apiadas de mi al ver este interminable raudal de lágrimas? ¡Oh Madre!, muchas grandes almas te han adorado, y así alcanzaron verte y unirse a ti eternamente. ¡Oh Madre Bien-amada, te ruego que abras las puertas de tu corazón compasivo a esta humilde sierva! Me sofoco como si me estuviera ahogando. Si no quieres venir a mí, entonces te suplico que pongas fin a esta vida. Deja que la espada que corta la cabeza al cruel e injusto, caiga también sobre mí. ¡Permite, al menos, que sea bendecida por el filo de tu espada! ¿Qué sentido tiene mantener este cuerpo inútil que tanto me pesa?"

La angustia que sentía Sudhamani había alcanzado su punto más alto. Según sus propias palabras:

"Cada poro de mi piel estaba abierto por una intensa añoranza, cada átomo de mi cuerpo vibraba con el *mantra* sagrado, todo mi ser se precipitaba hacia la Madre divina como una corriente torrencial..."

Inmersa en inefable dolor, exclamaba:

"¡Oh Madre!, tu hija está a punto de ahogarse en una angustia insondable... Su corazón se parte... Su cuerpo desfallece... Salto y tiemblo como un pez arrojado a la orilla... ¡Oh Madre!, ¿no vas a mostrarte tierna conmigo? No tengo nada que ofrecerte salvo este último aliento de vida..."

Su voz quedó estrangulada, su respiración cesó totalmente y Sudhamani se desplomó, inconsciente. Fue la voluntad todopoderosa de la Madre la que decidió que había llegado el momento. La divina encantadora del universo, la omnisciente, la omnipresente, el ser omnipotente, la creadora primigenia, la Madre divina, apareció ante Sudhamani bajo una forma viviente, resplandeciente como mil soles. El corazón de Kunju se desbordó en una oleada de indescriptible amor y gozo. La Madre divina le sonrió con bondad y, transformándose en pura luz, se fundió en ella.

La canción "Ananda vithi" o "El camino de la felicidad" compuesta por Sudhamani, describe lo que vivió durante esta experiencia. Ella intentó hacer inteligible esta unión mística más allá de las palabras.

Ananda vithi (El camino de la felicidad)

Un día, mi alma danzó con deleite
por el camino de la felicidad.
Entonces, todos los enemigos interiores,
como la atracción y la aversión, huyeron a esconderse
en los rincones más profundos de mi mente.

Olvidada de mí, me dejé mecer en un sueño dorado
que surgió del interior de mi ser.
Mientras las nobles aspiraciones
se manifestaban con claridad en mi espíritu,
la Madre divina, con brillantes y suaves manos
me acarició la frente. Con la cabeza inclinada,
le dije a la Madre que le dedicaba mi vida.

Sonriendo, Ella se transformó en un divino fulgor
resplandeciente y se fundió en mí.
Mi mente floreció,
bañada en el destello multicolor de la Divinidad,
y la memoria de millones de años pasados
surgió en mi. Desde entonces,
no viendo nada separado de mi Ser,
unidad absoluta, y fundiéndome en la Madre divina,
renuncié a toda clase de placer.

La Madre me dijo que pidiera a los seres humanos
que cumplieran la finalidad de su nacimiento.
Por tanto, proclamo ante el mundo entero
la verdad sublime revelada por Devi:
"¡Oh hombre, realiza el Ser!"

Miles y miles de yoguis
han nacido en la India y
han vivido los principios proclamados
por los grandes sabios del pasado.
Para eliminar el dolor de la humanidad,
¡cuántas verdades nos han sido transmitidas!
Hoy tiemblo de gozo
al recordar las palabras de la Madre divina:

"¡Oh mi Bien-amada!, ven a mí,
abandonando todo lo demás.
Tú eres por siempre mía".

¡Oh pura consciencia!,
¡oh encarnación de la verdad!,
yo seguiré tus palabras.
¡Oh Madre! ¿por qué has tardado tanto?

¿Por qué me has otorgado este nacimiento?
Yo no sé nada. ¡Oh Madre!,
te ruego que perdones mis errores.

A partir de aquel día, Sudhamani desarrolló una fuerte aversión hacia todas las cosas. Cavaba agujeros profundos en la arena para ocultarse y escapar del mundo de la diversidad y de los hombres prisioneros de sus sentidos. Pasaba los días y las noches deleitándose en la bienaventuranza perenne de la realización del Ser y evitando toda compañía humana. Si antes algunos pensaban que estaba loca, ahora estaban totalmente convencidos de su demencia. Aunque, interiormente, Sudhamani había cruzado el umbral de lo Absoluto, exteriormente -al menos para su familia y la gente de la aldea- seguía siendo la misma pequeña insensata poseída por Krishna tres tardes a la semana. El único cambio reciente, si lo habían percibido, es que en lugar de rodar por la arena, ahora se dedicaba a cavar grandes agujeros.

El advenimiento del devi bhava

Un día Sudhamani oyó una voz interior que le dijo:

"Hija mía, yo habito en el corazón de todos los seres y no tengo ninguna morada fija. No has nacido solamente para saborear la pura felicidad del Ser, sino para reconfortar a la doliente humanidad.

A partir de ahora, adórame en el corazón de todos los seres y libéralos de los sufrimientos de la existencia material..."

Después de esta llamada interior, Sudhamani empezó a manifestar el Devi *bhava*, el estado de identificación con la Madre divina, además del Krishna *bhava*. Aunque revelaba su unidad con la Madre, los devotos creían que ahora no solo estaba poseída por Krishna, sino también por Devi. El advenimiento del Devi *bhava* estuvo marcado por el siguiente suceso:

Una noche, a finales de 1975, cuando sólo habían transcurrido seis meses desde el primer *darshan* del Krishna *bhava*, y mientras los devotos entraban en el templo de uno en uno para el Krishna *bhava*, un hecho inesperado cambió totalmente la atmósfera del lugar.

Como de costumbre, un grupo de devotos cantaba *bhajans* en el porche exterior del templo. Sudhamani manifestaba su identidad con el Supremo bajo el aspecto representado por Shri Krishna y acogía a los devotos con alegría. Una sonrisa encantadora iluminaba su radiante rostro y los fieles se deleitaban gozosos de la presencia divina. De pronto, un devoto completamente enloquecido entró en el pequeño templo. Al parecer, había sido seriamente acosado por uno de los aldeanos hostiles[29]. Incapaz de soportar las injurias y comentarios mordaces que había recibido, se deshacía en lágrimas e imploraba la ayuda de Krishna para que remediara esta situación.

Inesperadamente, la bondadosa sonrisa de Krishna desapareció. Cambió la expresión de su rostro y se tornó feroz, como si hubiese sonado la hora de la disolución final. Sus ojos parecían dos bolas de acero a punto de explotar, ardían de ira y daban la impresión de que iban a lanzar llamas por todas partes. Sus manos formaban el *mudra* de Devi[30]. Todos los presentes, tanto dentro como fuera del templo, se quedaron sobresaltados al oír la risa bulliciosa que salía de todo su ser. Nunca antes habían oído una risa semejante. Testigos del brusco cambio producido en la actitud de Sudhamani temblaban de miedo sin saber qué hacer. Algunos eruditos allí presentes empezaron a recitar con gran fuerza *mantras* de paz y cantaban *bhajans* en alabanza a la Madre divina, mientras otros hacían el

---

[29] Los incrédulos estaban siempre activos. Se colocaban a lo largo del camino por donde debían pasar los devotos, y les lanzaban toda clase de insultos. No sólo los aldeanos incrédulos actuaban de manera tan irrespetuosa, también el padre y el hermano mayor de Sudhamani se dedicaban a este pasatiempo. Procuraban incluso convencer a los fieles para que no se quedaran hasta el final del darshan.

[30] Gesto simbólico sagrado asociado con la Madre Divina.

arati[31]. Después de muchas oraciones y repeticiones de diferentes *mantras*, Sudhamani se calmó y encontró la paz, pero el *bhava* se había transformado de Krishna en Devi.

Más tarde Sudhamani explicó: "Al ver el desamparo de aquel devoto, sentí ganas de destruir a todos aquellos que injustamente persistían en ridiculizar a los devotos. Inconscientemente, la Diosa en su naturaleza feroz (Kali) se manifestó para ofrecer refugio a los perseguidos". Desde entonces, además del Krishna *bhava*, Amma, como la llamaremos a partir de ahora, comenzó a dar el *darshan* a sus devotos también en la forma de Devi.

Amma es la encarnación del amor universal. Las virtudes que se habían manifestado desde su más tierna infancia, como el deseo de amar, ayudar y servir a los demás, alcanzaron su pleno apogeo. Con igual ternura y compasión, acoge a los seres más mundanos como a los más espirituales, a los analfabetos y a los cultos, a los ricos y a los pobres, a los enfermos y a los que gozan de buena salud. Escuchando pacientemente todos los problemas que le confían, ella se adapta a la naturaleza y madurez de cada uno, y según sus necesidades los guía y consuela en todas sus dificultades.

Poco después del advenimiento del *darshan* de Devi *bhava*, se produjeron algunos cambios repentinos en la actitud de Amma. Durante su *sadhana* para realizar a Devi, permanecía por lo general distante y poco comunicativa. Todo su tiempo estaba consagrado a la oración y a la meditación en la forma de la Madre divina. Si sus padres y hermano la maltrataban psíquica o verbalmente, guardaba silencio. Pero ahora se había vuelto más desafiante, e incluso la expresión de su rostro había cambiado. Su naturaleza se hizo más intrépida e inflexible, sobre todo cuando trataba con sus padres y hermano el tema del *bhava darshan* y su contacto con los devotos. Empezó a relacionarse más con estos últimos y a darles consejos relacionados con la espiritualidad. Esta época marcó el comienzo de su misión espiritual.

---

[31] Presentación de alcanfor encendido ante la Divinidad.

Mi propio ser sin forma

*"A partir de aquel día[32], pude ver que nada era diferente
de mi propio Ser sin forma, en el que el universo entero
existe como una pequeña burbuja..."*

Por medio de esta concisa declaración, Amma nos transmite una
extraordinaria percepción interna. A pesar de estar establecida en
el estado último de la realización divina, continuó su *sadhana* para
mostrar que todas las diferentes formas de dioses y diosas no son
más que distintas facetas de una misma realidad no dual. Habiendo
alcanzado un perfecto control de la mente, descubrió que podía identificarse con el aspecto de la Divinidad que eligiese, por un simple
acto de voluntad. Amma ha explicado algunas de las experiencias
que tuvo durante sus *sadhana*s.

"Al final de una de mis prácticas, un día tuve la sensación de
que un diente canino salía de mi boca y, simultáneamente, oí un
terrorífico ladrido. Percibí la forma de Devi sacando la lengua, con
largos dientes, espesa cabellera negra y rizada, los ojos rojos y salto-
nes y la piel azul oscura[33]. Entonces pensé: ¡Rápido!, ¡escapa!, ¡Devi
viene a matarme! Estaba a punto de huir cuando, de repente, me di
cuenta de que yo misma era Devi y que había sido yo la que había
producido el ladrido. A continuación, observé que tenía en las manos
la *vina* de Devi[34]. Tenía su corona sobre la cabeza y llevaba su anillo
en mi nariz. Algunos minutos después, pensé: ¿Qué está pasando?
¿Cómo me he podido convertir en Devi? Puede tratarse de un juego
de la Madre divina para interrumpir mi *sadhana*". Entonces decidí:
"Voy a meditar en Shiva a ver qué sucede", pero tan pronto empecé
a meditar en la forma de Shiva, me transformé en Shiva, con sus
espesos cabellos, las serpientes enroscadas en el cuello y brazos... De

---

[32] El día en que Devi se fundió con ella.
[33] Una descripción de la Madre Kali.
[34] Un instrumento de cuerda que Saraswati, la diosa del conocimiento, sostiene
sobre sus rodillas.

nuevo pensé: "Shiva también me puede estar poniendo a prueba" y dejé de meditar en su forma.

Después fijé mi corazón y mi alma en el Señor Ganesha que destruye todos los obstáculos. De inmediato, mi ser se transformó en Ganesha, con su cabeza de elefante, su larga trompa y su par de colmillos, uno de ellos partido por la mitad. Cualquier forma divina que contemplara, yo me convertía en ella. Luego escuché una voz interior que decía: "No eres diferente de ellos. Hace tiempo que todos se han fundido en ti. Entonces, ¿por qué llamas a todos estos dioses y diosas?"

A partir de entonces, la meditación de Amma en Dios con forma llegó, de modo natural, a su fin. La omnipresente sílaba sagrada "Om" brotó de su interior y todo su ser se fundió por siempre en Ella. Incluso entonces, para dar ejemplo, se sentaba a meditar. A los que preguntaban el porqué, Amma les respondía: "Durante la meditación, Amma se acerca a todos sus hijos, en especial a aquellos que piensan intensamente en ella y a los que sufren".

Un suceso similar se narra en la gran epopeya de Srimad Bhagavatam. Un día que el famoso sabio Narada fue a visitar Dwaraka, la morada de Shri Krishna, encontró al Señor inmerso en una profunda meditación. Narada se inclinó reverentemente ante el Señor y le preguntó: "Señor, ¿en quién meditas?" Krishna sonriendo le respondió: "Medito en mis devotos".

Conviene recordar que, aunque Kunju se había convertido en "Amma", o en "la Madre" a los ojos de muchos y para su familia seguía siendo Sudhamani. A pesar de que estaba establecida naturalmente en el Ser supremo, esto era demasiado sutil para que sus padres y hermano mayor lo entendiesen, aunque lo hubieran intentado. Ellos seguían dudando e interpretaban su comportamiento como esquizofrénico. Temían que el contacto con los devotos entrañara una desviación inmoral y acarrease una mala reputación a la familia. Su hermano Subhagan, en particular, se mostraba cada vez más agresivo hacia ella y su actitud no hacía más que empeorar, tal como atestigua el siguiente incidente.

Un día, Subhagan y algunos de sus primos, utilizando un falso pretexto, invitaron a Amma a que les acompañara a casa de un pariente. Cuando llegaron la encerraron en una habitación. De pronto, uno de los primos la amenazó con un largo cuchillo que llevaba escondido entre sus ropas. En aquel momento, Subhagan le dijo a su hermana: "Ya has ido demasiado lejos. Tu conducta va a manchar el nombre de toda la familia. Como no quieres dejar de mezclarte sin pudor alguno con todo el mundo y persistes en tus danzas y cantos, lo mejor es que mueras". Subhagan montó en cólera al oír lo que Amma le respondió, riendo: "No tengo ningún miedo a la muerte. El cuerpo tendrá que morir tarde o temprano, pero no es posible matar al Ser. Ahora que estás dispuesto a poner fin a mi existencia física, me corresponde expresar un último deseo que tendrás que cumplir. Déjame que me ponga a meditar, y entonces podrás matarme mientras medito".

Al oír su audaz respuesta, se enfurecieron todavía más. Uno de ellos exclamó: "¿Quién eres tú para darnos órdenes? ¿Acaso hemos venido aquí para matarte o no, según tus deseos?" Amma sonrió y repuso con valentía: "Creo que nadie, excepto Dios, puede poner fin a mi vida" Otro de los primos gritó: "¡Dios!, ¿quién es tu Dios?" Aunque la amenazaron de palabra, ninguno se atrevía a hacer nada en su contra después de oír su intrépida respuesta y comprobar su imperturbable naturaleza.

Pero, de pronto, el primo que blandía el arma dio un salto y, con la intención de apuñalarla, apretó el cuchillo contra el pecho de Amma. Sin embargo, no pudo hacer ningún otro movimiento, ya que de repente sintió un dolor atroz, exactamente en el mismo punto en el que había presionado su cuchillo contra el cuerpo de Sudhamani. Acosado por el terrible dolor, se retorcía por el suelo. Al ver su sufrimiento, los demás se sintieron aterrorizados. En aquel momento, se presentó Damayanthi, alarmada al ver partir a Sudhamani sola con Subhagan y sus primos. Al entrar en la casa, oyó el alboroto y adivinó que algo terrible estaba sucediendo. Empezó a golpear en la puerta en la que estaban encerrados, gritando para que la dejaran entrar. Cuando abrieron la puerta, Damayanthi tomó a su hija de la mano y salió rápidamente de allí.

De regreso a Idamannel, mientras caminaban por la orilla del mar, Amma le dijo a Damayanthi: "Yo deshonro a los tuyos. Este océano también es mi madre. Él me acogerá feliz con los brazos abiertos. Voy a lanzarme en su seno". Al oír estas palabras, Damayanthi se alteró y se puso a gritar: "¡No digas eso hija!, ¡no hables así! Durante el Krishna *bhava*, el Señor me ha dicho que si te suicidas, todos mis hijos se volverán locos". Al final, consiguió disuadirla y llevarla a Idamannel.

Este episodio no terminó aquí. El primo que había levantado el cuchillo contra Amma para apuñalarla fue posteriormente hospitalizado. A pesar de recibir la mejor atención médica, no dejó de vomitar sangre y acabó muriendo. Cuando se encontraba en situación crítica, Amma fue a visitarlo y amorosamente lo consoló y alimentó con sus propias manos. Estaba realmente arrepentido por su grave error y se deshacía en lágrimas al comprobar la compasión y misericordia de Amma hacia él.

Amma no sentía ninguna aversión hacia el primo que intentó matarla, ni había formulado ningún voto para que padeciera una suerte tan funesta. Él tuvo que sufrir el fruto de su propio acto. Amma lo ha explicado:

"Al igual que los seres humanos sienten un amor intenso por Amma, también existen numerosos seres sutiles que la aman profundamente. Si alguien intenta hacerle daño, Amma no reaccionará. Afrontará la situación tranquilamente y no pensará nada en particular de su agresor, que actúa por ignorancia. Pero estos seres sutiles montarán en cólera y la vengarán. ¿Entendéis por qué sucede así? Suponed que un hombre ataca a una madre. ¿Se quedarán sus hijos sin hacer nada? Aunque la madre intente disuadirlos, ellos buscarán a ese hombre y se vengarán".

Superando las limitaciones de la existencia humana, Amma recibía a todos los devotos sin distinción de raza, credo o procedencia. A los ojos de los incrédulos e ignorantes, la ecuanimidad de su visión y la amplitud de su espíritu no eran más que los síntomas evidentes de un desequilibrio mental. Los incrédulos siguieron entrando en el templo durante el *bhava darshan* y algunos le hacían preguntas sin sentido. Ella no se sentía molesta y conservaba la calma, pero Sugunanandan se sentía muy afectado por sus observaciones insolentes. Por otra parte, a pesar de que todas las tentativas por casar a su hija habían fracasado, no quería abandonar totalmente la idea. Así llegó de nuevo a pensar que el *bhava darshan* era un gran obstáculo para conseguir su deseo y, al igual que Subhagan, estaba convencido de que el *darshan* era una vergüenza para la familia. También le preocupaba que el cuerpo de su hija se pusiera duro como una piedra después del *bhava* y que necesitara muchas horas de fuerte masaje para que volviera a la normalidad.

Tal era el estado de ánimo de Sugunanandan cuando tomó la firme resolución de unirse a Subhagan y poner fin, de una manera u otra, al *bhava darshan*. Con esta idea en la cabeza, se dirigió al templo durante el siguiente Devi *bhava* y le dijo a Amma: "Devi, tienes que salir del cuerpo de Kunju. No necesitamos aquí ningún *bhava darshan*. Queremos casar a nuestra hija. ¡Quiero que me la devuelvas![35]"

Amma se dirigió a él como si fuera su padrastro[36] y le preguntó: ¿Es ésta tu hija?" Sugunanandan nervioso se enfureció todavía más al oír la manera en que se dirigía a él y repuso: "¡Sí, es mi hija! ¿Es que los dioses y diosas tienen padrastros? ¡Quiero que me devuelvas a mi hija!

Amma contestó tranquilamente: "Si te devuelvo a tu hija, será un cadáver que pronto empezará a corromperse. ¡Tendrás que enterrarla, no casarla!" Sin ganas para seguir escuchando, Sugunanandan volvió a exigir: "¡Que Devi vuelva a su propio lugar! ¡Yo quiero a mi hija!"

---

[35] Conviene recordar que para su familia, Amma era poseída tres veces a la semana por Krishna y Devi, mientras que el resto del tiempo la veían como una hija trastornada.

[36] Desde su infancia sólo aceptaba a Dios como padre verdadero. Todos los demás no eran más que padres adoptivos.

Ella le respondió: "Si es así, aquí esta tu hija. ¡Tómala!" Al instante Amma se desplomó. Al cabo de unos minutos, su cuerpo se quedó rígido y su corazón dejó de latir. A pesar de tener los ojos completamente abiertos, no mostraba ningún signo de vida. Estaba muerta.

Entonces se elevó un gran clamor. Todos los que habían venido al *darshan* estaban afectados por el dolor. Damayanthi y sus otras hijas se desmayaron. Enseguida corrió la noticia de que Devi se había llevado la vida de Sudhamani por un error cometido por Sugunanandan. Todos lo acusaban de ser la causa de su muerte prematura.

Se encendieron lámparas de aceite alrededor del cuerpo e incluso la naturaleza se quedó silenciosa en aquella hora. Algunos devotos se deshacían en lágrimas, mientras otros perdían su control y hablaban sin sentido a causa del choque emocional que acababan de recibir. Unos cuantos se acercaron a Amma e intentaron comprobar, colocando las manos bajo su nariz, si aún tenía algún indicio de aliento, pero no había nada. Un médico que había venido al *darshan* verificó su pulso, pero tampoco encontró nada. Fue un momento terrible.

Sugunanandan, dándose cuenta de la terrible situación causada por su falta de discernimiento e incapaz de soportar tan profundo dolor, cayó también inconsciente. Un silencio fúnebre reinaba en el ambiente. Creyendo que realmente se había producido lo imposible, todos perdieron la esperanza de que recobrara la vida. Pasaron, como si fueran siglos, ocho largas horas. Recobrando la consciencia sólo para enfrentarse con aquella terrible escena, Sugunanandan imploró a la Madre divina con todas sus fuerzas: "¡Oh Devi! ¡Te suplico que me perdones por haber hablado así! ¡Ha sido por pura ignorancia! ¡Por favor, vuelve a mi hija a la vida! ¡Perdona mi falta! ¡Nunca más, nunca más, repetiré esta acción tan vil!" Mientras imploraba así a Devi, se echó de bruces ante el templo y empezó a sollozar de modo incontrolado.

Los minutos se hacían eternos cuando, de repente, un devoto notó que en el cuerpo de Kunju se apreciaba algún movimiento. Desbordados de esperanza, todos acudieron atropelladamente y se colocaron alrededor de ella. Al mismo tiempo sus lágrimas de dolor se transformaron en lágrimas de alegría. ¡Amma había vuelto a la vida, pero en Krishna *bhava*! Entonces se dirigió a Sugunanandan, que era un ardiente devoto de Krishna, y le dijo: "Sin Shakti[37], ¡Krishna no puede existir!"

Este suceso cambió considerablemente la actitud de Sugunanandan respecto a Dios y a su hija. A partir de ese momento, dejó que hiciera lo que deseara y ya no intentó buscarle un marido. Más tarde, Amma hizo la observación siguiente en relación a este incidente:

"Él quería a cualquier precio que Devi le devolviera su hija. Pero si era en verdad su hija, él debería tener también el poder de volverla a la vida. No fue capaz de hacerlo. A lo sumo, sólo le pertenece este cuerpo. Cuando exigió que se le diera su hija, se le dio este cuerpo!"

❧

---

[37] El aspecto femenino de la energía cósmica, personificada bajo la forma de Devi.

Capítulo 9

La espada de la verdad

"Hijos míos, aunque un hombre tale un árbol y lo separe de sus raíces, le seguirá dando sombra. Un aspirante espiritual debería ser así. Sólo aquel ser que ruega por la felicidad de los que le atormentan puede llegar a ser espiritual. El arma más poderosa de los que aspiran a la espiritualidad es la espada de la verdad".

—*Mata Amritanandamayi*

durvṛttavṛttaśamanam tava devi śilam
rūpam tathaitad avicintyam atulyam anyaiḥ
viryam ca hantṛhatadevaparākramāṇām
vairiṣv api prakaṭitaiva dayā tvayettham

Por tu naturaleza, Oh Devi, calmas el furor de los malvados y tu manera de hacerlo, incomprensible, es inigualable. Tu poder destruye a aquellos que hurtan la fuerza de los devas y, de este modo, manifiestas tu compasión, incluso hacia los enemigos[38].

—Devi Mahatmya
Capítulo 4, versículo 20.

El destino funesto de Subhagan

Parece que toda gran alma tiene que padecer la persecución de espíritus mediocres, lo que, sin embargo, la hace crecer todavía más, ya que todo obstáculo que se cruza en su camino no hace más que realzar el brillo de su gloria. Basta con estudiar la vida de Shri Krishna, Shri Rama, Jesucristo o Buda para darse cuenta de este hecho. Amma es igualmente un brillante ejemplo.

A mediados de 1978, el número de devotos no cesaba de aumentar día a día y la gente venía de todas partes de la India para recibir el beneficioso *darshan* de Amma. Al mismo tiempo que aumentaba el número de admiradores y fieles, los incrédulos intensificaban sus campañas diabólicas. Pero ningún poder humano podía obstaculizar la misión espiritual que el destino le había reservado a Amma.

---

[38] La idea de destruir por compasión se aclara en los versículos precedentes. En el capítulo 4, versículo 17 se lee: El devoto, al saber que la diosa puede destruir inmediatamente todos los demonios con una sola mirada, le pregunta por qué no lo hace. Devi le responde: "También los enemigos, *purificados por mis armas*, alcanzan los espacios celestiales". Ante esta declaración, el devoto reconoce: "Tu maravilloso designio es incomparable".

En aquel tiempo, se pudieron constatar algunos malos augurios que presagiaban la inminencia de una catástrofe en Idamannel. Subhagan no se había acobardado, a pesar de las consecuencias desastrosas del intento de asesinato, a sangre fría, de su hermana. Ahora se mostraba incluso más arrogante y hostil hacia ella. Intentó imponer sus ideas egocéntricas a toda la familia que, temerosa de su carácter belicoso e imprevisible, no se atrevía a enfrentarse a él. El creciente número de devotos y las continuas calumnias de los racionalistas inflamaban su mente, le provocaban una gran agitación. Empezó a acosar y a insultar a los devotos que acudían al *bhava darshan* con el propósito de disuadirlos para que no fueran.

Fue entonces cuando, ya sea a causa del destino o como consecuencia del fruto de sus acciones, Subhagan se vio afectado por una terrible elefantiasis. Los síntomas aparecieron a la vez en las manos y piernas, y ninguno de sus numerosos tratamientos médicos tuvo éxito. La idea de haber contraído una enfermedad mortal no dejaba de atormentarle, por lo que empezó a sufrir graves depresiones y a mostrar tendencias suicidas. La angustia, que varias veces había expresado a sus amigos, no le dejaba dormir y tuvo que recurrir a soporíferos. El efecto acumulativo de todos los padecimientos físicos y emocionales se dejaron notar y, poco a poco, Subhagan perdió su equilibrio mental.

Un día, Amma llamó a Damayanthi y le dijo: "Parece que Subhagan se acerca al final de su existencia. Como posible solución convendría que hicieras voto de silencio, pero se te presentarán serios obstáculos para impedírtelo. Procura, por tanto, poner mucha atención mientras lo hagas". De acuerdo con las instrucciones de Amma, Damayanthi se propuso hacer voto de silencio durante un día, pero al final de la mañana una vaca rompió su cuerda y se escapó del establo. Damayanthi se olvidó por completo de su voto y gritó: "¡Que se va la vaca!, ¡Cogedla!" La familia consideró este hecho como un mal presagio, especialmente porque a Damayanthi se le había pedido que cumpliera cuidadosamente su promesa. Ante este desafortunado incidente, toda la familia se sintió sobrecogida por el temor y la angustia.

Días más tarde, en un ataque de rabia, Subhagan insultó gravemente a una mujer musulmana que había acudido a Idamannel para el *bhava darshan*. Incapaz de soportar las hirientes palabras que había recibido, la mujer corrió hasta el templo y, una vez allí, se puso a llorar y, mientras golpeaba su cabeza contra el dintel del santuario, gritaba: "¡Oh Madre... Oh Madre...! ¿Es esto lo que les espera a los que vienen a verte?"

Al oír la angustiada queja de la mujer musulmana, el rostro radiante y sonriente de Amma se transformó de inmediato. Con un semblante aterrador, se levantó de su sitial, blandiendo en una mano un tridente y en la otra una espada. En un tono grave y solemne, declaró: "Quienquiera que haya causado a esta devota semejante dolor, morirá en siete días".

Cuando la predicción de Amma llegó a oídos de Sugunanandan, éste fue corriendo al templo para implorar perdón por la conducta lamentable de su hijo. Le suplicó que perdonara la vida de Subhagan y que tomara en su lugar la suya propia. Amma le respondió tranquilamente: "Yo nunca castigo a nadie. Si a mí me injurian y maltratan no me importa en absoluto, pero cuando un devoto sufre tales injurias, ni siquiera Dios perdona. Cada uno debe recoger el fruto de sus acciones. No puede ser de otro modo".

Pasaron los siete días. Era aproximadamente la medianoche del dos de junio de 1978 cuando Subhagan, que había sido informado de la predicción de Amma, se ahorcó. Había dejado una nota explicando que su suicidio se debía a la tensión insoportable que le causaba su enfermedad mortal. Esta muerte trajo caos y tristeza a Idamannel. Los incrédulos aprovecharon rápidamente la oportunidad para intensificar su campaña en contra de Amma. Se dedicaron a difundir falsos rumores sobre la muerte de Subhagan, en los que acusaban a Sugunanandan, quien amaba a su hijo mayor más que a su propia vida, de haberlo asesinado.

A pesar de todos los esfuerzos, los incrédulos no consiguieron hacer valer sus acusaciones, pues todas las pruebas evidenciaban que se trataba de un suicidio. Además de la nota de su propio puño y letra, Subhagan había enviado varias cartas a amigos y parientes en las que informaba de su propósito. También el informe de la autopsia confirmó la tesis de suicidio y, por tanto, no se inició ninguna acción legal.

La muerte de Subhagan conmocionó a muchos parientes, quienes expresaron abiertamente su odio y oposición e ignoraron por completo a toda la familia, como si nunca hubiese existido. Dejaron de invitarlos a las ceremonias públicas, fiestas, bodas o rituales religiosos. Todos sus parientes los abandonaron. Así, cuando se acercaban a visitar alguna casa de la vecindad, ni tan siquiera miraban hacia Idamannel, y si tenían que efectuar algún rito a sus antepasados, llegaban hasta la orilla del mar junto a Idamannel, hacían su ofrenda y abandonaban inmediatamente el lugar. Los miembros de la familia sufrieron mucho a causa de esta actitud, pues añadía más carga a sus ya apesadumbrados corazones.

A los dieciséis días de la muerte de Subhagan, cuando se reanudó el *bhava darshan*, Sugunanandan se acercó a Amma con el corazón destrozado. Se quejaba, sollozando, de no haber salvado a su querido hijo de aquella horrible muerte. Para consolarlo, Amma le dijo: "No te lamentes más. Tu hijo fallecido nacerá de nuevo como un devoto en esta misma casa, dentro de tres años". Algún tiempo después, Kasturi, la hija mayor, se casó. Cuando quedó embarazada de su primer hijo, Amma lo llamó "Shivan" antes de que naciese. Como Amma le había dado un nombre masculino, la familia estaba convencida de que el bebé sería un niño. De hecho, así fue. Después del nacimiento, Amma dijo un día: "Durante estos tres años desde la muerte de Subhagan, su alma ha permanecido en el ambiente del ashram. Al escuchar los cantos devocionales y los *mantra*s védicos, pudo recibir un nuevo nacimiento como Shivan, en esta misma casa". Actualmente Shivan es un joven inteligente. Desde su infancia repite la sílaba sagrada "Om" y se pone a meditar sin que nadie se lo pida.

El regreso de los racionalistas.

Después del advenimiento del Devi *bhava*, los racionalistas se volvieron más arrogantes y agresivos. Empezaron a utilizar los medios de comunicación para intentar convencer a la gente de que Amma estaba loca y de que el *bhava darshan* era un fraude. Sin embargo, cuanto más se esforzaban por desacreditarla, mayores eran sus fracasos. ¡Su persistencia era realmente extraordinaria!

Una noche, decidieron intentar de nuevo su antigua e ineficaz táctica de apoderarse a la fuerza de Amma durante el *darshan* con el fin de humillarla y ridiculizar, así, el poder divino. Dos de los miembros más pendencieros del grupo se presentaron en escena completamente borrachos y ansiosos por armar un escándalo en el pequeño templo. Se colocaron en la fila junto a otros devotos dispuestos a entrar.

En aquel momento, Amma, sentada ya para el Devi *bhava*, dijo a algunos devotos que estaban alrededor: "Observad, Amma va a mostraros ahora un divertido juego". Tras estas palabras, miró a los borrachos y les dirigió una encantadora sonrisa. Ya habían llegado hasta el umbral de la puerta y estaban a punto de entrar, cuando el que iba delante sintió que no podía moverse, se había quedado completamente paralizado. Sin poder dar un solo paso, permaneció allí durante unos minutos. Su compañero que estaba detrás empezó a enfurecerse y le preguntó con rudeza por qué no se decidía a entrar. "¿No ves la cantidad de gente que hay delante?", le contestó el primero. Pero el otro le gritó: "¡Ya llevas un buen rato ahí pasmado!, ¿también tú te has dejado hipnotizar?" Este intercambio de reproches degeneró pronto en una discusión violenta entre los dos alborotadores, que al final se alejaron de Idamannel, tal como había previsto Amma.

Ya hemos mencionado que en esta época algunos padres, devotos de Amma, la invitaban a sus casas para que celebrara el culto o dirigiera los cantos devocionales. Tan pronto se enteraban los incrédulos de estas visitas, hacían sus planes para acudir ellos también. Una tarde, Amma fue a visitar una casa situada en la aldea Panmana, a veinte kilómetros de Parayakadavu. Los miembros de esta familia padecían, desde hacía tiempo, diversas enfermedades físicas y mentales, sin conseguir remediarlas. Habían llevado a cabo diversas *pujas*[39] para invocar a diversos dioses y diosas, pero sin resultado alguno. Tan pronto se enteraron de la existencia de Amma, acudieron al *bhava darshan* y le pidieron que les ayudara. Dada su compasión, ella aceptó visitarlos y realizar una *puja* particular para librarlos de sus enfermedades.

Sucedió que algunos miembros de esta familia no estaban de acuerdo con la ceremonia y se unieron a los incrédulos que ya se disponían a perturbarla. Durante la visita de Amma, uno de los miembros de la familia le dijo, lleno de arrogancia: "Quiero asistir a la ceremonia para observarlo todo atentamente. Después yo haré algunas preguntas." A continuación, Amma le dijo: "Ese "yo", ¿está sólo limitado a tu cuerpo?, ¿está bajo tu control?"

Eran las dos de la mañana y Amma preparaba todo lo necesario para la *puja*. El joven que se había mostrado arrogante cayó en un estado inconsciente, como en un sueño profundo, para gran alivio de los miembros devotos de la familia. Cuando ya llegaba a su fin la *puja*, el joven se despertó de golpe. Dio un salto y exclamó: "¿Ya ha terminado la ceremonia? ¿Ya ha terminado...?"

Amma repuso: "Sí, ya ha concluido. Dijiste que ibas a fijarte en todo, ¿acaso lo has hecho? ¿Comprendes ahora que lo que llamamos "yo" no está bajo nuestro control? Mientras dormías, ¿dónde estaba tu "yo"?" El hombre se puso pálido e inclinó la cabeza sin decir palabra.

Los incrédulos que se encontraban allí no se rindieron tan fácilmente y empezaron a importunar a Amma de la forma más grosera e irracional posible. Ella se mostraba alegre y apacible como siempre, pero un *brahmachari*[40] que la ayudaba en la *puja* empezó

---

[39] Adoración que se rinde al Gurú o la Divinidad mediante una ofrenda de alimento y flores.

[40] Aspirante espiritual que ha hecho el voto del celibato.

a impacientarse y le pidió: "Por favor, muéstrales algo que les haga callar, pues, de otro modo, no dejaran de molestarnos".

Solo habían pasado unos minutos cuando, de pronto, una bola de fuego extraordinariamente brillante se elevó desde el cementerio vecino. En torno al ardiente globo surgían rayos de fuego que parecían danzar a su alrededor. Ahora era Amma la que se dirigía a los atónitos alborotadores: "Los que tengáis suficiente valor, ¿por qué no os dais una vuelta por el cementerio?" Ninguno dio un solo paso para aceptar el reto. De inmediato, aquellos hombres, asustados como niños, emprendieron la huida.

Otro suceso similar ocurrió en 1980, en la casa de Indira de Karunagapaly, una población a diez kilómetros de Vallickavu[41]. Indira era una ferviente devota y había invitado a Amma para que santificara su casa. Una vez más, los racionalistas acudieron al lugar la tarde convenida. Al verlos aparecer, la familia se atemorizó, ya que eran bien conocidas sus intenciones. Rogaron, por tanto, a Amma que dispersara a la banda de escépticos.

Amma quedó absorta en meditación. Al cabo de unos segundos, para sorpresa general, apareció una esfera resplandeciente rodeada de numerosas luces brillantes que parecían pequeñas lámparas. Este globo surgió por el lado norte de la casa y se desplazó hacia el sur, tras pasar la puerta de entrada. Llenos de terror y de respeto, los devotos repetían el nombre de la Madre divina. Lentamente, la bola de fuego se elevó para acabar desapareciendo a lo lejos, no sin antes rodear la bilva sagrada (*aegle marmelos*) que crecía en el patio orientado al sur. Atónitos y a la vez temerosos, los incrédulos se fueron de aquel lugar. Nunca más volvieron a perturbar los cantos sagrados de Amma y, de hecho, después de este incidente, muchos de ellos se con-virtieron en devotos.

---

[41] Vallickavu es una aldea situada en el interior de la comarca, enfrente mismo de Idamannel y separado por el remanso costero. Amma recibe a veces el apelativo de"Vallickavu Amma".

El fracaso de la magia negra

Un hechicero muy centrado en sí mismo vivía no lejos de la casa de Indira, en Karunagappally. Alguien le había dicho que una joven de Parayakadavu era poseída por Krishna y Devi tres noches por semana. Este adepto a la magia negra alardeó de que él terminaría rápidamente con esa posesión. Incluso describió el hechizo que pensaba utilizar: "Partiré en dos el nervio central de una palma de cocotero pronunciando ciertos *mantras* poderosos, y las manifestaciones de dios y de la diosa cesarán de inmediato". Con esta idea llegó un día a Idamannel, pero por mucho que lo intentó, ninguno de sus trucos produjo el efecto deseado. No tuvo más remedio que abandonar el lugar con su orgullo herido. No obstante, persistió en sus hechizos contra Amma. En varias ocasiones, le envió ceniza portadora de *mantras* maléficos, pero nunca consiguió sus fines. Poco tiempo después se volvió loco y se dedicó a mendigar por las calles. Siempre se le oía pedir a la gente: "Dadme diez *paisas,* dadme diez *paisas...*"

Había un sacerdote que vivía en Arickal, una aldea situada en la península donde residía Amma. Además de dedicarse a las tareas del templo, era conocido por sus exorcismos, especialmente eficaces contra los malos espíritus y los seres sutiles que poseían a personas inocentes. Se cuenta que una mujer de edad que sentía una fuerte aversión hacia la santa Madre, contactó con este sacerdote. Quería persuadirle para que utilizara sus poderes a fin de hundir a Amma y acabar con los *bhavas* divinos. Para iniciar el conjuro, la mujer escribió el nombre y la estrella de nacimiento de Amma en un papel y se lo remitió al sacerdote.

Ese mismo día, una devota tuvo un sueño en el que Amma se le aparecía y le decía que acudiera al día siguiente a un determinado templo para ofrecer allí sus plegarias. Decidió primero explicar su sueño a Amma, quien le dijo: "Ve allí y vuelve. Entonces comprenderás el sentido de ese sueño".

Con el permiso de Amma, la mujer se encaminó al lugar indicado en el sueño. Era el mismo templo, desconocido para la devota, en el que el sacerdote exorcista ejercía el culto diario. Después de hacer sus oraciones, la mujer fue al encuentro del sacerdote para hablar con él. Al verla acercarse, el sacerdote le mostró su hospitalidad levantándose de la banqueta en la que estaba sentado. Para que estuviera más cómoda, empezó a enrollar un colchón y le dijo: "Venga, siéntese... Por favor, tome asiento..." Mientras enrollaba el colchón, un papel cayó al suelo y fue a parar a los pies de la devota. Lo tomó y leyó el nombre de Amma y la estrella de su nacimiento. De inmediato, comprendió la relación entre el papel, el sacerdote exorcista y el sueño que había tenido. Entonces empezó a golpearse el pecho, diciendo: "¿Qué ha hecho usted? ¿Ha estado haciendo algo en contra de nuestra Madre? ¡No ve que podemos morir!" Tras estas palabras, se echó a llorar. Entonces, el sacerdote la tranquilizó: "No, no he hecho nada. Una señora mayor vino ayer a verme e insistió en que debía destruir ese lugar. Para que me dejara en paz, tomé su nota y la dejé ahí".

Al ver la sinceridad del sacerdote, la mujer se tranquilizó y dijo: "Por favor, venga usted y vea por sí mismo lo que está ocurriendo allí. Entonces comprenderá la verdad de todo esto". El sacerdote aceptó y aseguró que pronto iría para comprobarlo personalmente.

Tal como había prometido, el sacerdote llegó a Idamannel durante el *bhava darshan*. La noticia de su llegada al que todos consideraban infame, había provocado un gran revuelo, por lo que se congregó una gran multitud de creyentes y no creyentes impacientes por asistir a su encuentro con Amma. Algunos decían: "Este hombre es un gran mago. Acabará con todo lo que pasa aquí". Pero los devotos, firmemente convencidos, respondían: "No podrá hacer nada".

El exorcista había llegado acompañado de una anciana, a la que le había dado un paquete de copos de arroz para que lo guardara mientras entraba en el templo. Él ya había decidido hacerse devoto de Amma si podía demostrarle que realmente ella era un ser divino. Amma estaba en Krishna *bhava*. Le dio un puñado de ceniza sagrada y le preguntó: "¿No has venido para cantar ese *mantra*?", y a continuación le murmuró una fórmula oscura que solo conocía el sacerdote. Esto lo dejo desconcertado. Amma continuó: "¿Acaso no eres adorador de Hanuman? No deberías repetir fórmulas maléficas con la misma lengua que utilizas para cantar su nombre". El sacerdote se quedó estupefacto, ya que absolutamente nadie sabía que su *upasana murthi*[42] era Hanuman. Amma acababa de revelar el secreto más grande de su vida. Pero ella no se detuvo aquí: "¿No le has pedido a una anciana que espere fuera con un paquete de copos de arroz? También Kutchela fue a ver a Krishna con una ofrenda de copos de arroz. Fíjate bien en lo que voy a decirte: Kutchela ofreció a Krishna los copos de arroz de la renuncia y de la verdad. Y aunque el arroz estaba mezclado con piedras y arena, el Señor no los vió. Sólo veía la devoción pura y el corazón abierto de Kutchela[43]. Allí no había piedras ni arena. Todo lo que había era ambrosía. Por eso el Señor pudo comérselo. ¿Por qué pediste arroz crudo a tu vecino y, después de descascarillarlo, lo has mezclado con piedras y arena para traerlo aquí?"

El sacerdote estaba aturdido. Al oír cómo Amma le explicaba con todo detalle lo que había hecho antes de venir, se echó a llorar. Sintiendo un gran remordimiento, pidió perdón por sus malas acciones y, a partir de aquel día, se convirtió en un devoto sincero de Amma.

Nuevas hazañas del "Comité contra las Creencias Ciegas"

Este comité se lanzó entonces a preparar acciones todavía más infames contra Amma. Trataron de influir en altos cargos de la policía y autoridades del gobierno para que tomaran medidas contra el *bhava darshan*. Estas maniobras originaron numerosas investigaciones,

---

[42] Divinidad de elección.

[43] Se trata de un ardiente devoto de Shri Krishna, cuya historia se cuenta en el Srimad Bhagavatam.

tanto oficiales como privadas, y sólo dieron como resultado la conversión de muchos de los investigadores.

Una tarde, durante el Devi *bhava*, los alborotadores exigieron a una joven que cantaba *bhajans* que se callara. La joven replicó: "Seguiré cantando, pues tengo fe en Amma". Este incidente ocasionó una gran discusión que culminó en una pelea entre devotos y alborotadores. Finalmente, Sugunanandan llegó al lugar y los echó.

Poco después de que se fueran, Amma llamó a su padre y le advirtió: "Han ido a presentar una denuncia contra nosotros. Van a acusarme primero a mí y después a ti. Es necesario que te anticipes a ellos e informes a las autoridades de lo que realmente ha ocurrido". Sin prestar atención a estas palabras, él dijo: "No presentarán ninguna denuncia contra nosotros. La policía no vendrá aquí". Amma insistió varias veces hasta que, al final, Sugunanandan fue a la comisaría. Allí se dio cuenta de que la predicción de Amma era cierta, por lo que expuso los hechos a los agentes de policía, de forma clara y sincera.

"No estamos engañando a nadie. Es cierto que mi hija manifiesta estados divinos. Si lo desean, pueden venir a comprobar personalmente lo que sucede. Los devotos vienen y entonan cantos sagrados. No hay nada fraudulento. El *prasad*[44] que se entrega está formado por agua de la fuente pública y ceniza comprada en Oachira. No materializamos flores caídas del cielo. Las que ofrecemos han sido cortadas de los árboles y arbustos. No hacemos ninguna publicidad de estas manifestaciones divinas. La gente viene después de oír hablar de la experiencia de otros devotos que han asistido al *bhava darshan*. Además, todo ocurre en mi casa, que no pertenece a nadie más. Son los incrédulos los que vienen a mi casa a discutir y a pelearse conmigo. ¿Acaso es justo? Lo que pido, por tanto, es que nos protejan de ellos".

Los oficiales no pudieron decir ni una palabra al oír la declaración de Sugunanandan y constatar su sinceridad expresada con verdadero énfasis. La falsa denuncia fue anulada. Los incrédulos

---

[44] Ofrenda consagrada y bendecida por Dios.

se pusieron furiosos, por lo que lanzaron, en represalia, un nuevo complot contra Amma. En aquellos años, Amma salía del templo y danzaba en éxtasis después de haber revelado su unidad con Devi durante el *bhava darshan*. Una noche, los alborotadores se presentaron con una cesta llena de espinas envenenadas. Eran tan agudas y venenosas que bastaba una de ellas para que cayera inconsciente la persona que se pinchara el pie.

Las espinas fueron entregadas a un grupo de niños de la localidad para que las esparcieran por el lugar en el que Amma solía danzar. Debían aprovechar el momento del *Diparadhana*[45], cuando toda la atención estuviera puesta en la ceremonia y no en ellos. Eso fue exactamente lo que hicieron. Cuando Amma salió del templo, anunció a los devotos lo que había ocurrido y les ordenó que no se movieran. Después empezó a danzar, en éxtasis, sujetando el tridente y la espada con las manos levantadas. Su danza inspiraba terror sagrado. Los devotos tenían la impresión de que era la misma Kali, la destructora del mal, quien danzaba ante ellos. Se desplazaba a lo largo de la terraza que había ante el templo cuando, de repente, su espada cortó las cuerdas que sostenían las imágenes a la pared. Los cuadros cayeron al suelo, provocando un gran estruendo de cristales rotos que se esparcieron por todas partes. Sin reparar en el peligro, siguió bailando mientras pisaba los cristales como si fueran simples pétalos de flores. Los que habían acudido a envenenarla estaban asombrados al ver este espectáculo, pero todavía aguardaban, esperanzados, ver sangrar sus pies cubiertos de espinas y presenciar el momento en el que cayera desplomada, incapaz de soportar el tremendo dolor.

Amma bajó entonces las escaleras del templo y se dirigió hasta el lugar donde se habían esparcido las espinas. Trazó una línea en el suelo con la punta de su espada y ordenó que nadie la cruzase. A continuación atravesó ella misma la línea y bailó pisando las espinas venenosas durante un buen rato. Los alborotadores no podían creer

---

[45] Presentación de alcanfor encendido ante Amma, cuando está sentada en el templo en Devi *bhava*.

lo que veían. Se pusieron tan nerviosos ante la escalofriante escena que huyeron precipitadamente del lugar.

Cuando Sugunanandan se dio cuenta de lo que estaba ocurriendo, empezó a correr de un lado para otro, aterrado al pensar en los pies sangrantes de su hija. Llegó con un bálsamo para tratar las heridas, pero con gran asombro descubrió que no había el más mínimo rastro de rasguños o pinchazos.

A pesar de haber sido varias veces testigos de semejantes milagros, los que se llamaban a sí mismos racionalistas no estaban dispuestos a renunciar a su ira y enemistad contra Amma. Para los aldeanos y devotos, estos acontecimientos extraordinarios que se producían alrededor de ella eran fuente de admiración. Pero para Amma, que moraba eternamente en la verdad suprema, estos incidentes no eran mas que juegos de niños. Cuando algunos devotos acudían, profundamente apenados por los innumerables insultos que los incrédulos lanzaban contra su Bien-amada Madre, ella les decía: "Hijos míos, no hay mundo sin dualidad. Todo esto no debe preocuparnos. Los hijos de Amma están en todo el mundo y no se dejarán embaucar por estas acciones".

Amma aconsejaba a los devotos y a los miembros de su familia que se tranquilizaran y tuvieran paciencia. Siguieron puntualmente sus consejos y soportaron en silencio la conducta injusta de los racionalistas.

En otra ocasión, algunos de los miembros más jóvenes del comité vinieron a Idamannel con intenciones malévolas. Habían decidido imitar la danza de Amma durante el *bhava*, pensando que así podrían confundir a los devotos y ridiculizarla.

Cuando llegaron, el *darshan* ya había empezado y Amma recibía amorosamente a sus hijos de uno en uno. En ese momento, Amma llamó a algunos devotos y les reveló la intención con la que habían acudido aquellos jóvenes. Pidió a los devotos que no les hicieran daño y, después de darles instrucciones, les dijo que salieran fuera. Los devotos esperaron atentos a lo que pudiera ocurrir. Al cabo de un tiempo, uno de los jóvenes empezó a bailar, procurando imitar

ciertos gestos que Amma manifestaba durante sus estados divinos.
Los devotos que estaban alerta, rodearon al bromista y empezaron
a hacerle preguntas. Fue incapaz de contestar y, al darse cuenta de
la gravedad de su acción, sintió miedo. Todos sus amigos ya habían
huido, dejándole solo. Confuso, se puso a correr y acabó por lanzarse
a la laguna. Los devotos lo sacaron del agua. Después de advertirle
seriamente que no volviese a repetir sus insensatas acciones, le dejaron
seguir su camino.

Tras este suceso, los incrédulos pusieron en marcha su plan más
atrevido y macabro. Pagaron a un mercenario para que entrara en el
templo y matara a puñaladas a Amma durante el *bhava darshan*. Con
un cuchillo oculto bajo sus ropas, el mercenario entró en el templo.
Al verlo, Amma le dirigió una sonrisa bondadosa y siguió recibiendo a los devotos. Esta sonrisa causó en él un efecto extrañamente
tranquilizador. Al volver en sí, dándose cuenta de la gravedad de su
error, cayó a los pies de Amma y le suplicó su perdón. Cuando salió
del templo, era otro hombre. Al notar la asombrosa metamorfosis que
se había operado en él, sus acólitos le preguntaron si también había
sido hechizado por Amma. Él simplemente les sonrió y, a partir de
aquel momento, se convirtió en un ferviente devoto.

Durante esta época, Amma no podía circular por los caminos de
la aldea sin ser insultada por los alborotadores. Se colocaban a cada
lado del camino y se mofaban de forma grosera. Incluso incitaban
a los niños de la aldea a hacer lo mismo. Si era a primera hora de la
mañana, se escondían detrás de los árboles y arbustos y le lanzaban
piedras. Esta banda de ignorantes no se limitaba tan sólo a maltratar
a Amma, también su familia era objeto de estas acciones deplorables.
Al ver pasar a alguno de sus miembros, le gritaban: "¡Aquí viene
Krishna! ¡Aquí viene Krishna!"

Si los racionalistas no tenían nada más que hacer por la tarde,
iban al templo y le contaban a Amma toda clase de historias inven-
tadas, con la esperanza de demostrar que todo era un fraude. Así,
un hombre se dirigió a ella, diciendo que era ciego. Pero cuando
Amma apuntó su índice como si fuera a hundirlo en uno de sus

ojos, el hombre retrocedió gritando. De este modo, Amma dejó en evidencia el engaño de quien pensaba burlarse de ella.

En otra ocasión, un joven se le acercó y le dijo que tenía un fuerte dolor en el brazo. Esperaba que se lo creyera y le diera un masaje. En efecto, Amma pidió a un *brahmachari* que estaba allí al lado que frotara aquel brazo. Tan pronto empezó, el joven sintió un dolor agudo en el lugar exacto que había señalado e, incapaz de soportar la intensidad de tan terrible dolor, pidió perdón por su engaño. Sin excepción, todos los que venían a burlarse, quedaban al descubierto como farsantes.

"El enemigo de hoy, es el amigo de mañana"

Sugunanandan estaba harto de oír y ver los continuos insultos y los ataques de los racionalistas. Una noche, ya desesperado, se acercó a Amma durante el Devi *bhava* y le dijo: "¿Es esta la recompensa que Dios me da? ¡La gente me considera el asesino de mi propio hijo! No puedo caminar por la aldea sin recibir contantemente reproches. Es una situación insoportable. ¡Devi debería castigar a los malvados!"

Amma le respondió: "Espera y verás. El enemigo de hoy es el amigo de mañana. ¿Por qué he de castigarlos? Los que ahora se oponen a ti, vendrán mañana a casarse con tus hijas. Consuélate pensando que todo ocurre según la voluntad de Dios. Si tu hijo mayor se ha ido, otros miles de hijos vendrán pronto. Damayanthi estaba profundamente apenada por la muerte de su primogénito. Amma le dijo: "No estés triste. En el futuro, numerosos hijos de todo el mundo vendrán aquí; ámalos como a tus propios hijos".

Aunque Amma dedicaba sus días y noches a consolar y socorrer a los devotos, también encontraba tiempo para servir y ayudar a los miembros de su familia, sobre todo en los momentos críticos. Externamente, parecía una sencilla y humilde joven, y sin embargo cumplía perfectamente con miles de devotos al igual que con sus propios padres, sin desviarse lo más mínimo del sentido de la verdad y de la rectitud. La actitud que mantenía hacia su familia y la forma cómo se ocupaba de ellos, era una fuente de inspiración para los devotos que tenían responsabilidades familiares. Amma era un ejemplo perfecto de cómo era posible seguir un camino espiritual y, al mismo tiempo, cumplir con los deberes familiares, permaneciendo pura y desapegada.

Sugunanandan se dedicaba al comercio de pescado, pero su trabajo no era muy rentable. Al final lo abandonó, cuando el *bhava darshan* empezó a atraer gente de todo el país. Por otra parte, no podía concentrarse en su trabajo a causa de la animosidad de los aldeanos y de otros problemas relacionados con el *bhava darshan*. Entonces, se vio obligado a pasar todo el tiempo en Idamannel. Además tenía tres hijas para casar, aunque este hecho no le preocupara. Todos sus hijos estaban en la escuela. De vez en cuando alguno de los miembros de la familia caía enfermo y requería cuidados médicos.

Durante este periodo, tal vez a causa de estas tensiones y sucesos, Sugunanandan tuvo que ser hospitalizado a comienzos de 1979, y someterse a una operación. El hospital estaba en Kollam, una ciudad localizada a treinta y cinco kilómetros al sur de Vallickavu. No había nadie que pudiera hacer las tareas domésticas, ni que pudiera atender a Sugunanandan en el hospital. Todos los parientes estaban en contra de la familia. Kasturi trabajaba lejos, Damayanthi estaba en cama con un doloroso reumatismo, los otros hijos eran demasiado jóvenes o estaban en la escuela. Por tanto, toda la carga cayó sobre los hombros de Amma.

Los días de *darshan* los devotos empezaban a llegar a la una de la tarde. Hacia las cuatro, Amma se sentaba para los *bhajans* que eran seguidos por el *bhava darshan*, el cual a veces duraba hasta las ocho o las nueve de la mañana siguiente. Amma no se movía de su asiento hasta que todo el mundo había sido recibido y, además, daba instrucciones a los aspirantes espirituales que acudían a solicitar sus consejos. Después del *darshan*, se ocupaba de todas las tareas domésticas, como había hecho durante tantos años. Ayudaba a los más pequeños a prepararse para ir a la escuela. Una vez realizado el trabajo, iba a Kollam a llevar a Sugunanandan la comida y todo lo que necesitara. Durante su enfermedad, se ocupó de él con gran cariño y sirviéndolo con profunda devoción.

Los alborotadores no desaprovechaban ninguna oportunidad para atacar a Amma. Cuando atravesaba la aldea, de camino hacia Kollam, se burlaban de ella y le tiraban piedras. Gritaban: "¡Krishna, Krishna...!" Soportando en silencio esta ignorante conducta, pensaba: "Al menos de este modo repiten el nombre del Señor". Un día uno de los alborotadores intentó incluso sujetarla, pero cuando se lanzó hacia ella, resbaló y cayó en un arroyo junto al camino.

Sugunanandan fue recuperándose gradualmente. Pero poco tiempo después, Damayanthi tuvo que ser hospitalizada, seguida de Suresh, y durante esta etapa era Amma quien realizaba todas las tareas domésticas y servía a los miembros hospitalizados de la familia.

El caos y la confusión se adueñaron del ambiente familiar, pero a pesar de todo Amma, siempre tranquila y compasiva, constituía un sólido pilar de apoyo y sustento. Imaginemos la situación: el escándalo provocado por el suicidio de Subhagan, la falta de cooperación de los parientes, los ataques de los racionalistas, la afluencia de miles de devotos para el *bhava darshan* y tres hijas sin casar en el hogar. No sorprende que nadie ambicionara una alianza matrimonial con esta familia. Cuando venía alguien de una aldea lejana con propuestas de matrimonio, algunos aldeanos los abordaban para disuadirlos de su proyecto, incluso antes de que llegaran a Idamannel. De este modo, varios posibles novios se batieron en retirada rápidamente.

Por este motivo, una vez más, Sugunanandan fue al encuentro de Amma y le dijo: "A causa del *bhava darshan* he perdido mi honor. Ni siquiera puedo dar la cara fuera de Idamannel. Los aldeanos y los parientes me odian y mis hijas siguen sin casarse. ¿Qué debo hacer?"

Amma le contestó: "La causa de tu infortunio no se debe al *bhava darshan*. Todo sucede de acuerdo con la voluntad divina, y todo llegará en su momento oportuno. No tienes por qué preocuparte". Pero esta vez, Sugunanandan no estaba de humor para dejarse convencer y gritó furioso: "¡Voy a envenenarme y moriré!" Al oír estas palabras, Amma se volvió hacia la imagen de Devi y le pidió con lágrimas en los ojos: "Madre compasiva, ¿es que sólo he de causar dolor a esta gente?"

A raíz de la presión ejercida por su padre, no fueron pocas las ocasiones en las que Amma decidió abandonar Idamannel, e incluso llegó a preparar su viaje. Pero cada uno de sus proyectos encontraba siempre algún misterioso obstáculo.

Sugunanandan volvió una vez más a confiarle sus preocupaciones y, de nuevo, Amma le dijo: "No te preocupes, tus hijas se casarán muy pronto". Un mes más tarde, esta predicción se hizo realidad. Una propuesta de matrimonio le llegó a Sugunanandan por parte de la familia más inesperada. Se trataba de una familia que se había opuesto radicalmente a Amma y el novio había sido uno de los cabecillas del movimiento racionalista. Irónicamente, ahora que el matrimonio se había concertado, Sugunanandan se desentendió de los preparativos y toda la responsabilidad recayó en Amma. Establecida en el estado de perfecta ecuanimidad, no parecía que hubiese nada que pudiera afectar la iniciativa y eficiencia de Amma. La ceremonia fue todo un éxito, a pesar de que su padre se mantuvo a la sombra, como un mero expectator.

La predicción de Amma: "El enemigo de hoy es el amigo de mañana", se hizo realidad, y lo mismo ocurrió con las bodas de las otras hijas.

Un proverbio malayalam dice: "El jazmín que crece ante tu casa, no desprende ninguna fragancia". Esto significa que si alguien llega a ser famoso, no será nunca reconocido por su propia comunidad. Han sido muchos los santos que han sufrido la verdad de este dicho. Sobre esta cuestión, Amma decía: "Imaginad que alguien escucha una hermosa canción por la radio y está deleitándose con la dulzura de esta canción. Pero de pronto entra un vecino y le dice: "¿A qué no sabes quien está cantando esa canción? Es nuestro vecino Shankar". Inmediatamente el que disfrutaba de la música apaga la radio y dice: "Dios mío, ¿qué clase de cantante es? ¡Si es horrible!" Hijos míos, esta es la actitud de la gente, les resulta difícil aceptar a una persona a la que han conocido y tratado durante años". Este era en efecto el caso de Amma.

Las circunstancias que la rodearon no fueron nada placenteras. Esta joven, hija de pescadores, no encontró el apoyo de nadie. Los devotos que llegaban de distintas regiones del país no podían hacer nada contra la ignorancia y la incultura de los aldeanos que la atormentaban y, además, la mayoría de ellos creía que estaba poseída por Krishna y Devi solo durante el *bhava darshan*. No llegaban a entender la profundidad y plenitud de su realización de Dios.

Durante estos primeros años, la mayoría de los devotos acudían sobre todo por motivos materiales y no para crecer espiritualmente. Si se cumplían sus deseos, volvían de nuevo para pedir otro deseo. Si éste no se cumplía, ya no volvían más y ahí terminaba su devoción a Amma. Ella no poseía ni un centímetro de tierra, ni disponía de un solo céntimo. Sus parientes, lejos de ayudarla, se oponían radicalmente a ella. Y los miembros de su propia familia se manifestaron en contra de su voluntad y de su deseo, y no la ayudaron ni alentaron.

Una vez algunos devotos le preguntaron a Amma sobre las dificultades que tuvo que afrontar durante y después de su *sadhana*. Se preguntaban cómo podrían alcanzar algún día la Realización si tenían que padecer tanto sufrimiento y no se sentían capaces de soportarlo. Amma les respondió que su vida probaba simplemente que era posible realizar a Dios, incluso en las peores circunstancias.

Es posible que el lector desee saber cómo en medio de esta tormenta, Amma pudo llegar a fundar un ashram. Eso es lo que se narra en el siguiente capítulo.

Capítulo 10

La Madre de la Eterna Felicidad

"Sed siempre conscientes de que Amma es omnipresente. Tened fe en que su Ser y el vuestro son uno. Hijos, la madre que os ha traído al mundo se ocupa de todo lo relacionado con esta vida terrena, aunque en nuestros días suele ser bastante raro. Pero el objetivo de Amma es el de guiaros de tal manera que disfrutéis de la bienaventuranza en todas vuestras vidas futuras".

—*Mata Amritanandamayi*

Trailokya sphuta vaktaro
davadyasura pannagaha
guruvaktra sthita vidya
gurubhaktya tu labhyatye

La sabiduría del Maestro no puede aprenderse,
ni siquiera de los dioses de mundos superiores;
el conocimiento del Maestro se despierta en aquel
que sirve a su Maestro con el amor más puro.

—Guru Gita, versículo 22

Una camada de jóvenes

"Hijos míos, la frescura de la brisa, los rayos de luna, la
inmensidad del espacio y todo lo que existe en el mundo,
todo está impregnado de consciencia divina. Conocer esta
verdad y experimentarla, es el objetivo de la vida humana.
En esta era oscura, un grupo de jóvenes, renunciando a
todo, esparcirán la luz espiritual por todo el mundo".

—*Mata Amritanandamayi*

En 1976, Unni Krishnan, un joven de veinte años natural de la
ciudad de Alappad, vino al encuentro de Amma. Parecía más bien
un mendigo, y aunque tenía familia y hogar, apenas los visitaba.
Después de su encuentro con Amma, sintió un gran anhelo por llevar
una vida espiritual. Atendiendo a su deseo, Amma le confió al cabo
de un año el culto diario del templo y le permitió permanecer en su
presencia. Todos los días los pasaba en el pequeño templo y, por las
mañanas, realizaba la *puja* y recitaba el *Shri Lalita Sahasranama*[46],

---

[46] Mantra sagrado compuesto por los mil nombres de la Madre divina.

tal como Amma lo había instruido. Después se dedicaba a otras prácticas espirituales y el resto del tiempo lo empleaba leyendo las Escrituras y componiendo poemas llenos de devoción. Por la noche dormía en la terraza del templo, usando como colchón una delgada toalla extendida en el suelo. Era tan tranquilo y reservado que ningún visitante hubiera podido adivinar que vivía allí. De este modo, se convirtió en el primer residente del futuro ashram.

El núcleo del ashram se formó a finales de 1978, cuando un grupo de jóvenes bien educados, renunciando a su hogar y familia, se refugiaron a los pies de Amma. Su único objetivo era realizar a Dios y servir a la humanidad. Atraídos por el carisma y el amor incondicional de Amma, aspiraban a una vida divina, sin que les importara obstáculo alguno. Muchos de ellos procedían de Haripad[47] y pertenecían a familias acomodadas. Después de encontrarse con Amma, se convencieron firmemente de que seguir el camino que ella les mostraba era la meta suprema a la que aspiraban.

En un mes, Balagopal (Balu, conocido como Swami Amritaswarupananda, Shrikumar (Swami Purnamritananda), Ramesh Rao (Swami Amritatmananda), Venugopal (Swami Pranavamritananda) y Ramakrishnan (Swami Ramakrishnananda) se postraron ante Amma y le pidieron humildemente que los guiara hacia la meta elegida. Sin embargo, Sugunanandan los desalentó para evitar que permanecieran en presencia de Amma, sobre todo porque sus otras hijas seguían todavía solteras. Estos jóvenes aspirantes estudiaban en la universidad o tenían algún empleo, excepto Balu que acababa de terminar sus estudios. Visitaban a Amma casi todos los días, sin dejar de cumplir con sus responsabilidades fuera del ashram.

La conversión repentina de estos jóvenes mundanos en buscadores espirituales les ocasionó serios problemas familiares y también entre sus amigos. Los padres consideraban a Amma como una hechicera que había hipnotizado a sus hijos mediante poderes mágicos. Los racionalistas, siempre dispuestos a aprovechar cualquier

---

[47] Ciudad situada a unos veinte kilómetros al norte de Vallickavu.

oportunidad, tomaron este asunto en sus manos y empezaron a inventarse historias sensacionalistas, que enviaban a la prensa para provocar una reacción pública en contra de Amma.

Los jóvenes aspirantes y los devotos empezaron a inquietarse por la aparición de estas calumnias en los periódicos. Cuando Amma se enteró de esta preocupación, se echó a reír y les dijo: "Nosotros no somos esas letras o esas palabras impresas en un trozo de papel. Seguid con vuestras prácticas espirituales sin perder el tiempo en esas tonterías. Los que hoy se oponen, mañana se convertirán en devotos". Con el paso del tiempo, estas palabras se hicieron realidad.

En noviembre de aquel año un estudiante universitario vino a Idamannel para encontrarse con Amma y, a partir de esta primera visita, se produjo un gran cambio en él. Acudía a verla siempre que podía, pues anhelaba renunciar a la vida mundana. Pidió consejo a Amma sobre dónde debía hacer sus prácticas espirituales, ya que en aquel tiempo Sugunanandan echaba a todo joven que deseara permanecer en presencia de su hija. Una tarde también tuvo que soportar las reprimendas de Sugunanandan, quien le ordenó que se marchase de Idamannel. Profundamente dolido, le pidió a Amma que le indicara un lugar adecuado para poder seguir sus prácticas. Ella le sugirió que fuera a Tiruvannamalai[48] y que observara voto de silencio durante cuarenta y un días.

Antes de partir, le preguntó a Amma: "si Sugunanandan sigue comportándose así con los devotos, ¿cómo podrá convertirse este lugar en un ashram? No se muestra amable contigo ni con los que quieren estar a tu lado. Amma, cuantas dificultades tienes que padecer. Se me hace insoportable ver tus sufrimientos. ¿No hay nadie que te cuide y que te atienda en lo necesario?" Amma lo consoló: "No te preocupes, todo se arreglará cuando vuelvas de Tiruvannamalai. Allí encontrarás a las personas que cuidarán de Amma y del futuro ashram. Mis hijos de otros países están esperando ansiosos

---

[48] Lugar santo a cinco horas de Madras, en Tamil Nadu, donde vivió el gran sabio Ramana Maharshi.

por verme. Llegará un día en el que Sugunanandan los acogerá con amor y afecto".

A continuación le pidió a Amma un reloj para seguir fielmente su rutina diaria, y un rosario de semillas de *rudraksha*[49] para repetir su *mantra*. Ella le respondió: "No tienes que pedir esta clase de objetos a Amma, ni siquiera pensar en ellos. Un verdadero aspirante no necesita moverse de su asiento. Todo lo que necesite, le será dado. Observa la araña y la serpiente pitón, nunca van en busca de sus presas. Mientras la araña permanece tranquila en su tela, los insectos acuden por sí mismos y caen en la trampa. Es deber de Dios cuidar de sus devotos. Déjalo todo a sus pies. Ve a Arunachala[50], y lo que necesites, te llegará".

Con la imagen de Amma en su corazón y el recuerdo constante de su amor infinito, se dirigió hacia Tiruvannamalai con el dinero que le había dado un amigo para ese viaje. Cuando llegó a la sagrada morada del Señor Shiva, se acomodó en una gruta de la montaña santa de Arunachala, en la que pasó algunos días. Durante los dos primeros se alimentó sólo de hojas y agua. Pero en la tarde del tercer día desfalleció de inanición exclamando: "¡Amma!, ¡Amma!" En una carta que escribió a Amma le decía: "Eran las cinco de la tarde cuando me desmayé a causa del hambre. Estaba tendido en la montaña, en un estado semiconsciente, cuando de pronto oí claramente la voz de Amma que decía: "¡Hijo mío!" Sentí que alguien me frotaba dulcemente la frente. Cuando abrí los ojos, vi a Amma ante mí con sus vestidos blancos. Esta visión me conmovió profundamente.

Cuando Amma recibió esta carta, los devotos recordaron que a la misma hora, en Vallickavu, ella había exclamado de repente: "¡Oh mi Hijo!", y volviéndose hacia un devoto que se sentaba a su lado, le dijo: "Mi hijo que está en Tiruvannamalai está hambriento desde

---

[49] Semilla de color oscuro, conocida tanto por sus beneficios físicos como espirituales.
[50] Montaña sagrada de Tiruvannamalai, considerada como la primera encarnación del Señor Shiva en la tierra.

hace tres días y ahora llora por verme". A partir de este incidente, ya no tuvo más problemas para conseguir alimentos en forma regular.

Ante la falta de un lugar apropiado para realizar sus prácticas espirituales, el joven pasaba el día en la montaña y por la noche dormía al pie de la colina. Cierto día, cuando bajaba de la montaña, la primera persona con la que se encontró fue una joven australiana llamada Gayatri. Unos días más tarde, se encontró con Madhusudhana[51], natural de la Isla Reunión, cuyos antepasados habían emigrado de la India. Los tres sintieron que les unía una gran corriente de amor. Recordando las palabras de Amma, tuvo la convicción de que también ellos eran sus hijos. Empezó a hablarles de ella y les mostró una pequeña foto. Gayatri se quedó inmediatamente fascinada ante aquel rostro tan maravilloso y su resplandeciente mirada.

Gayatri se esforzaba en meditar de forma regular, pero no estaba satisfecha con su progreso espiritual. Después de ver la foto de Amma y oír hablar de su amor desinteresado y de su compasión, tuvo su primera experiencia espiritual. Según sus propias palabras: "Vi un haz de luz en mi interior y percibí en esa luz la forma viva de la Madre. De repente surgió desde lo más profundo esta exclamación: "¡Amma!, ¡Amma!, ¡Amma!" A continuación todos mis pensamientos desaparecieron y mi espíritu quedó inmerso en una gran quietud. Cuando abrí los ojos y miré al reloj, me di cuenta de que habían transcurrido veinte minutos sin tener consciencia de nada".

Madhu, ansioso por compartir la felicidad que había sentido al oír hablar de Amma, le presentó a un devoto americano, llamado Nilu[52], de naturaleza contemplativa. Su Maestro espiritual, discípulo directo de Shri Ramana Maharshi, había muerto hacía cuatro años. Nilu había vivido sus últimos once años en Tiruvannamalai, al servicio de su Maestro. En ese momento pasaba casi todo su tiempo en cama, aquejado de fuertes dolores de estómago y columna. Apenas

---

[51] Ahora Swami Premananda Puri
[52] Ahora Swami Paramatmananda Puri

podía sentarse o caminar, incluso por corto tiempo. Los médicos no conocían la causa de su enfermedad ni su remedio.

Al saber que tenía problemas para encontrar un lugar dónde meditar, Nilu le ofreció la cabaña que había utilizado su Maestro. El joven le habló de Amma, pero Nilu no mostró mucho interés al principio. Había conocido ya a muchos grandes santos y sólo deseaba curarse de su enfermedad para seguir con su *sadhana*. Con esta idea, le pidió que le llevara ante Amma cuando acabara su voto de silencio. Después Nilu le dio al joven *sadhak* un reloj y un rosario de *rudraksha*, pensando que estos objetos le serían útiles en su práctica espiritual. Al recordar las palabras de Amma de que todo le llegaría sin necesidad de pedirlo, se sintió profundamente emocionado y comenzó con gran empeño su voto de silencio.

Un día, mientras caminaba alrededor de Arunachala, vio a un occidental de elevada estatura que salmodiaba versos en tamil e iba acompañado de un grupo de gente que circunvalaba la colina. Era el día en que se celebraba el nacimiento de Shri Ramana Maharshi. Cuando miró a aquel hombre, éste le devolvió la mirada, si bien con cierto orgullo. Entonces pensó: "Aunque orgulloso, parece que él también es hijo de Amma". Este hombre era un devoto francés llamado Ganga que, en efecto, decidió más tarde vivir junto a Amma.

Después de haber observado silencio durante cuarenta y un días, el joven devoto de Amma volvió a Vallickavu en compañía de Nilu. El primer encuentro de Nilu con Amma fue altamente significativo[53]. Según sus palabras: "Durante los cuatro primeros días que pasé en Vallickavu, sentía tal estado de beatitud en presencia de Amma, que tenía la impresión real de estar en el paraíso. Una noche, al final del Devi *bhava*, Amma se hallaba en la puerta del templo y yo me encontraba fuera; mirándola fijamente con las manos unidas, me sentí lleno de gozo. En ese momento vi que su forma física desaparecía y se transformaba en un resplandor que se

---

[53] Este primer encuentro está descrito minuciosamente en el libro de Nilu (Swami Paramatmananda), *Camino hacia la Libertad I – Un Peregrinaje por la India.*

expandía por todas partes, cubriéndolo todo. De pronto, esa luz en expansión se contrajo en un diminuto punto tan refulgente que hasta resultaba insoportable, y a continuación tuve la impresión de que esa luz penetraba en mí. Durante tres días no pude dormir por el intenso gozo espiritual que me causó esta experiencia. Después ya no podía pensar más que en Amma, a cualquier hora del día o de la noche. Entonces decidí permanecer junto a ella hasta el final de mi vida para que me guiara y yo poder servirla".

Nilu volvió a Tiruvannamalai con el joven para arreglar sus asuntos, y luego regresaron a Vallickavu acompañados de Gayatri, que deseaba ardientemente servir a Amma. Curiosamente, Sugunanandan los acogió como si fueran sus propios hijos. Y por primera vez en tres años, Nilu sintió algún alivio en su enfermedad, pudiéndose mover de un lado a otro y realizar pequeñas tareas.

A su regreso de Tiruvannamalai, Nilu comunicó su deseo a Amma: "No quiero abandonar este lugar. Quisiera permanecer siempre aquí a tu lado, como tu humilde servidor". Ella le respondió: "Hijo mío, no tengo ni un palmo de terreno que sea mío. Pide permiso a mi padre. De todas formas, necesitamos un lugar para vivir".

La sorpresa fue general cuando Sugunanandan aceptó entregar una pequeña parcela de terreno, en la que Nilu levantó una humilde cabaña de palmas trenzadas. En total medía tres metros por cinco. En un rincón se instaló un hornillo con el fin de preparar infusiones para Amma, pues las comidas seguían haciéndose en la casa principal. Esta cabaña daba cobijo a Amma, Nilu, Balu y Gayatri. Fue así, de esta manera no oficial, cómo empezó el ashram.

Después de su primer encuentro con Amma, Balu abandonó su casa y dedicó casi todo el tiempo a estar junto a ella. Fue una gran suerte conseguir el permiso de Sugunanandan para residir en Idamannel de forma permanente. Así, cuando Nilu llegó de Tiruvannamalai para vivir junto a Amma, Balu también fijó allí su residencia.

Tras la llegada de Nilu y Gayatri, vinieron también Ganga y Madhu para establecerse a los pies de Amma. Movidos por una profunda devoción, le ofrecieron todo lo que poseían, pero ella lo rechazó diciendo: "Si purificáis vuestro carácter y conseguís la perfección espiritual, esa será mi fortuna. Aquel que realiza la Esencia en sí mismo, la percibe en todo, entonces el mundo entero le pertenece".

Una noche, un vecino despertó a Ganga para pedirle su linterna. Su hija sufría un grave ataque de asma y debía ser trasladada inmediatamente al hospital, en plena noche. A las pocas horas el hombre regresó para devolverle la linterna. A la mañana siguiente, cuando Ganga le contó a Amma el incidente, le dijo que hubiera deseado romperle la cabeza a aquel hombre por haber interrumpido su sueño. Amma le dijo como reprimenda:

"¿Qué clase de aspirante espiritual eres? ¿De qué te ha servido llevar una vida espiritual durante tantos años, antes de venir aquí? ¿Es esa actitud el fruto de todo ello? Si tal como pareces eres un seguidor de la vía del conocimiento[54], deberías ver en todos a tu propio Ser. Si es así, ¿cómo puedes montar en cólera contra ese hombre? Si una aguda espina estuviera clavada en tu pie, ¿acaso no sufrirías e intentarías arrancártela? Imagina la ansiedad de este hombre por aliviar el sufrimiento de su hija. Deberías sentir el dolor y el sufrimiento de todos los seres vivos como si fuera el tuyo propio. Solo entonces tu espíritu se expandirá y será tan inconmensurable como el mismo cielo, en el que tendrán cabida todos los seres por igual. Para lograrlo, tu espíritu debe tornarse tan inocente como el de un niño, y eso sólo es posible mediante el cultivo de una devoción pura hacia Dios".

Ganga contestó en un tono burlón: "Intelectualmente, la devoción no es nada gratificante. Seguir el camino de la devoción denota cierta debilidad. ¿Para qué todas esas expresiones emotivas, todas esas lágrimas y esos cantos? Yo no soy capaz de hacer eso. Shri Ramana Maharshi nunca recomendó la vía de la devoción. Sólo aconsejaba el sendero del conocimiento y, personalmente, prefiero éste porque es atrayente para el intelecto y es más convincente". Tal era la idea que tenía Ganga sobre la devoción cuando conoció a Amma.

---

[54] *Jñana Yoga*

Amma repuso sonriendo: "Acabo de constatar el fruto de tus prácticas de acuerdo con el sendero del conocimiento. Si este es el resultado, ya no tienes necesidad de seguir una vida de sacrificio y renuncia. ¡Puedes disfrutar de los placeres mundanos! ¿Has leído los textos escritos por Shri Ramana o que traten sobre él? Si no lo has hecho, lee sus libros, pues hay muchas obras que hablan de la devoción. Él mismo era una encarnación de la devoción al Shri Arunachala. El sólo hecho de oír pronunciar su nombre le hacía saltar lágrimas de amor divino. La devoción no es signo de debilidad mental, como pareces creer. Es el máximo logro que puede alcanzar un ser humano. Consiste en percibir a Dios en todos los seres por igual, es amor puro de una existencia sin egoísmo. Hijo mío, debes cultivar el amor dentro de ti".

No del todo convencido por estas palabras, Ganga fue a Tiruvannamalai. Tuvo una gran sorpresa cuando encontró por casualidad una obra de Shri Ramana que trataba de la devoción. Recordando los consejos de Amma, se sintió inundado de amor y se puso a llorar. Suplicó a Amma que lo llamara ante su divina presencia. En ese momento, Amma, dándose cuenta de su estado mental, le escribió una carta en la que le pedía que regresase. Él percibió claramente su grandeza y se entregó a sus pies con toda humildad.

Madhu había conocido a muchos santos antes de vivir junto a Amma, pero cuando la vio por primera vez, sintió que había llegado al final de su búsqueda. Dedicándole su cuerpo y alma, empezó a reunir todos los comentarios sobre el Srimad Bhagavad Gita, y a traducirlos al francés para beneficio espiritual de los devotos francófonos. Inspirado por Amma, propagó sus enseñanzas espirituales en su isla natal de Reunión y construyó un hermoso ashram dedicado a ella. Con sus bendiciones, ha sido el instrumento para conducir a muchas personas hacia el camino espiritual.

En aquella época, Amma pasaba la mayor parte de las noches a la intemperie, por eso todos preferían dormir en la arena, a los pies de un cocotero. Incluso si dormía en la cabaña, se levantaba a media noche y salía para acostarse bajo la luz de las estrellas. Lo cierto es que Amma apenas dormía, comía poco y se entregaba generosamente a los demás. Aún después de estar sentada durante toda la noche en el templo para dar su *darshan*, tres veces por semana, encontraba siempre tiempo a lo largo del día para recibir a los devotos e instruir a los aspirantes espirituales que buscaban su orientación.

Al principio, Nilu y Gayatri tuvieron muchas dificultades con el idioma y buscaban constantemente la ayuda de Balu para conversar con Amma. Pero poco a poco, empezaron a entender el malayalam. Durante esta época, Balu tuvo la gran suerte de servir a Amma, pues no había nadie que se ocupara de ella.

Un día, Sugunanandan comentó con descortesía que no estaba dispuesto a alimentar a los *saippus* (extranjeros). A partir de entonces, Gayatri empezó a preparar en la cabaña la comida para Amma, Nilu, Balu y ella misma, aunque Amma apenas comía. A veces, ante la insistencia de Nilu o de Balu, ingería algún alimento.

Una vez, Nilu insistió varias veces para que comiese algo. Finalmente, ella le dijo: "De acuerdo, voy a comer. Dadme alguna cosa". Inmediatamente, Nilu le trajo un plato lleno de comida, que devoró en un abrir y cerrar de ojos. A continuación le trajo otro plato, e igualmente se lo comió todo en un santiamén. Después se quedó mirando a Nilu, como esperando el siguiente plato, y sin moverse del sitio. Le sirvió más comida, y también fue engullida. ¡Amma comía y comía todo lo que le fuera servido, y nunca llegaba a estar satisfecha! Nilu y los demás se miraban llenos de asombro. Trajeron más comida de una tienda cercana, y también la consumió sin dilación. ¡Nilu estaba pálido y extenuado! Nunca más volvió a insistir para que Amma comiera.

Los conflictos familiares surgieron de nuevo en esta época. Tan solo habían pasado dos meses desde la boda de Sugunamma, cuando Sugunanandan organizó a toda prisa la boda de sus otras dos hijas. Sin el consentimiento de nadie, fijó la fecha de la boda de su hija mayor, Kasturi, inmediatamente después de haber transmitido su acuerdo a la familia del pretendiente. Amma no se enteró hasta mucho más tarde.

Surgió entonces un problema: ¿cómo celebrar la boda sin dinero? Sugunanandan no tenía ningún ingreso y las cajas del templo estaban vacías. El padre, tal como acostumbraba, se desentendió una vez más. Amma estaba tranquila, pero Balu se sentía triste: "Amma, ¿qué vamos a hacer? ¿Cómo organizaremos la boda?" Nilu dijo: "Amma, te daré todo lo que tengo, pues es deber del discípulo asumir las responsabilidades de su Gurú. Nada me pertenece, todo lo que tengo es de Amma. Por tanto, organiza la boda de Kasturi con el dinero de que dispongo".

Amma le contestó: "Después de la boda, los novios llevarán una vida mundana. La riqueza que tú tienes está destinada a la espiritualidad y sólo debe ser empleada para este fin. Si se les entrega a la gente mundana, incurrirán en pecado, y esto nos afectará también a nosotros. Si Dios ha querido que el padre fije la boda, también Dios lo solucionará. No tenemos que dedicarle nuestra atención. Si el padre no se preocupa, ¿por qué vamos a hacerlo nosotros? Hijos míos, que no nos perturbe este asunto".

Amma empezó a organizar los preparativos sin decir una sola palabra, mientras Sugunanandan permanecía ajeno. Al ver esta situación, Balu se sintió muy apenado y le dijo a Amma: "Iré a mi casa a buscar la parte de herencia que me corresponde". Pero ella se opuso totalmente. Entonces Balu escribió a algunos devotos para pedirles ayuda financiera. Más tarde, cuando Amma se enteró, le dijo severamente: "Hijo, intentemos afrontar esta situación con calma. No hay por qué preocuparse".

Al final todo quedó listo, excepto un detalle: hacían falta cinco mil rupias. Era absolutamente necesaria esta cantidad para afrontar los gastos de la boda. Al cabo de unos días, llegó un cheque de cinco mil rupias, procedente de un donante anónimo de Madrás que había oído hablar recientemente de Amma. De esta forma, a mediados del mes de septiembre de 1980, se celebró la boda de Kasturi.

Apenas habían transcurrido tres meses, cuando Sugunanandan fijó la boda de Sajani y, como era habitual, se desentendió del asunto, dejándolo en manos de Amma. Toda la responsabilidad de conseguir el dinero necesario para cubrir la dote, la ceremonia nupcial y encargar los adornos de oro de la novia, recayó sobre las espaldas de Amma.

Balu ya no se sentía triste, ¡estaba furioso! Amma también estaba descontenta por la falta de discernimiento de su padre, pero se mantuvo imperturbable y cumplió eficazmente con su tarea. La familia del novio pedía más joyas de oro y, como siempre, no se sabía de dónde obtener el dinero. Amma no permitía gastar ni un solo céntimo destinado a fines espirituales en gastos de boda, y tampoco aceptaba que se pidiera dinero prestado. Ante esta situación, ¿qué se podía hacer?

En aquel momento, Kasturi decidió abandonar la casa de su marido, a causa de ciertas desavenencias, y volvió a Idamannel. Al enterarse de que se precisaba más oro, hizo la siguiente propuesta: "Escuchad, de momento, podéis tomar mis joyas para que Sajani se case, ya me las devolveréis más tarde". Dos días antes de la boda, ya estaba casi todo listo, a falta únicamente de un collar y un anillo. Sin embargo, Amma permanecía como siempre tranquila y desapegada. A la mañana siguiente, después del *bhava darshan*, Gayatri se puso a limpiar el templo y, de pronto, observó que había un pequeño paquete entre las ofrendas. Cual sería su sorpresa cuando, al abrirlo, descubrió que en su interior había un collar y un anillo que se ajustaban a la descripción de las joyas necesarias para la boda, e incluso el estilo de los ornamentos era idéntico al que se había elegido un mes antes. ¿Qué otra prueba se puede pedir para demostrar que la voluntad divina lo dispone todo?

Sin embargo, las dificultades para celebrar esta boda no acababan aquí. Algunos devotos de la vecindad pusieron objeciones a la decisión de Sugunanandan, pues había establecido un acuerdo matrimonial con sus antiguos enemigos. ¿Acaso no le parecían adecuados los hijos de los devotos o de los que siempre le eran fieles? También algunos jóvenes que habían sido amigos de Subhagan y deseaban casarse con las hijas de Sugunanandan, se volvieron en su contra. Así, cuando los enemigos se convirtieron en parientes, sus aliados se transformaron en enemigos. Se pelearon con Sugunanandan y conspiraron para impedir el matrimonio de Sajani. Con la esperanza de cancelarlo, propagaron historias escandalosas y se las hicieron llegar a la familia del novio. Hasta la víspera de la boda, todo el mundo se preguntaba si sería posible celebrarla.

El día de la boda, Amma llevó a los brahmacharis a casa de un vecino, tal como ya había hecho en los dos matrimonios anteriores. Trataba así de evitar por el bien de ellos que se mezclaran y participaran en esta clase de ceremonias. Amma lo explicó de este modo:

"Un aspirante espiritual no debe tomar parte en ceremonias nupciales ni en funerales. En las bodas, todos piensan en casarse, lo que constituye una servidumbre; y en los funerales, el sufrimiento está causado por la pérdida de un ser mortal. En ambos casos, los participantes se concentran en hechos efímeros y las ondas de estos pensamientos son perjudiciales para un aspirante. Las vibraciones mundanas penetran en el subconsciente y el buscador se siente inquieto y ávido por cosas que carecen de realidad".

Así, con el matrimonio de las tres hijas de Sugunanandan, se eliminó el principal obstáculo que impedía a los brahmacharis residir junto a Amma. Además, los incrédulos y los racionalistas, aceptando su derrota total, se batieron en retirada uno tras otro. Algunos comprendieron que sus actos irracionales carecían de sentido y abandonaron definitivamente el movimiento. Los que siguieron empezaron a disputar entre sí, y lograron que el "Comité contra las Creencias Ciegas" se disolviera definitivamente, y aquellos que habían luchado para oponerse a la verdad y la rectitud, se convirtieron en instrumentos de su propia destrucción. Estos acontecimientos marcaron el inicio de una nueva etapa en la misión espiritual de Amma para ayudar y aliviar a la sufriente humanidad.

Frente a las pruebas y tribulaciones que sufrió a lo largo de los años a causa del comportamiento hostil de parientes e incrédulos, su actitud fue realmente extraordinaria. Un día, ella misma comentó:

"Fue su ignorancia lo que les incitó a hablar y actuar así, y tampoco eran capaces de valorar la importancia y el propósito de la vida espiritual. En ese caso, ¿cómo vamos a enfadarnos con ellos o dejar de amarlos? Hubiera sido ignorancia nuestra actuar de igual forma, sólo habría servido para contaminar nuestro espíritu. Observad estas rosas frescas, ¡qué hermosas son!, ¡qué perfume más delicioso! Pero, ¿qué les damos para que crezcan? Tan solo unas hojas de té y estiércol. ¡Qué diferencia entre la gran belleza de estas flores y lo que ha servido de abono! ¿Acaso no les conviene este abono? Del mismo modo, los obstáculos son el fertilizante que nos hace más fuertes espiritualmente. Todos contribuyen al pleno florecimiento de nuestro corazón. La naturaleza de los grillos es cantar a la noche, pero su canto no deja dormir a nadie. De igual manera, crear problemas es la naturaleza de los ignorantes. Debemos; pues, rogar a Dios para que los perdone y los conduzca por el camino correcto. Dejadlo todo en manos de Dios y Él cuidará de vosotros".

La Madre de la Eterna Felicidad

Por fin fue posible para el primer grupo de brahmacharis establecerse a los pies de Amma, gracias a la paz de espíritu que tuvo Sugunanandan después de la boda de sus hijas. A pesar de no disfrutar de comodidades, los brahmacharis deseaban tanto vivir en presencia de Amma, que no les importaban las condiciones mínimas de alimentación, vestido y alojamiento. Vivían al aire libre y dormían en el suelo, sin ni siquiera una esterilla. Lo que se recibía llegaba sin ser pedido, y era compartido por todos. Como no tenían dinero, se desplazaban a todas partes caminando. Sólo tenían una muda de ropa para cada uno, pero de un modo u otro se las arreglaban.

Un día, uno de los brahmacharis se sintió molesto porque su única muda estaba sucia y gastada, se quejaba por no tener lo necesario. Amma le contestó: "Hijo, no pidas cosas tan insignificantes a Dios. Abandónate a sus pies y Él te dará todo lo que necesitas". Amma había vivido de ese modo y hablaba por propia experiencia. Al día siguiente un devoto, que no sabía nada de la situación de los brahmacharis, trajo para cada uno una muda de recambio.

Estos jóvenes recibieron una iniciación perfecta en cuanto a renuncia se refiere, dadas las austeras condiciones en las que vivieron durante los primeros tiempos del ashram. Para darles ánimo, Amma les decía: "Si podéis soportar estas condiciones de vida, os sentiréis cómodos en todas partes. Si ahora os mostráis fuertes en la adversidad, más tarde podréis afrontar fácilmente cualquier crisis o desafío de esta existencia".

Dado que el número de devotos y brahmacharis residentes iba en aumento y las condiciones de vida seguían siendo las mismas, nació la idea de fundar un ashram. Sin embargo, la situación no era nada halagüeña, pues Amma no disponía de ningún terreno, ni de dinero. Hasta la parcela en la que Nilu había construido la cabaña pertenecía al padre de Amma, y aunque éste hubiera autorizado a Nilu, Balu y Gayatri a vivir en Idamannel, nunca se había planteado la idea de que su casa se convirtiera en un ashram. Tampoco le hacía mucha gracia tener que dar alojamiento cada vez a más gente. El día en que Amma sugirió la idea del ashram, Sugunanandan dio a conocer su punto de vista: "¿Qué es lo que pretendes? ¿Acaso crees que somos ricos? ¿Cómo se te ha ocurrido fundar un ashram? ¿Dónde vamos a vivir si nuestra casa se convierte en un ashram? ¡No, de ninguna manera voy a autorizarte para que fundes aquí un ashram!"

Al principio, tampoco Amma estaba a favor de crear un ashram. Si algunos devotos se lo proponían, ella les respondía: "Amma ya ha oído bastante acerca del ashram, pero no tiene ninguna necesidad. ¿Acaso no es una atadura? ¿No habéis visto al echador de la buenaventura caminar con la jaula de su loro enfermo, y sujetos los dos a vivir dependiendo el uno del otro? Al final, la situación de Amma sería parecida. No puedo actuar de la misma manera. Amma tiene su propia libertad y nada debe impedirla".

Sin embargo, al ir aumentando el flujo de devotos y discípulos, la necesidad de fundar un ashram organizado resultó inevitable. Además, la ley del país no permitía que los devotos extranjeros permanecieran largas temporadas en una casa privada. Fue entonces cuando Amma se convenció de que era necesario constituir un centro espiritual reconocido por el gobierno. Cuando se le preguntó sobre qué pasos debían seguirse, respondió maliciosamente: "No importa el modo cómo se haga, pues los miembros de la familia no establecerán un ashram. Las autoridades tienen diferente *samskara* (actitud mental), por lo que no van a cooperar para otorgarnos su permiso. Lo único que podemos esperar son algunas advertencias de su parte".

Así, el 6 de mayo de 1981, se fundaron y registraron en Kollam, Kerala, el Math Mata Amritanandamayi y el Mata Amritanandamayi Mission Trust, con el fin de preservar y propagar los ideales y las enseñanzas de Amma, acogiéndose a la "Ley caritativa y literaria", establecida en 1955 por el Estado de Travancore-Cochin. A partir de aquel momento, Amma adoptó oficialmente el nombre de "Mata Amritanandamayi" que le fue dado por uno de sus brahmacharis. Ella era la Madre de la felicidad eterna, un nombre que se ajusta perfectamente a todo lo que implica su significado.

Por aquella época, uno de los brahmacharis necesitaba algunos libros sobre espiritualidad y pidió a Amma que eligiera por él un número de lotería, cuyo ganador obtendría un lote de libros. Ella le dijo: "¿Para qué alimentar tales deseos? Muy pronto vas a recibir una gran cantidad de libros". Al poco tiempo, Nilu decidió trasladar su biblioteca, de más de dos mil libros, desde Tiruvannamalai donde había vivido, hasta Vallickavu. Así nació la biblioteca del ashram.

El 27 de agosto de 1982, fue inaugurada una escuela de Vedanta (*Vedanta vidyalaya*) con el fin de transmitir el conocimiento tradicional del Vedanta y del sánscrito a los residentes del ashram. De todas formas, Amma siempre recuerda a los brahmacharis la importancia de la meditación respecto a un simple saber libresco. En el conjunto de las actividades diarias del ashram, los residentes siempre reservan de seis a ocho horas para meditar. A los que deseaban dedicar todo el tiempo a la meditación se les estimulaba para que así lo hicieran y algunos mantienen actualmente esta práctica. Amma dice:

"Las Escrituras no son más que señales indicadoras, representan un medio y no un fin en sí mismas. El fin está situado más allá.

Un estudiante de agricultura sabe cómo sembrar, cuándo se debe abonar y cómo deshacerse de las plagas o prevenir su aparición. De igual manera, el estudio de las Escrituras nos indica cómo debemos realizar nuestras prácticas espirituales".

Debemos añadir algunas palabras sobre el gran cambio de actitud que tuvo lugar en la familia de Amma y en los aldeanos. Al percatarse finalmente de su naturaleza divina, empezaron a sentirse orgullosos por pertenecer a su familia o vivir en la misma aldea. Sugunanandan y Damayanthi se preguntaban qué méritos habrían hecho en sus vidas pasadas para convertirse en los "padres" de la Madre divina. Ahora son los responsables ejemplares de la familia, desempeñan con amor su papel de padre y madre de los brahma-charis que viven en el ashram, y a todos los consideran hijos suyos.

Actualmente, las organizaciones Mata Amritanandamayi Math y Mission Trust, sustentan un centro espiritual en plena expansión dirigido por Amma, quien se muestra muy estricta para que funcione de acuerdo con las antiguas tradiciones de la sagrada tierra India. Los mismos residentes se ocupan de todos los trabajos del ashram y cada uno participa, al menos una hora al día, en labores de mantenimiento, limpieza, cocina, cuidado de las vacas, etc. El ashram está considerado por muchos devotos de Amma como su hogar espiritual, y es un fértil campo en el que se pueden cultivar, en abundancia, las nobles cualidades espirituales y recoger los frutos de la Realización divina.

En respuesta a las continuas invitaciones de sus hijos que viven en el extranjero, Amma realizó su primera gira mundial de mayo a agosto de 1987. Viajó por muchas ciudades de Estados Unidos y Europa, y el impacto fue maravilloso. Inspiró y transformó a muchas personas que tuvieron la experiencia de su incomparable encanto espiritual y de su amor universal. En diciembre de 1987 visitó las Islas Reunión y Mauricio, a petición de la misión Mata Amritanan-damayi, constituida en 1985 bajo la dirección de uno de sus primeros discípulos, Swami Premananda. Desde entonces, Amma viaja todos los años alrededor del mundo y se han creado numerosos centros para recibirla, tanto en California, como en Nuevo México, New Hampshire, Francia o Australia.

Amma da su Gracia a todas las almas que tienen la suerte de abrirse camino para llegar hasta ella, y les da el siguiente consejo:

"Un maestro escultor que contempla un bloque de piedra, no ve en él más que la forma magnífica que desea hacer aparecer, ignora su burda apariencia externa. De igual manera, un alma realizada sólo ve el Ser que brilla por siempre en todos sin distinción, e ignora las diferencias externas. Un borracho no puede apoyar campañas en contra del alcohol. Primero deberá abstenerse de beber y, sólo entonces, podrá recomendar a los demás que sigan su ejemplo. Por tanto, hijos míos, cuando lleguéis a ser moral y espiritualmente perfectos y seáis capaces de contemplar en todos a la Divinidad, sólo entonces podréis enseñar a los otros a hacer lo mismo".

Terminamos el relato de la vida de Amma con su llamada, repleta de amor, dirigida a toda la especie humana:

"Venid pronto, amados hijos, vosotros que sois la esencia divina del "Om". Liberados de todo dolor, convertiros en seres dignos de adoración y fundiros en el sagrado "Om"."

Capítulo 11

El significado de los bhavas divinos

Los *bhavas* divinos de Amma, como manifestaciones de Krishna y Devi, merecen un análisis profundo, aunque su comprensión se sitúa, de hecho, más allá del intelecto humano. Estas líneas ayudarán a que los lectores se hagan una idea del infinito poder espiritual de Amma. En respuesta a la llamada sincera de sus devotos, Dios o un Maestro perfecto revela lentamente sus atributos infinitos en el loto del corazón. A medida que se intensifica el proceso de purificación, la grandeza del Gurú, que no es otra que la naturaleza verdadera del discípulo o del devoto, se manifiesta gradualmente por la gracia del Maestro. La gracia es, ciertamente, la condición primera, esencial para comprender el significado de los estados divinos de Amma.

Los grandes Maestros de la India han clasificado la naturaleza de la encarnación divina en tres importantes categorías: *purna avatar* -encarnación completa, perfecta-, *amsa avatar* -manifestación parcial- y *avesha avatar* -ser humano temporalmente habitado por el poder divino. El término avatar significa bajar o descender. Un *purna avatar* es el descenso de la energía suprema sin nombre, sin forma, inmutable, que adopta una forma humana y manifiesta un poder infinito, sin límites. El objetivo de tal encarnación es el de restaurar y preservar la rectitud (*dharma*) y elevar a la humanidad haciéndola consciente del Ser supremo. Un amsa avatar es el descenso de Dios que manifiesta parcialmente su poder para cumplir un propósito o fin determinado. Las encarnaciones del Señor Vishnu como Vamana (el Enano) y Narasimha (el Hombre-León) son ejemplos típicos.

El *avesha avatar* difiere completamente de los otros dos tipos de encarnaciones. Es la visita o la posesión temporal de los cuerpos de algunas personas por parte de seres divinos para cumplir ciertos cometidos. La encarnación del Señor Vishnu como Parasurama, tal como se describe en la epopeya del Shrimad Bhagavatam, pertenece a esta categoría. Aquí el Señor entró en el cuerpo de Parasurama, un renombrado guerrero, para destruir a los crueles reyes *kshatriyas*[55] que se habían vuelto muy arrogantes y egoístas. Poco después de cumplir con su tarea, el poder lo abandonó. Se cuenta que el Señor Rama, otra encarnación del Señor Vishnu, retiró el poder de Parasaruma cuando volvía a Ayodhya, tras su matrimonio con Sita.

Se dice que los demonios y los espíritus se posesionan de los cuerpos de personas mentalmente débiles. Aquellos que tienen una naturaleza virtuosa y bondadosa (sátvica) son poseídos por devas (dioses menores), los dotados de creatividad y vigor (rajásicos) por seres celestiales (seres inferiores a los dioses menores) y aquellos cuya naturaleza es sombría, oscura (tamásica), serán poseídos por espíritus maléficos. También se dice que en el cuerpo de las almas excepcionales, extremadamente puras, el poder divino llegará a manifestarse durante un breve período de tiempo. Por este motivo, Parasurama fue considerado como un avesha avatar.

El siguiente ejemplo ayudará al lector a penetrar en el misterio de los estados divinos de Amma. Un día, Shri Krishna, que vivía en Dwaraka, sintió deseos de ver a su querido devoto Hanuman. Envió

---

[55] Kshatriya es una de las cuatro grandes clases (chaturvama) de la sociedad india,representa la casta de los guerreros.

a su mensajero Garuda, el rey de las aves, a Kadalia Vanam donde residía Hanuman, pero éste se negó a acompañarle, alegando: "No iré a ver a nadie que no sea mi Señor Rama". Cuando Krishna recibió esta respuesta, envió de nuevo al rey de las aves ante Hanuman con estas palabras: "Infórmale que Shri Rama y su divina esposa Sita han venido a Dwaraka y desean ver a su bien-amado devoto".

Mientras Garuda fue en busca de Hanuman, acontecieron algunos sucesos en Dwaraka. Por un simple acto de su voluntad, Shri Krishna adoptó la forma del Shri Rama, quien había vivido hacía eones, y Rukmini, la consorte de Krishna, se convirtió en Sita. Entre tanto, Hanuman llegó a Dwaraka y allí se encontró con sus bien-amados Rama y Sita. Tras ofrecerles su adoración, se volvió a su morada.

También Shri Rama fue una encarnación de Vishnu, quien vivió en Ayodhya miles de años antes de la llegada de Shri Krishna. Por tanto, Hanuman, el gran devoto de Shri Rama, no tenía dudas de la aparición en Dwaraka de Shri Rama y Sita, aún sabiendo a la perfección que el Señor de Dwaraka era entonces Shri Krishna. Él era plenamente consciente de que nadie, excepto Krishna, podía manifestarse como Rama (Rama *bhava*). Lo cierto es que Hanuman decidió aprovechar esta ocasión para ver una vez más a su Señor con Sita bajo una forma humana. El Señor Krishna, servidor de sus devotos, respondió gustosamente al deseo de su ilustre devoto y lo bendijo.

Sólo un *purna avatar* puede identificarse con cualquier forma de dios o diosa. Al ser Krishna un *purna avatar* pudo fácilmente manifestar el *bhava* de Rama. Un día, el Señor Krishna pidió a sus esposas, entre las que se encontraba su favorita Satyabhama, que adoptaran la forma de Sita, pero ninguna fue capaz de hacerlo. Al final lo hizo Rukmini, una encarnación de la diosa Lakshmi, quien manifestó sin esfuerzo el *bhava* de Sita.

En el caso de un avesha avatar, los poderes divinos penetran en una determinada persona y, tras obtener el resultado previsto, se retiran. Este no fue el caso de Shri Krishna y de Rukmini, pues los dos manifestaron los *bhava* o atributos de Rama y de Sita que ya estaban potencialmente presentes en ellos. Pero se encuentran ejemplos de la manifestación de un avesha avatar en la vida de Shri Chaitanya de Bengala.

Un día, el pandit[56] Shrivasa, un ferviente devoto de Shri Narasimha[57], cumplía con el recitado habitual de su *mantra* ante el oratorio familiar. De pronto, alguien llamó a la puerta. "¿Quién es?", preguntó. A continuación escuchó la siguiente respuesta: "Contempla a la divinidad bien-amada que estás adorando". El pandit Shrivasa abrió la puerta y, allí en el umbral, se encontró con el Señor Chaitanya, que aparecía ante él de pie y en éxtasis divino. Shri Chaitanya entró en el oratorio y tomó asiento en el espacio reservado para la adoración. El pandit vio al Señor Narasimha brillar dentro de Shri Chaitanya y con su inmensa devoción, lo adoró bajo la forma de Shri Chaitanya.

Después de recibir todos la bendición, Shri Chaitanya se desplomó inconsciente. Cuando volvió en sí al cabo de un rato, preguntó al pandit: "Qué ha pasado? No recuerdo nada. ¿He dicho alguna tontería?" Con toda humildad, Shrivasa se postró ante su Señor y le dijo: "Oh Bhagavan, te ruego por favor que no intentes confundir más a este humilde servidor. Por tu gracia, ha podido ver quién eres". Al oír estas palabras, Shri Chaitanya sonrió bondadosamente, en señal de afirmación. Muchos sucesos parecidos se produjeron en la vida de Shri Chaitanya cuando daba *darshan* a los devotos en sus diversos *bhavas* divinos.

A la luz de los ejemplos anteriores, resulta fácil comprender qué es un *bhava darshan*. El *bhava darshan* es la manifestación de diferentes ishvara *bhavas* o estados divinos por una encarnación de Dios, de acuerdo con los deseos de sus devotos. Anandamayi Ma que vivía en Bengala, manifestaba a menudo los *bhavas* de Krishna y de Kali cuando cantaba *bhajans*. Estos *bhavas* manifestados

---

[56] Hombre culto versado en las Escrituras de la India.
[57] El hombre-león, avatar de Vishnu.

por las encarnaciones divinas solo tienen lugar en determinadas ocasiones, con el fin de cumplir algún objetivo y, especialmente para responder al anhelo de los devotos. Además, no suelen durar mucho tiempo. La santa Madre Mata Amritanandamayi manifiesta estados divinos tres noches a lo largo de cada semana, y tienen una duración de diez a doce horas, dependiendo del número de devotos que acuden a recibir su *darshan*. Para Amma,esa es la manera de servir a la humanidad, que sigue inmersa en el caos y la confusión profunda del materialismo.

Se cuenta que Shri Chaitanya tenía dos *bhavas*, el del devoto, en cuya forma se le veía muy frecuentemente, y el *bhava* de Bhagavan, durante el cual revelaba su auténtico estado de permanencia en el Ser. Era el mismo estado que también adoptaba Shri Ramakrishna Paramahamsa. Se dice que incluso desarrollaba una pequeña protuberancia, parecida a una cola, durante el período de sus prácticas espirituales en el *bhava* de Hanuman. Amma revela en los *bhavas* de Krishna y Devi a aquellos que están en Ella y manifiesta esos seres divinos a fin de bendecir a sus devotos. Sobre esta cuestión Amma dijo un día:

"Amma no manifiesta ni siquiera una parte infinitesimal de su poder espiritual durante los *bhavas*. Si manifestara el poder que hay en ella, ¡nadie podría aproximarse! Todas las deidades del hinduismo que representan los innumerables aspectos del Ser Supremo, existen en nosotros. Una encarnación divina puede manifestar cualquiera de ellas, por propia voluntad, para el bien del mundo. El Krishna *bhava* es la manifestación de purusha o aspecto del Ser puro, y el Devi *bhava* es la manifestación del eterno Femenino, de la Creadora, el principio activo del Absoluto impersonal. He aquí una joven insensata que adopta el hábito de Krishna y, al cabo de un tiempo, el de Devi, pero es dentro de esta niña loca donde los dos existen. Sin embargo, conviene recordar que todo objeto que tenga una forma y un nombre es una pura proyección mental. ¿Para qué adornar un elefante? ¿Por qué un abogado ha de ponerse una toga negra, o por qué un policía lleva uniforme y gorra? Todas estas cosas no son más que ayudas externas destinadas a crear una cierta impresión. De la misma manera, Amma se viste de Krishna y de Devi para reforzar la devoción de las personas que vienen al *darshan*. El atman o el Ser que está en mi, está igualmente en vosotros. Cuando lleguéis a percibir que ese principio indivisible brilla permanentemente en vuestro interior, os convertiréis en Él".

Algunos todavía piensan que el Señor Krishna y Devi visitan el cuerpo de Amma tres veces por semana y abandonan su cuerpo al final del *darshan*. Esta creencia errónea procede de una equivocada comprensión de los estados divinos de Amma. Los *bhavas* divinos no son mas que la manifestación de su estado de unión constante con el Supremo, y no tienen nada que ver con la posesión o la gracia divina tal como se entiende comúnmente.

En respuesta a las preguntas de los devotos, Amma ha explicado algunos aspectos relacionados con los *bhavas*.

Pregunta: "Muchos devotos afirman que Amma es la misma durante los *bhavas* y el resto del tiempo. Si es así, ¿qué sentido tienen los *bhavas*?"

Amma: "Durante el tiempo del *bhava darshan*, Amma retira dos o tres capas, o velos, por así decirlo, a fin de que los devotos puedan percibir al Supremo. Cada persona tiene una forma distinta de creer. La intención de Amma es la de ayudar a la gente, de una manera u otra, a acercarse a Dios. Algunos sólo se interesan en ver a Amma cuando está vestida de Devi o Krishna. Además, son muy pocos los que saben algo de temas espirituales. A algunos les resulta difícil creer lo que dice Amma en circunstancias ordinarias, pero si dice lo mismo durante el Devi *bhava*, tienen fe en sus palabras.

Pregunta: "Amma, ¿hay algún momento determinado para manifestar este *bhava*?"

Amma: "No, no lo hay. Se puede manifestar en cualquier momento. Basta con la simple voluntad".

Pregunta: "Amma, ¿por qué llevas los vestidos de Krishna y de Devi?"

Amma: "Para ayudar a la gente a recordar el significado del *bhava*. Hijo mío, cada vestido tiene su importancia. Nacemos desnudos, pero más tarde, según el país y las costumbres sociales, adoptamos diferentes formas de vestir. Sin embargo, sea cual sea el ropaje utilizado, la personas es siempre la misma. En nuestra época, la gente da una gran importancia a la vestimenta. Amma quiere aclarar esta cuestión con una anécdota. "Un hombre estaba cortando un árbol que crecía al lado del camino, cuando fue sorprendido por otro hombre que le dijo: "¡No cortes ese árbol! ¡Además de ser una mala acción, es un delito!" Nuestro hombre no sólo no le hace caso, sino que incluso le contesta rudamente. Pero he aquí que la persona que recriminaba al malhechor era un policía. Decide, por tanto, ir a buscar su uniforme y volver rápidamente. Tan pronto cómo vio a lo lejos la gorra del policía, el malhechor escapó a todo correr sin atreverse a mirar atrás. Ved la diferencia del impacto producido cuando el policía iba vestido de civil y cuando se coloca su uniforme. Esto prueba que es necesario un atuendo determinado para enseñar a los ignorantes. Lo mismo sucede con las ropas de Krishna y Devi durante los *bhavas*. Algunos se sienten insatisfechos después de hablar con Amma durante horas y horas, pero estarán plenamente felices después de conversar con ella un par de segundos durante el *bhava darshan*. Se sienten en paz después de haber confiado sus preocupaciones directamente a Dios".

La naturaleza de cada encarnación es única. No se puede decir que Krishna fuera más grande que Rama, o que Rama lo fuera respecto a Buda. Cada uno tenía su propia tarea que cumplir y adopta los medios apropiados para ayudar a la humanidad. Pero esto no implica que ellos tuvieran diferentes visiones de la vida. No podemos juzgar sus actos por medio de nuestro intelecto y lógica limitados. Quizás podamos vislumbrar algo de su grandeza por medio de la intuición pura, nacida por la práctica espiritual.

Las experiencias espirituales que han vivido miles de devotos a través de Amma, aportan una intensa luz sobre el inexplicable poder espiritual de esta gran alma. En las páginas que siguen, vamos a compartir con el lector algunas de estas experiencias que los devotos de Amma narran por sí mismos.

Capítulo 12

Experiencias de los aspirantes espirituales

Unnikrishna (*Swami Turiyamritananda*)

Unnikrishna fue la primera persona que tuvo la oportunidad de vivir junto a Amma. Abandonó sus estudios después del sexto grado y representa un maravilloso ejemplo de la bondad y la gracia de Amma. Nos muestra que la gracia del gurú puede hacer que un hombre sin instrucción se convierta en un poeta inmortal. Su vida constituye un buen testimonio.

Después de terminar sus breves estudios, el joven Unni iba de un lado para otro, sin rumbo fijo y dedicado a toda clase de actividades. En 1976, cuando contaba veinte años, oyó hablar de Amma y fue a visitarla. Desde este primer encuentro, sintió por ella una fe y una devoción profundas. A partir de entonces, fue a menudo a visitarla y a recibir sus consejos. Así pasó un año, y un día Amma le pidió que se quedara con ella para cumplir con los ritos diarios en el templo. Le pidió que recitara diariamente el *Lalita Sahasranama* (los mil nombres de la Madre divina).

Su vida cambió totalmente. La sola presencia de Amma le inspiraba un deseo ardiente por realizar la verdad. Sus días estaban completamente dedicados a realizar prácticas de austeridad, adoración ritual, conversaciones con Amma, lectura de las Escrituras y otras actividades espirituales. Gracias a esta vida disciplinada, fue adquiriendo conciencia de que la resplandeciente Madre de los *bhavas* divinos y la Madre de todos los días, eran en realidad un único y mismo ser, dos facetas o manifestaciones del mismo infinito poder divino, que actuaban por el bien del mundo.

Esta revelación estimuló con gran fuerza su deseo de realizar *sadhana* y se abandonó enteramente a los pies de Amma, considerándola su único sostén en esta vida. Con el paso del tiempo, su disciplina espiritual se hizo más rigurosa, comía, dormía y hablaba cada vez menos. De vez en cuando ayunaba durante varias semanas. Solía dormir directamente en el suelo, se tapaba con una simple cubierta durante el invierno y la estación de las lluvias. Cuando iba de peregrinación, hacía todo el trayecto a pie, no utilizando jamás ningún medio de transporte.

Un día, con lágrimas en los ojos y desbordado de emoción, le preguntó a Amma: "¿Quién es mi verdadera Madre?" Mirándolo con gran ternura, Amma puso su cabeza en su regazo y le dijo: "Hijo mío, tú eres mi hijo y yo soy tu madre". Unnikrishna se sintió sobrecogido por una dicha inmensa y contempló en silencio el radiante rostro de Amma, del que brotaban lágrimas de gozo.

Por la gracia infinita de Amma, Unnikrishna se convirtió en un inspirado poeta cuyas obras están impregnadas de una profunda filosofía y dulzura devocional. Una vez su familia envió a un pariente para que lo llevara de vuelta a casa, y él respondió por medio es estos versos:

He abandonado mi casa hace tiempo.
Si ahora hiciera una vida mundana,
¿podría conseguir paz espiritual?
¿De qué me habría servido,
desde tiempos inmemoriales,

llevar una existencia así?

Cuando lucho por liberarme
de la locura de tal mundo,
¿por qué me ofrecéis un camino insensato
que sólo lleva a la esclavitud del mendigo?
¿Voy a estar de acuerdo con ese destino?

Unnikrishna describe su primer encuentro con Amma a través de la poesía:

Akalatta kovilil

En un templo lejano
brillaba una llama que jamás se extinguía.
La Madre de la compasión infinita
estaba allí, sentada como un faro
para guiar a los pobres desvalidos
que vagan entre tinieblas.

Un día, mientras andaba perdido,
esa encarnación de la misericordia
abrió la puerta del santuario
y me invitó a entrar.
Puso sobre mi frente pasta de sándalo.
Su voz melodiosa cantaba
alabanzas al Señor.

Descansé sobre su dulce brazo sagrado.
Acercándose a mí, como un sueño divino,
susurró esta verdad en mi oído:
"¿Por qué lloras?
¿Acaso no estás junto
a la Madre del universo?"
Desperté con un suspiró,
Y su rostro de Loto se grabó en mi corazón.

En una ocasión, a causa de un conflicto interno, Unnikrishna ayunó durante varias semanas. Cuando Amma se enteró, dejó también de comer y beber. Como Unnikrishna ignoraba el ayuno de Amma, siguió con su voto. Al cabo de unos días, mientras hacía su adoración cotidiana, el padre de Amma lo amonestó por pasar tanto tiempo sin comer y le reprochó que obligara a Amma a hacer lo mismo.

Cuando Unni acabó su adoración, se acercó a la puerta de la cabaña de Amma, con el corazón abatido y los ojos llenos de lágrimas. Ella lo llamó a su lado y lo acarició con gran amor. Al ver su rostro tembloroso le dijo: "Unni, hijo mío, si sientes alguna inquietud interior, ven a decírselo a Amma. No tortures de esa forma tu cuerpo. Para practicar *tapas*, precisas de tu cuerpo. Come, al menos, lo necesario para mantener tu cuerpo sano". Tras estas palabras, pidió un plato de arroz y lo alimentó con sus propias manos, comiendo ella también un poco del mismo plato.

Pocos meses después de instalarse en el ashram, Unni, que tenía una naturaleza de vagabundo errante, decidió marcharse. Sin decir nada a nadie, se preparó para el viaje. Era una noche de *darshan* y, cuando ya estaba a punto de partir, llegó un enviado de Amma que le transmitió esta petición: "Amma dice que aunque estés preparado para irte, no debes marcharte todavía". Incapaz de desobedecerla, Unni canceló su viaje. Unos días más tarde, intentó marcharse de nuevo, pero volvió a repetirse la misma petición de Amma. Al final logró irse, pero tuvo que volver al cabo de dos días. De este modo se convenció de que nada se puede hacer sin el conocimiento y la bendición de Amma.

Un día Amma comentó que "las canciones de Unni brotaban de su meditación" Los siguientes versos son una traducción de dos de sus canciones:

> *He vagado por tierras lejanas,*
> *llevando sobre mis hombros el peso del dolor.*
> *Al final, acercándome a ti,*
> *me he entregado a tus pies de Loto.*

¡Oh Madre! ¿Lavarás bondadosamente
mis interminables penas y lágrimas
con el torrente de tu amor?
No consideres a esta pobre criatura
como un pecador, pues nadie en este mundo
puede ofrecerme tu refugio y amparo.
¡Oh, Encarnación de la compasión!,
acaríciame, por favor, con el rayo lunar
de tu maravillosa mirada.

¡Oh Madre, despójame de la pesada carga de pensamientos,
déjame sentarme a tu lado y fundirme en meditación!
¡Oh Tú, de la que hablan los Vedas y el Vedanta!
¡Tú, la Madre de todos los dioses y diosas!
¿Cumplirás el deseo que surge en mi Alma
por llegar al Ser Supremo?
¡Oh, Madre divina!,
¿cuándo llegará el momento
en que pierda todo gusto
por los placeres mundanos
y me una a tus pies sagrados?

Balu *(Swami Amritaswarupananda)*

Balu narra algunas de las experiencias de la gracia de Amma que ha tenido la oportunidad de vivir.

"Cuando terminé mis exámenes de licenciatura en letras, oí hablar de una joven que tenía poderes sobrenaturales y que aparecía bajo la forma de Devi y Krishna. A pesar que mi fe en la existencia de Dios tenía profundas raíces, no sentí gran interés por conocerla. Algunos de mis parientes y amigos que ya la habían visitado hacían grandes elogios e insistían para que fuera a verla. Finalmente, una noche, con gran escepticismo, fui al ashram acompañado de mi tío. Ya había oscurecido y a medida que me acercaba, oía los ecos de un cautivador canto devocional que reverberaba en mis oídos. Ese canto captó toda mi atención. Entré en el recinto del ashram, donde encontré un pequeño templo y, en él, a una joven vestida de blanco que entonaba cantos llenos de amor y devoción. Al escucharlos, se podía apreciar que su corazón desbordaba bienaventuranza y amor divinos. Las vibraciones creadas por ese canto me conmovieron y despertaron en mis tiernos sentimientos.

Cuando llegó mi turno, entré en el templo donde estaba sentada en un *pitham* o pequeño taburete. Me postré ante ella y cuando me levantaba, me sujetó la mano y me miró directamente. Sus ojos brillaban como la luna llena. Su mirada me traspasó, su sonrisa me cautivó e inmovilizó. Una compasión infinita se manifestaba en su rostro. Delicadamente, puso mi cabeza sobre su hombro y me dijo con dulce voz y énfasis: "Hijo, yo soy tu madre y tú eres mi hijo". Su tierna voz entró profundamente en mi corazón y quedé embriagado de un gozo inexplicable. Eso era lo que yo había estado buscando siempre. Rompí a llorar. El amor en toda su pureza y la maternidad universal habían tomado forma. Emocionado por esta primera experiencia, permanecí sentado junto a Amma toda la noche.

"Cuando llegué a casa al día siguiente, me di cuenta del gran cambio que se había operado en mí. Me volví totalmente indiferente a mi actividad normal. Cada vez era mayor el deseo que tenía de volverla a ver, todos mis pensamientos estaban fijos en ella. Esa noche no pude dormir y, siempre que intentaba cerrar los ojos, se me aparecía. Al día siguiente, volví al ashram. Después del segundo encuentro con ella, únicamente deseaba eliminar los lazos que me ataban a este mundo. Al pensar en Amma enloquecía, me olvidaba de comer, de dormir y de asearme. Abandoné la forma excéntrica que tenía de vestir y arreglarme. Mis padres y otros miembros de la familia, al darse cuenta de estos cambios, empezaron a inquietarse y me prohibieron ir a Vallickavu.

"Al día siguiente, después de haber tomado parte en los *bhajans*, entré en el templo con esta resolución: "Amma, si yo soy tu hijo, por favor, acéptame". Apoyando mi cabeza sobre su hombro, Amma me dijo con amor: "Hijo mío, cuando Amma te ha oído cantar, ha comprendido que esa voz estaba destinada a fundirse en Dios. En ese mismo momento, Amma se ha acercado a ti y te ha unido a ella. Tú eres verdaderamente mío".

"Una noche, medio dormido, sentí un perfume particular que impregnaba toda la habitación. Abrí los ojos y me di cuenta de que esa fragancia era real y no un simple sueño o algo imaginado. De pronto sentí unas manos que acariciaban mi frente. Miré y vi con sorpresa que Amma estaba allí, junto a la cabecera de la cama. No creía lo que veían mis ojos. Ella me sonrió y dijo: "Hijo mío, Amma está siempre a tu lado, no te preocupes". Tras estas palabras, desapareció.

"Al día siguiente corrí hacia Vallickavu, pero Amma no estaba allí. Llegó a las cuatro de la tarde. Sin decir una palabra, fue rápidamente a la casa y salió con un plato de arroz, dándome de comer, igual que lo haría una madre con su hijo. Mientras me alimentaba, dijo: "Anoche, Amma fue a verte". Desbordado de gozo, lloré como un niño. De hecho, aquel día no había comido nada hasta su llegada.

"Después de recibir la iniciación de Amma con un *mantra*, fui incapaz de seguir en casa. Mi intenso deseo de vivir junto a ella y seguir sus instrucciones, aumentaba día a día. Superando todos los obstáculos creados por mi familia, abandoné mi casa y fui a vivir al ashram.

"Dos años más tarde, mientras estábamos en casa de un devoto, Amma me dijo: "Balu, hijo mío, es necesario que obtengas el grado de licenciatura en filosofía". Anteriormente, le había dicho que no deseaba continuar con mis estudios, pues solo anhelaba volverme loco a fuerza de pensar en ella. Y ahora, al cabo de dos años, me pedía que siguiera mis estudios. Sabía que ella no dice ni hace nada sin ningún motivo, por lo que reanudé los estudios. Entonces surgió un gran problema, ¿quién me iba a enseñar? Tenía que prepararme para ocho exámenes, cuatro de filosofía india, con la que ya estaba familiarizado, y cuatro sobre filosofía occidental, que apenas conocía. Sentí la necesidad imperiosa de encontrar un profesor. Cuando se lo dije a Amma, me contestó:

"No te preocupes. Alguien vendrá aquí a enseñarte. Espera pacientemente y verás". Pero yo me mostraba impaciente y no dejaba de importunarla. Una semana más tarde, un devoto me dio la dirección de un hombre que era profesor de filosofía. Acudí a su casa y le expliqué la situación en la que me encontraba. Estaba dispuesto a enseñarme, pero no aceptaba ir al ashram. Intenté hacerle comprender la dificultad que para mí suponía abandonar a Amma para ir a estudiar. Al final, aceptó acudir al ashram, pero dijo: "No puedo quedarme allí para darte las clases. Si quieres aprender filosofía, tendrás que venir aquí o renunciar a tu proyecto." Pensé que como no había otra opción, estaba bien que, al menos, viniera al ashram para visitar a Amma.

"El jueves siguiente fui a buscarlo a su casa. Al llegar al ashram le propuse que se acercara para ver a Amma, pero rechazó mi propuesta. Cuando Amma se puso a cantar, como solía hacerlo antes del *bhava darshan*, él observaba desde cierta distancia. Comenzó el *darshan* y seguía mirando atentamente, pero alejado. Me acerqué para decirle que, si quería, podía entrar en el templo y recibir el *darshan* de Amma. Me respondió: "No, jamás me he arrodillado ante una persona. No me gusta hacerlo". Lo dejé solo y me fui a cantar. Al cabo de unos minutos, vi que entraba rápidamente en el templo y escuché un fuerte llanto. Estaba totalmente tendido frente a ella y lloraba como un niño. Transcurrieron una o dos horas. Al salir del templo, me llamó aparte y dijo: "Es ciertamente una gran alma. Vendré todas las semanas a enseñarte filosofía". De este modo, Amma me consiguió un profesor."

"Tomando como referencia diversas obras, me dictaba muchas notas, pero no me explicaba nada. Desgraciadamente, por una serie de razones, no pudimos continuar las clases de un modo regular, y la filosofía occidental seguía siendo para mí desconocida. Cuando sólo quedaban tres meses para los exámenes, me dictó algunas notas más y me dio un resumen de todo. Como tenía que hacer diversas actividades en el ashram, y viajaba a menudo con Amma, no podía dedicarme a estudiar. Cuando ya solo faltaba un mes, Amma me pidió que hiciera los ocho exámenes juntos. Estaba realmente preocupado, pues no sabía cómo podría examinarme a la vez en ocho asignaturas que correspondían a dos años. Lo consagré todo a los pies de Amma y me puse a estudiar. Por fin llegó la víspera de mi viaje a Tirupati, en cuya universidad estaba matriculado como estudiante de filosofía.

"Estaba a punto de hacer mi equipaje, al mediodía, cuando oí que Amma me llamaba desde su habitación. Al entrar, vi que estaba guardando algunas cosas en una bolsa. Puso algo más y la cerró. Sobre su mesa había una bolsa grande. Se acercó y me dijo afectuosamente: "Hijo mío, he preparado todo lo que necesitas para tu viaje". Señalando la bolsa que estaba sobre la mesa, dijo: "En esa bolsa tienes dhotis, camisas, servilletas, dos cubiertos y alguna otra ropa. En aquella otra encontrarás aceite de coco, jabón, un espejo, un peine, una resistencia para preparar infusiones calientes y otras cosas que te serán de utilidad. Te lo he preparado todo para que tengas tiempo de estudiar". Fui incapaz de pronunciar una palabra. Simplemente contemplé su amoroso rostro. Mi corazón desbordaba de alegría. Mis ojos se llenaron de lágrimas y comencé a llorar."

"Desde que vivía en el ashram con Amma, era la primera vez que me alejaba de ella, y además durante un mes. Me sentí apenado. En el tren me senté en una esquina para ocultar mis lágrimas. Mientras los pasajeros conversaban alegremente entre ellos, yo sólo sentía el dolor de estar alejado de Amma. Durante todo el viaje no hice más que pensar en ella. Llegué a Tirupathi[58] al día siguiente por la mañana. Allí transcurrieron los días llenos de insoportable dolor a causa de la separación. Me sentía como un pez fuera del agua. Procuraba, sin éxito, concentrarme en mis estudios. Cada minuto transcurría con intolerable lentitud y ni siquiera era capaz de mirar su foto. Cada objeto que procedía del ashram, me recordaba a Amma y su graciosa forma. Dejé de comer y de dormir, y cada día equivalía a un año. A veces me hundía, e incapaz de soportar este

---

[58] Ciudad de Andhra Pradesh a unos 450 kilómetros del ashram.

sufrimiento, empezaba a llorar. Procuré terminar todas las pruebas del primer año antes de que empezaran los exámenes del segundo. No tenía a nadie con quien compartir mi pena. Entonces recibí una carta de Amma que leí y releí varias veces. Acabó empapada en lágrimas. He aquí su traducción:

"Querido hijo:
Tu Madre está siempre contigo. Hijo, Amma no siente que estás lejos de ella. Hijo mío, Amma ve el intenso deseo de tu corazón, Amma escucha tus llantos. Hijo mío, ¡este mundo es tan hermoso! Las flores, el vasto océano, los pájaros que cantan, la inmensidad del cielo, los árboles, las plantas, los bosques, las montañas y los valles, todo está aquí. Dios ha hecho esta tierra tan hermosa. Obsérvalo en todas las cosas, ámalo a través de todos los seres. Rompe el velo que te separa de Dios. Que tu espíritu fluya incesantemente hacia Él. Hijo mío, no hay nada malo en este mundo. Todo es bueno. Mira la parte buena y virtuosa. Que la flor de tu espíritu florezca y expanda su perfume por todas partes..."

"Esa noche me senté en la parte exterior de la habitación. Los árboles y las plantas se movían al ritmo de la suave brisa. El cielo estaba repleto de relucientes estrellas y los rayos plateados de la luna iluminaban la tierra con todo su esplendor. Entonces pensé: "Tal vez esta brisa ha ido hasta Amma y ha acariciado su cuerpo. Sí, estoy seguro, esta brisa me trae el perfume divino de mi adorada Madre. Si tuviera alas, volaría hasta ella". Aquella noche, escribí el siguiente poema:

Tarapathangale

¡Oh estrellas!, ¿no podéis bajar?
Amma ha venido a cantaros una canción de cuna.

Ella es la fuente de amor infinito,
es el árbol que da su sombra a los espíritus inquietos.
¡Oh fresca y suave brisa que te acercas lentamente

entonando silenciosas canciones en la noche!
¿Qué me habéis susurrado tan tiernamente en mis oídos?
¿Son las hermosas narraciones de mi Madre?

Cada día el sol y la luna se elevan
y se ponen lentamente, en lo alto del cielo azul.
¿No deseáis también ver a mi Madre,
la que os ha dado ese divino esplendor?
Los árboles y las plantas crecen abundantemente
en el silencio solitario de los valles
y en las laderas de las colinas.
Como si quisieran consolarme,
danzan con sus tiernas ramas en el viento.

"Me encontraba en un estado exaltado y extraño, no dejaba de dar vueltas por la habitación como un loco. Procuré controlarme y decidí irme al día siguiente. Todavía me quedaba una asignatura de las pruebas del primer año, y estaba decidido a no participar en los exámenes de segundo año que iban a empezar cuatro días más tarde. Entonces pensé: "Amma me ha dicho que hiciera todos los exámenes y ahora resulta que voy a actuar en contra de su voluntad".

"Finalmente, decidí pedirle permiso de una forma muy peculiar. Tomé tres trozos de papel de igual tamaño. En el primero escribí: "Hijo, vuelve". En el segundo: "Haz todos los exámenes y ven". Y en el tercero: "Lo que mi hijo desee". Doblé los tres papeles de la misma manera, los mezclé y los coloqué ante la foto de Amma. Con esta oración humilde le ofrecí los papeles que había depositado ante su foto: "Oh Madre, voy a tomar uno de estos papeles. Hazme saber tu voluntad, no me importa cual sea". Cerré los ojos y tomé uno de aquellos papeles con las manos temblorosas. Lo abrí. ¡Ay de mí! En él aparecía escrito: "Haz todos los exámenes y ven". No satisfecho con el primer intento, probé suerte con otros tres trozos de papel, y de nuevo saqué el que tenía el mismo mensaje. Dado que mi espíritu anhelaba verla, finalmente decidí marcharme al día siguiente."

"Después de acabar el examen de la última asignatura del primer año, fui corriendo a la habitación para recoger mis cosas y preparar el equipaje. Cuando ya estaba a punto de salir, vi que me dejaba en un rincón de la habitación algunos periódicos viejos, que habían servido para envolver algunas cosas del ashram, así como una pastilla de jabón. Entonces pensé: "Qué dolor más intenso sentí cuando me separé de Amma. Estas cosas también deben sentir el mismo dolor que yo. Si las dejo aquí, se quedarán sufriendo". Recogí cuidadosamente todo aquello y lo metí en mi bolsa."

"Al día siguiente llegué al ashram. Cuando me dirigía a la habitación de Amma, me crucé con mi hermano Venu que me dijo con gran asombro: "Anoche Amma me comunicó que estabas muy intranquilo y que llegarías hoy". Entré en la habitación de Amma y caí a sus pies divinos, llorando. Ella me levantó y me consoló con estas palabras: "Hijo mío, conozco tu corazón. Este amor es bueno, pero trata de tener más fuerza espiritual. Un discípulo debe ser suave como una flor y fuerte como un diamante. Debes volver de nuevo para completar tus exámenes. Aunque no te salgan bien, no te preocupes, pues a Amma no le importará. Vete mañana mismo y regresa cuando acabes tus exámenes".

"A la mañana siguiente volví a Tirupati y, una semana después, tan pronto acabé el último examen, regresé al ashram. No me quedé muy satisfecho con mis respuestas, e incluso temí que me suspendieran. Amma me dijo con tranquilidad: "No le des más vueltas. Ya verás como apruebas". Cuando se publicaron los resultados, me sorprendí al ver que había aprobado con buenas calificaciones y había quedado en el segundo puesto."

"Estar en presencia de Amma ya constituye, por sí mismo, una práctica espiritual. Siempre se produce algo nuevo y fresco. A cada instante transmite una nueva experiencia, con el fin de instruir al devoto en diversos aspectos espirituales, haciendo que avance de un estado a otro. En las primeras fases de mi vida espiritual, solía creer que había comprendido a Amma. Más tarde, me di cuenta de que no la había comprendido en absoluto".

Venu (*Swami Pranavamritananda*)

Venu es hermano de Balu. Desde muy pequeños, se quedaron huérfanos de madre. Tras su muerte, Balu siguió en casa de su padre y Venu fue educado por su tía, Saraswathy Amma, hermana mayor de su madre. El ambiente familiar era muy espiritual. Venu era el consentido de la familia y jamás le faltó el afecto ni el amor maternal. Cuando terminó sus estudios de primaria, a los quince años, fue a vivir con su padre para proseguir los estudios. Desde su niñez siempre manifestó un gran interés por la espiritualidad. Sin embargo, durante el bachillerato, esas cualidades pasaron a un segundo plano y empezó a llevar una vida frívola. No obstante, cuando en esa época veía una película de carácter devocional o un monje con el hábito de color ocre, todavía sentía la inquietud de su aspiración espiritual dormida.

En aquellos años, su hermano Balu ya se había encontrado con Amma y había decidido consagrar su vida a la espiritualidad. Aunque Balu le hablaba muchas veces de Amma, Venu apenas le prestaba atención e, incluso, la criticaba abiertamente, afirmando: "Yo no me acercaré jamás a esa hija de pescadores". Sin embargo, antes de conocer a Venu, Amma ya le había vaticinado a Balu: "Tu hermano también es hijo mío. Él vendrá a vivir aquí". Estas palabras inquietaron a Balu pues su decisión de abandonar su casa y la vida mundana, había provocado una tormenta de protestas en su familia. "¿Qué ocurrirá si Venu sigue también mis pasos?" No obstante, la voluntad divina es suprema y está más allá de la visión y de las simples especulaciones humanas. Lo que tuviera que suceder, sucedería inevitablemente.

Mientras Venu estudiaba su último curso para obtener la licenciatura en ciencias, Amma fue a visitar la casa de su tía. Al regresar Venu de la facultad, Amma estaba en la terraza de la casa. Sin mirarla apenas, Venu pasó junto a ella y se dirigió rápidamente hacia la habitación en la que se encontraban Shri Kumar, Païy otros residentes del ashram.

De pronto, sin que nadie lo esperara, Amma se acercó a Venu y, tomándolo de las manos como una madre cariñosa, le dijo: "¿No eres tú el hermano de mi hijo Balu? Amma deseaba conocerte". El corazón de Venu se enterneció y, al instante, se dio cuenta de que no era una persona corriente, sino una fuente de amor y ternura maternal. Venu se sintió atraído hacía ella, como el hierro por el imán. Por la tarde, cuando Amma dio de comer a todos, Venu también recibió su ración de arroz. Fue una experiencia inolvidable. Se quedó impresionado al ver su amor infinito, su ecuanimidad y su inocencia infantil. El rostro de Amma estaba radiante de esplendor espiritual. La manera tan clara de explicar los misterios espirituales, sus dulces cánticos en éxtasis y, sobre todo, su absoluta humildad, lo dejaron profundamente impresionado. Venu fue conquistado rápidamente. Aunque Amma daba consejos a los demás, parecía que respondiera, en realidad, a las dudas que asaltaban su mente.

El primer encuentro con Amma dejó una profunda huella en el espíritu de Venu. Todos los prejuicios que había tenido contra ella y contra la vida espiritual se desvanecieron. Su deseo de volver a verla crecía día a día. Finalmente, en febrero de 1980, fue a Vallickavu. Cuando Venu la vio, estalló en lágrimas. Ella lo abrazó e hizo que se sentara a su lado. Aquella noche, cuando Venu entró en el templo durante el Krishna *bhava*, tuvo el sentimiento de estar en presencia del mismo Señor Krishna. Su espíritu desbordaba de gozo y no sabía si reír o llorar. Suplicó a Amma que lo bendijera y le concediera devoción y conocimiento puros. Ella le dijo: "Hijo mío, obtendrás lo que deseas". A continuación, le dio un *mantra*, escrito sobre un papel, y una guirnalda de hojas de *tulasi*.

Después de este primer encuentro con Amma, Venu dejó de interesarse por sus estudios, y lo único que deseaba era consagrarse a la vida espiritual. Ante la insistencia de Amma, preparó los exámenes finales que iban a celebrarse al cabo de un mes. Los profesores y otros compañeros de estudios se asombraron al verlo llegar a la universidad con la cabeza afeitada y la frente cubierta de cenizas sagradas. Pensaron que se había vuelto loco. Hasta tal punto tenía su mente inmersa en el pensamiento de Amma que, en vez de preparar los exámenes de aquel día, había preparado los del día siguiente. No obstante, consiguió completar todos los exámenes y poco después, en septiembre de 1980, se fue a vivir junto a Amma.

Un día, con motivo de una fiesta, se preparó en el ashram un pudín dulce. Era costumbre ofrecerlo a la divinidad, antes de distribuirlo entre los devotos. Venu llenó un vaso y lo puso sobre el pequeño altar delante del templo. Al no encontrar nada con que cubrir el recipiente, miró a su alrededor para asegurarse de que Amma no estaba por allí y, a continuación, cortó la hoja tierna de una planta que crecía junto al templo. Amma lo vio y le gritó desde lejos: "¡Eh, Venu!" Cuando oyó su voz, intentó esconder la hoja, pero estaba tan nervioso que rozó el vaso y el pudín cayó al suelo. Se sintió tan contrariado que intentó rápidamente recuperar el pudín, que estaba mezclado con arena, y evitar que Amma se diera cuenta. Llevo a cabo esta acción consciente de que no era correcto volver a colocarlo sobre el altar.

Amma, que observaba la escena desde lejos, se acercó y le dijo en un tono severo: "Hijo mío, ni tan siquiera un perro se comería ese pudín. ¿Crees que se lo comerían los seres humanos? ¿Cómo vas a ofrecérselo a Dios? ¿Acaso te lo comerías tú? ¡No! Esta es una falta grave. Dios aceptará todo lo que le sea ofrecido con devoción y amor puros, sin importar lo que sea. Dios sólo ve la actitud que hay detrás de nuestra ofrenda. Si tu hubieras actuado por ignorancia, no habría considerado tu falta, pero lo has hecho sabiendo perfectamente que era incorrecto. Además has cometido otra falta al arrancar una hoja tierna de esa pequeña planta. ¡Qué despiadado eres! Puedo ver sus lágrimas de dolor. Si alguien te pellizca, ¿no vas a sentir también dolor? Hijo mío, Amma puede sentir el sufrimiento de esta planta, aunque tú no lo percibas."

Venu se dio cuenta de su error y se arrepintió. Pidió que le perdonara. Ella le dijo: "Hijo mío, los errores que tu puedas cometer, considero que se deben a alguna falta mía. Amma no está enfadada contigo, pero para llevarte por el sendero de la perfección, a veces debe aparentar que lo está".

Venu comentó en cierta ocasión: "Nada se puede ocultar a Amma. Ella lo sabe todo. Hace cinco años tuve una experiencia que es todo un ejemplo. Una noche, a la hora de cenar, cuando todos comían *kanji*, me asaltó el deseo de comer mangos macerados en vinagre. Los había visto antes en la cocina del ashram, pero estaban destinados a los obreros y visitantes, y a nosotros, los residentes, no se nos permitía comerlos. Además, Amma nos había dicho que no convenía que los aspirantes espirituales comieran platos muy condimentados, o demasiado amargos, dulces o salados. A menudo, ella se presentaba inesperadamente en la cocina para ver si se habían seguido sus indicaciones. Evidentemente yo sabía todo esto, pero el deseo de comer mangos era superior a mis fuerzas."

"Sin hacer ruido, entré en la cocina y sigilosamente tomé dos trozos grandes de mango. Cuando ya estaba a punto de salir, oí de pronto la voz de Amma: "Venu, ¿qué llevas en la mano?" Me quedé paralizado. Para evitar que me atrapara en flagrante delito, tiré lejos los dos trozos de mango. Amma fue a buscarlos y cuando los encontró, vino hacia mí y me ató las manos alrededor de un poste. Yo estaba avergonzado y atemorizado".

Al ver su temor e inocencia infantil, Amma se echó a reír. En realidad, sentía un gran placer al ver en Venu al niño Krishna que Yashora sujetaba a un mortero, cuando robaba la leche y la mantequilla de las *gopis*. Poco después, Amma lo desató y le sirvió afectuosamente algunos trozos de mango. Ella le dijo: "Hijo mío, sólo después de haber controlado el gusto del paladar, se puede disfrutar del gusto del corazón".

Amma tiene su peculiar manera de obrar para conseguir eliminar las tendencias negativas de sus hijos espirituales. A veces dice: "Soy una niña loca que no sabe nada". Finge que es una inocente e ignorante joven aldeana, pero sus ojos penetran en el corazón de las cosas. Cuando detecta un error, entonces se puede ver en ella al gran Maestro que instruye a su discípulo de modo conveniente, disimulando durante un tiempo su amor maternal.

Shri Kumar (*Swami Purnamritananda*)

Antes de su encuentro con Amma, Shri Kumar era ingeniero en electrónica. Cuando en 1979 se preparaba para su licenciatura, oyó hablar de una mujer que podía encarnar estados divinos y bendecir a los devotos de acuerdo con las necesidades de cada uno. Creía en Dios, pero no aceptaba que la divinidad pudiera manifestarse a través de un ser humano. Al observar la naturaleza de este mundo, en el que la gran mayoría sufre y sólo unos pocos son felices, había perdido su fe en un Dios bondadoso. En estas circunstancias oyó hablar de Amma y decidió comprobar, por sí mismo, si realmente poseía poderes divinos.

Con gran escepticismo llegó al ashram en marzo de 1979. Entró en el templo y se acercó a Amma. Su mirada llena de amor y compasión penetró profundamente en el corazón de Shri Kumar. Su simple presencia lo transportó a otro mundo donde solo Dios, su santo Nombre y él mismo tenían existencia, olvidándose de todo lo que le rodeaba. Esta experiencia le unió a Amma y todos sus pensamientos se volvieron hacia ella.

De su segundo encuentro con Amma, Shri Kumar nos cuenta: "Oí que algunos la llamaban "Kunju" (pequeña) y otros "Amma" (Madre). Después del *bhava darshan*, conversaba con los devotos y, de repente, se comportaba como una pequeña niña inocente. Se divertía con los devotos y éstos, a la vista de sus inocentes juegos, se regocijaban olvidando todo lo demás. A veces cantaba mientras bailaba y, al momento siguiente, si oía algún canto, se ponía a llorar y permanecía inmóvil, ajena a este mundo. Algunos se postraban ante ella, otros le estrechaban la mano y algunos otros entonaban cantos devocionales. Entonces, como si se hubiera vuelto loca, rodaba por el suelo y se ponía a reír.

Al principio, Shri Kumar creía que Amma era poseída temporalmente por Kali, la Madre divina, y por Krishna. Gracias a la proximidad que tenía con ella, al final comprendió que realmente estaba manifestando su identidad con la realidad suprema.

El sentimiento que le unía a Amma se fue afianzando día a día. Le resultaba muy doloroso estar alejado de ella y siempre que tenía un momento libre, lo pasaba en su presencia. A veces, ella lo alimentaba con sus propias manos y le daba consejos espirituales. Un día le preguntó: "¿Te ha dado Amma un *mantra* para que lo repitas?" Él contestó: "Sí, escrito en un papel y se me dio para mejorar mis estudios". Ella le dijo entonces: "Hijo mío, durante el Devi *bhava*, Amma te iniciará". Esa noche, Srikumar fue iniciado con un *mantra*, tras lo cual decidió consagrar enteramente su vida a la espiritualidad, bajo la guía de Amma.

Aunque los padres de Shri Kumar eran devotos de Amma, no estaban de acuerdo en que su hijo se hiciera monje. Su oposición se debía principalmente al hecho de que su padre se había jubilado y su hermana no se había casado todavía. Para que apoyara económicamente a la familia, le encontraron un trabajo en Bangalore, a unos seiscientos kilómetros del ashram. A veces, cuando Shri Kumar sentía su corazón apenado y anhelaba profundamente la presencia de Amma, solía tener visiones de ella. Para consolarlo, Amma le escribía de vez en cuando. Fue por esta época cuando él escribió la siguiente canción:

Arikil Undenlikum

¡Oh Madre!, aunque estás cerca,
voy perdido, incapaz de conocerte.
Aunque tengo ojos,
voy buscando, incapaz de encontrarte.

¿Eres la maravillosa luna
que brilla en las azules noches de invierno?
Soy como la ola que, incapaz de alcanzar el cielo,

va a romperse contra la orilla.

Cuando comprobé
la vanidad de este mundo,
anhelé conocerte
derramando lágrimas día y noche.

¿No vendrás a consolar
a este niño agotado por el peso del dolor?
Con el deseo ardiente de que vendrás,
te estaré siempre esperando.

A causa de su anhelo por ver a Amma y vivir junto a ella, Shri Kumar regresó a su casa antes de concluir su primer mes en Bangalore. Abatido por la fiebre, tuvo que ser hospitalizado nada más llegar. Su deseo ardiente de ver a Amma era cada vez más intenso, hasta que un día, hacia las cuatro de la madrugada, tuvo una experiencia maravillosa:

"Mi padre había salido para traerme un poco de café. Estaba solo en la habitación cuando, de pronto, mis manos y piernas se quedaron paralizadas. Una brisa fresca y suave me acarició y, para mi gran sorpresa, vi a Amma que entraba en la habitación. Con una bondadosa sonrisa caminó hacia mí y yo empecé a llorar como un niño. Sin decir nada, se sentó a mi lado y me puso la cabeza en su regazo. Me sentí embargado por la emoción, con un nudo en la garganta. El resplandor que irradiaba su cuerpo invadía toda la habitación y ella aparecía bañada en luz divina. En aquel momento se abrió la puerta y entró mi padre en la habitación. Amma desapareció de inmediato".

Algunos días más tarde, Amma visitó a la familia de Shri Kumar. Era por la mañana y se sentó frente a la casa a jugar con unos niños. De repente se levantó y caminó por el campo hacia el lado este, formando con sus manos un *mudra*. Después de caminar un pequeño trecho se adentró en el bosque, donde vivía una familia que rendía culto a las serpientes. En un estado semiconsciente y con

211

los ojos entrecerrados, lanzó una encantadora mirada a las serpientes que encontró en el pequeño templo y se sentó allí. Varias personas se acercaron para presenciar esta extraña escena, pero nadie se atrevía a entrar en el bosque porque estaba lleno de serpientes venenosas. Al enterarse la familia que cuidaba el templo, vinieron también y se acercaron a Amma con las manos juntas.

Ellos le preguntaron: "Madre, nunca nos olvidamos de hacer el culto diario ¿Es necesario que hagamos algo más?" Amma les contestó: "Bastará con que pongáis cada día un vaso de agua fresca". Cuando Amma regresó a la casa, le preguntaron: "Amma, ¿qué es lo que te ha hecho ir hasta allí?" Ella les contestó: "Desde hace tiempo se ha rendido culto a las serpientes en ese lugar. Amma ha ido allí para satisfacer el deseo de las divinidades apegadas a ese bosque. Desde que llegué, he sentido que me estaban llamando".

Poco después, los padres de Shri Kumar encontraron un trabajo para su hijo en Bombay. Le insistieron tanto que, finalmente, no tuvo otra alternativa que ir. En contra de su voluntad se puso en camino, separándose una vez más de Amma. Mientras viajaba en tren, sintió intensamente su presencia. En un estado de duermevela solía gozar continuamente con las visiones de Amma y con la dicha de su divina presencia. Finalmente, después de ocho meses, incapaz de soportar más tiempo este exilio, renunció a su empleo.

Durante su estancia en Bombay, Shri Kumar escribió este poema que revela el dolor de su corazón:

Azhikulil

El sol se ha puesto sobre el mar de occidente
y el día ha empezado su lamento.
No es más que el juego del Arquitecto Universal.
¿Por qué, pues, os sentís abatidas
flores de loto que cerráis vuestros pétalos?

Este mundo lleno de miseria y dolor
es el teatro de Dios y yo soy el espectador,

soy tan solo una marioneta entre sus manos
a la que no le quedan lágrimas para derramar.

Como una llama, mi espíritu se consume
por estar separado de ti, en este mar de dolor.
Mi barco va a la deriva
incapaz de llegar hasta la orilla.

Antes de conocer a Amma o de consagrarse seriamente a la vida espiritual, Shri Kumar había tenido algunas experiencias en el plano astral. Mientras estaba acostado, llegaba a sentir cómo su cuerpo sutil se separaba de su envoltura carnal y emprendía el vuelo. En esos momentos, veía claramente el mundo objetivo, incluso con los ojos cerrados.

Durante su estancia en Bombay, tuvo una experiencia extraordinaria. Era de día y estaba relajado. Había estado meditando y seguía con los ojos cerrados. De repente su cuerpo se paralizó. Sintió que su forma sutil se separaba de su envoltura física y escuchó un gran estruendo, seguido por una emanación de humo que giraba en la atmósfera. En medio de esta densa niebla reconoció la silueta de Amma vestida con el traje de diversos colores que utiliza durante el Devi *bhava*. Esta forma magnífica de Amma causaba temor y respeto. Así pasó algunos minutos contemplando esta visión sublime, incapaz de abrir los ojos o de hacer el mínimo gesto.

La tarde del 28 de enero de 1980, Shri Kumar se encontraba en Vallikavu y estaba a punto de ir a visitar a sus padres, cuando Amma lo detuvo con estas palabras: "Quédate aquí, no vayas hoy a ninguna parte". Él mismo contó más tarde: "Me alegré al oír las palabras de Amma y cancelé mi viaje. Hacia las seis de la tarde, me encontraba fuera hablando con un grupo de devotos cuando, de pronto, algo me mordió en la pierna. Lancé un grito de dolor y Amma, al escucharlo, vino rápidamente hacia nosotros. Buscó la herida y empezó a succionar la sangre y el veneno para escupirlos inmediatamente. A pesar de ello, el dolor se hacía insoportable. Al ver que me retorcía de sufrimiento, Amma trató de consolarme. Más tarde, ante la insistencia de los demás, permitió que me llevaran a un médico especialista en mordeduras de serpiente. El médico dijo: "La serpiente que te ha mordido es extremadamente venenosa, y resulta extraño que no haya afectado ninguna parte de tu organismo, ni tu sangre". Gracias a los cuidados tiernos y amorosos de Amma, me quedé dormido hacia las tres de la madrugada. A continuación, ella se retiró a descansar.

A la mañana siguiente, Amma me dijo: "Hijo mío, estuvieras donde estuvieras, estabas destinado a ser mordido por una serpiente en ese momento. Pero como se ha producido en presencia de Amma, no ha tenido consecuencias graves. Por ese motivo, Amma no te dejó partir ayer". Más tarde, en casa de mis padres, me sorprendí al descubrir que en mi horóscopo aparecía reflejado ese incidente supuestamente fatal: "A la edad de veintidós años, es posible que sufra un envenenamiento. Por lo tanto, se recomienda hacer algunas ofrendas en el templo y una adoración especial para asegurar su buena salud".

Por la gracia de Amma, Shri Kumar tuvo muchas experiencias espirituales, que siempre fueron para él una maravillosa fuente de inspiración para continuar su *sadhana* cada vez con más entusiasmo. Después de adoptar las medidas necesarias con el fin de asegurar el bienestar de sus padres y de su hermana, regresó al ashram para quedarse definitivamente.

Ramakrishnan (*Swami Ramakrishnananda*)

Ramakrishnan pertenece a una familia de brahmanes originarios de Palghat, en el estado de Kerala. En 1978, cuando era empleado del Banco Estatal de Travancore, uno de sus amigos le habló de Amma y, una tarde, fueron juntos a visitarla. Aunque había nacido en el seno de una familia muy ortodoxa, Ramakrishnan había recibido la influencia negativa de algunos compañeros de estudios, por lo que su vida llevaba un rumbo equivocado. En el mismo instante en que vio a Amma, se deshizo en lágrimas. Toda la oscuridad interior que había acumulado, se suavizó y fundió hasta quedar purificada en aquellas lágrimas sinceras. A partir de entonces, acudió a casi todos los *darshan* para poder verla en su manifestación divina. Lloraba como un niño pequeño y le suplicaba que le diese la visión de la diosa Minakshi, de Madrás, su divinidad bien-amada. Sufría tanto por no alcanzar esa visión que muchos días ayunaba. Entonces, Amma lo alimentaba con pudín, sin hacer ninguna mención a su ayuno voluntario. Cuando estaba en el regazo de Amma, durante el Devi *bhava*, solía pedirle con lágrimas de intenso anhelo: "Madre divina, ¿vendrás a verme mañana? Deja que al menos escuche el tintineo de tus campanillas". Gracias a estas súplicas sinceras, tuvo la buena fortuna de recibir muchas veces la visión de su Bien-amada deidad. A veces escuchaba el tintineo de las campanillas de Amma y lograba entonces una visión de la Madre divina. En otras ocasiones sentía que un perfume impregnaba todo el ambiente.

Dos acontecimientos importantes impulsaron a Ramakrishnan a abandonar la vida mundana para consagrarse a una vida de renuncia y espiritualidad. El primero tuvo lugar el día en que recibió la iniciación de Amma. Aquel afortunado día sintió un poder extraordinario, transmitido por Amma, que transformó radicalmente su idea sobre el significado y el objetivo de esta vida. El segundo acontecimiento sucedió así:

Un día, mientras Amma le mostraba una imagen de Shri Ramakrishna Paramahamsa, le dijo: "Los dos tenéis el mismo nombre y, sin embargo, qué has hecho tú?" Estas palabras penetraron hasta lo más profundo de su corazón y afianzaron el deseo de convertirse en un aspirante espiritual sincero.

Una tarde de verano Ramakrishnan fue a recibir el *darshan* de Amma en Devi *bhava*. En el interior del templo hacía un calor agobiante y Amma le pidió que la abanicara. No obstante, como había un grupo de chicas jóvenes en la puerta del templo, Ramakrishnan no se atrevía. En su fuero interno pensaba: "Si ven a un hombre de mi edad, empleado del Banco Estatal, aba-nicando a una mujer, seguro que se ríen de mí". Por tanto, decidió no abanicar a Amma, pero cuando salió del templo, después del *darshan*, su cabeza chocó violentamente contra el dintel de madera que había sobre la puerta, provocando las risas de todas las jóvenes que estaban allí. Ramakrishnan se puso pálido y se sintió avergonzado.

Al día siguiente, cuando volvió al *darshan*, Amma lo llamó y le dijo: "Ayer no quisiste abanicarme, a pesar de que te lo pedí. Consideré que era bueno para ti ser el blanco de las risas que tanto temías". A partir del *darshan* siguiente, Ramakrishnan abanicó regularmente a Amma, aunque no se lo pidiera.

Un día, fue trasladado a una sucursal del banco a unos cien kilómetros del ashram. Tenía que guardar la llave de la caja fuerte y llegar puntual todos los días, a las diez. Un lunes por la mañana, tras salir del ashram después de una noche de *bhava darshan*, tomó un autobús que lo llevó hasta una parada situada a trece kilómetros de su oficina. Al preguntar se enteró que no había ningún otro autobús que pudiera llevarlo a su destino hasta las diez de la mañana. Trató de conseguir un taxi, pero no encontró ninguno disponible.

Preocupado y contrariado, exclamó: "¡Amma!" Al poco rato llegó un hombre en una motocicleta y paró delante de él. Era la primera vez que lo veía. Se volvió a Ramakrishnan y le dijo: "Voy a Pampakuda (la población donde trabajaba Ramakrishnan). No hay ningún autobús hasta después de las diez, así que, si quiere, lo puedo llevar". Ramakrishnan aceptó. Al llegar al banco, eran las diez en punto. En respuesta a una pregunta de Ramakrishnan, Amma le dijo: "Una sola llamada es suficiente, pues si se hace con total concentración, Dios acudirá".

En 1981, Ramakrishnan tuvo una experiencia que le enseñó una buena lección sobre la obediencia debida al Maestro espiritual. Por temor a que Ramakrishnan se hiciera monje, si permanecía mucho tiempo en el ashram, sus padres deseaban que el banco lo trasladara a una sucursal más alejada del ashram y cercana a donde ellos vivían. Ante la constante presión familiar, Ramakrishnan pidió finalmente el traslado sin consultar a Amma. Al cabo de unos días cambió de idea y envió otra carta anulando la anterior. Un día

Amma le dijo: "Sería conveniente que te informaras sobre la segunda carta que has enviado. Parece que no la han recibido". Él respondió: "No es necesario, Amma. Seguro que la han recibido y aceptado". Amma volvió a insistir de nuevo, pero Ramakrishnan no tomaba sus palabras en serio.

Poco tiempo después, recibió la orden de traslado desde la sede central del banco, en Trivandrun. Fue rápidamente a implorar a los directivos del banco, pero ya era demasiado tarde. Tal como había anunciado Amma, no habían recibido la segunda carta que anulaba la petición de traslado. De este modo, Ramakrishnan aprendió la amarga lección de que las palabras del Maestro, aunque parezcan insignificantes, no deben nunca tomarse a la ligera.

Un día, en el transcurso de una conversación, Amma se volvió hacia Ramakrishnan y le dijo frunciendo el entrecejo: "Todavía hay quien mira a las mujeres, aún después de consagrarse a una vida de renuncia". Él preguntó: "¿Quién es?" "¡Tú mismo!", respondió ella. Ramakrishnan se quedó desconcertado. Inmediatamente se quejó: "¿Quién?, ¿yo? Nunca miro a las mujeres. Amma me acusa de una falta que no he cometido".

Amma pronunció entonces, en voz alta, el nombre de una mujer bien conocida de Ramakrishnan y empezó a dar detalles relacionados tanto con ella como con su marido, hijos y otros familiares. Ramakrishnan se quedó con la boca abierta. Al escuchar la descripción exacta y los detalles concernientes a esta mujer, que no había estado antes en presencia de Amma, Ramakrishnan se quedó atónito. Amma le preguntó de nuevo: "¡Eh Ramakrishnan, di la verdad! ¿Acaso no la miras todos los días?"

Ramakrishnan se quedó silencioso. Era verdad que miraba a esa mujer todos los días, pero ¿sabéis por qué? El físico de esa mujer se parecía mucho a Amma, y al verla, sentía como si estuviera viendo a Amma en persona. Amma se echó a reír cuando vio que Ramakrishnan se quedaba sin habla y cabizbajo. No hace falta decir que, a partir de entonces, Ramakrishnan no miró nunca más a esa mujer.

Este episodio muestra claramente cómo Amma observa atentamente todos los actos externos e internos de sus hijos espirituales y los instruye convenientemente.

Antes que el ashram fuera oficialmente reconocido como institución caritativa, sólo unas pocas personas estaban autorizadas a permanecer allí. Tampoco era posible atender las numerosas demandas de la gente, a causa de la falta de recursos financieros. Algunos brahmacharis que habían dejado su empleo acudían a Ramakrishnan para que les proporcionara ropa y alimento. Como él seguía teniendo trabajo, se sentía feliz de poder satisfacer sus necesidades, incluso sin que se lo pidieran.

En los primeros tiempos del ashram, Ramakrishnan pensaba que Amma tenía dos personalidades distintas, una su ser habitual y otra el Ser divino que se revelaba durante el *bhava darshan*. Esta idea le producía una gran confusión mental y a menudo se sentía molesto. Al final le pidió a Amma que lo bendijera y le aclarara su modo de pensar erróneo. Una noche tuvo una visión de ella en su personalidad habitual, pero toda vestida de blanco. Ocurrió cuando Amma todavía no había comenzado a vestirse normalmente de blanco. Tras esta visión, Ramakrishnan comprendió que Amma era la misma persona, cualquiera que fuera su aspecto externo.

Su fe en Amma se hizo más profunda y su espíritu se fue concentrando poco a poco en su forma y nombre divinos. Este proceso de interiorización le fue creando numerosos problemas en su trabajo, pues le hacía cometer errores al verificar el estado de caja o al hacer las cuentas del banco. En 1982, fue a vivir junto a Amma pero manteniendo su empleo. Más tarde, en 1984, renunció y se estableció definitivamente en el ashram.

Rao (*Swami Amritatmananda*)

Ramesh Rao nació en el seno de una rica familia de brahmines de Haripad, en el estado de Kerala. Creció como los jóvenes de su edad, aprovechando y disfrutando sin límites de los placeres mundanos.

12—Experiencias de los aspirantes espirituales

Llevaba una vida caprichosa y un tanto descarriada. Pero a pesar de su interés por todo lo mundano, oraba a menudo en un templo dedicado a Devi, no lejos de su casa. Allí acudía para arrepentirse de sus malos hábitos y pedir las bendiciones de la Madre divina ante cualquier nueva actividad, ya fuera buena o mala.

Un día, uno de sus amigos lo invitó a que lo acompañara al ashram de Amma, pero Ramesh rechazó la propuesta. Más adelante, pensó viajar al extranjero para buscar trabajo y decidió visitar el ashram a fin de conocer su futuro. Había oído decir que Amma tenía poderes divinos y podía predecir lo que iba a suceder. Así, pues, en junio de 1979, entró en el templo y se acercó a Amma durante el Krishna *bhava*. Antes de que pudiera decir una sola palabra, ella lo interpeló: "Hijo mío, quieres cruzar el océano. Si ese es tu deseo, Amma te ayudará. No te preocupes".

En este primer encuentro, Ramesh se convenció de la divinidad de Amma y se sintió ligado a ella por un profundo sentimiento de amor divino. De regreso a casa, intentó concentrarse en el negocio textil que había heredado de su padre, pero no pudo. Todos sus pensamientos giraban en torno a Amma. A veces su deseo de verla era tan fuerte que llegaba a cerrar la tienda y salía corriendo hacia el ashram. En una ocasión, mientras pedía permiso para retirarse a su casa, ella le dijo: "Hijo mío, ¿dónde vas a ir? Tú estás destinado a vivir aquí".

Una noche Ramesh tuvo un sueño. Había llegado la hora final de la disolución del universo y llovían bolas de fuego por todas partes. Las olas del océano se elevaban hasta el cielo y amenazaban con inundar la tierra. Con todas sus fuerzas, Ramesh gritó: "¡Amma!" De inmediato, un esplendor radiante se elevó de la turbulencia del océano para extenderse por todos los confines del universo. En esa luz apareció la forma encantadora de la diosa Durga, vestida con un *sari* rojo y cabalgando sobre un feroz león. Ella portaba un arma divina en cada una de sus ocho manos. Ramesh quedó maravillado al ver que el rostro radiante de compasión de la diosa era el mismo de Amma. Ella lo consoló diciendo: "¿Por qué tienes miedo, no ves

219

que estoy a tu lado? Tú eres mi hijo. No te preocupes". A partir de entonces, Ramesh soñó a menudo con Amma.

Debido al estrecho contacto con Amma, se intensificó en Ramesh el deseo de realizar a Dios y de vivir en presencia de ella. Un día, cuando estaba en su presencia, tuvo una experiencia que avivó aún más el fuego de su aspiración. Eran las cuatro de la tarde y Ramesh había venido, como de costumbre, a verla. Entró en el templo y, tras postrarse ante ella, se sentó a su lado. Mientras contemplaba su radiante rostro, toda la atmósfera del templo cambió de repente. El mundo de la pluralidad se desvaneció ante sus ojos y sólo vio a Amma. Se percató, entonces, de que ella era su propia madre y él se sintió como un niño de dos años. Embriagado de amor divino, Ramesh olvidó el mundo exterior. Ella puso amorosamente su cabeza en su regazo. Al darse cuenta de que Rao estaba inmerso en éxtasis, levantó suavemente su cabeza e hizo que algunos devotos lo acostaran en el suelo. A las nueve de la noche, volvió Amma a entrar en el templo y lo encontró en el mismo estado. Recuperó la conciencia del mundo exterior cuando Amma lo llamó, diciéndole: "Hijo mío"

A partir de esta experiencia, la vida de Ramesh cambió de forma radical. Su deseo de ver a Amma se hizo mayor. Perdió todo interés por los placeres materiales y dejó de acudir a su tienda. Las visitas al ashram fueron cada vez más frecuentes y allí pasaba días y semanas completas. Este cambio repentino provocó un gran revuelo en toda su familia. Se unieron para conseguir que volviera a su vida anterior y lo persuadieron para que se casara. Pero todas estas tentativas fracasaron. Un día Amma le dijo: "Hijo, tus padres están ansiosos por verte. Vuelve a casa y pídeles permiso para venir aquí". Pero Ramesh puso objeciones: "Amma, ¿acaso me abandonas? ¿No ves que ellos harán todo lo posible para que no vuelva?" Amma le respondió: "Un hombre valeroso es aquel que puede vencer todas estas dificultades".

Ella lo envió a casa con otro residente del ashram. Los miembros de la familia retuvieron a Ramesh por la fuerza. Creían que

Amma había influido en él mediante poderes maléficos. Para conseguir que su hijo volviera a la vida mundana, pusieron en práctica determinados ritos. Insistieron para que comiese una especie de *ghi* (mantequilla descuajada) preparada por un sacerdote, el cual había recitado durante su elaboración una serie de *mantras* destinados a conseguir que abandonara el ashram y volviera a su vida anterior. Ramesh pidió consejo a Amma sobre el *ghi*. Ella le dijo: "Hijo mío, cómelo. Si contiene un maleficio, déjalo actuar. Has venido aquí impulsado por tus tendencias espirituales, y nada le puede pasar a una persona así, aunque se coma ese *ghi*".

Ramesh comió el *ghi* y no le sucedió nada especial. La sed de vida espiritual no dejó de crecer. Su familia cambió entonces de táctica, resultando más dura e inhumana. Pensaban que el cambio repentino sobrevenido a su hijo era el resultado de un desequilibrio mental causado por su decepción de no encontrar un trabajo en el extranjero. Con la ayuda de algunos amigos que no aceptaban su nuevo comportamiento, lo llevaron a la fuerza a un psiquiatra para que lo tratara.

Ramesh le dijo al médico: "No estoy loco y me atendré estrictamente a las instrucciones de mi Gurú. Sois vosotros los que estáis locos por este mundo e intentáis imponer vuestra locura a los demás". A petición de la familia, el doctor trató a Rao durante diez días. Su objetivo era conseguir que renaciera en él, de un modo u otro, el deseo de llevar una vida mundana. Por esta razón, cuando finalizó el tratamiento psiquiátrico, enviaron a Rao a Bhilai, a casa de unos parientes, con la esperanza de que un cambio de aires, le ayudaría a recuperar su antiguo modo de vida. También intentaron buscarle una novia adecuada. Psicológicamente, todo esto constituía una tortura, por lo que escribió a Amma: "Hasta ahora no he caído en ninguna de sus triviales tentaciones. Pero si no me salvas, me uniré a la Madre celeste. Me suicidaré".

Después de pasar un mes en Bhilai, Rao volvió de nuevo a su casa. La familia estaba convencida de que ya había abandonado el camino espiritual y lo animaron para que volviera a su negocio textil. Un día, sin decir nada a nadie, fue a visitar a Amma y le dijo: "Si me abandonas, me moriré". Sin esperar respuesta, se instaló de nuevo en el ashram. Durante su breve estancia de tres días, Amma le advirtió varias veces que su familia tenía la intención de poner obstáculos sin fin en su camino. Ella le aconsejó que volviera a casa y esperara hasta que sus padres asumieran su decisión de seguir el camino espiritual. Pero no estaba dispuesto a aceptar este consejo y dijo: "Si vuelvo a casa de mis padres, no me dejarán seguir mis prácticas espirituales".

En esta ocasión, el padre de Rao presentó una denuncia contra Amma, solicitando la intervención policial para recuperar a su hijo, el cual afirmaba que había sido retenido por Amma contra su voluntad. Al tercer día, el padre de Rao y otros familiares llegaron al ashram con una camioneta llena de policías. Rao se dirigió con valentía al oficial de policía: "Ya soy bastante mayor para elegir mi modo de vida y decidir mi lugar de residencia". No le hicieron ningún caso y su familia decidió, con la ayuda de la policía, ingresarlo en un hospital psiquiátrico de Trivandrum. Durante el viaje se detuvieron en Kollam para comer, menos Rao, que rechazó la comida y siguió sentado en el vehículo. De pronto escuchó una voz interior que le decía: "Si te escapas ahora, te salvarás. Si no lo haces, te destruirán". En ese mismo instante un *autorickshaw*[59] llegó a su altura y se detuvo. Sin dudarlo un momento, Rao salió y se montó en él. Le dijo al conductor adónde quería ir y le pidió que condujese a toda velocidad, a pesar de no tener ni un céntimo en el bolsillo.

En ese tiempo, uno de los residentes del ashram se hallaba en Kollam preparando su doctorado en filosofía. Rao le contó lo que había sucedido y, esa misma noche, con la ayuda de algunos devotos, Rao abandonó Kerala y se fue a la Misión Chinmaya de Bombay. Cuando su familia supo que se encontraba en Bombay, intentaron acosarlo de nuevo. Para salvar su vida, Rao se refugió en el Himalaya.

---

[59] Triciclo motorizado que se utiliza como taxi.

Apenas tenía dinero para el tren y la comida, y tampoco contaba con ropa de abrigo para protegerse del frío glaciar de las montañas.

Al llegar a su destino vagó sin rumbo fijo. Sus ropas estaban destrozadas y hechas jirones. Este hermoso joven se convirtió en un vagabundo, mendigaba comida y se ponía a meditar bajo un árbol o en una gruta. Así transcurrieron los días y los meses, hasta que un día recibió una carta de Amma en una dirección que él había dado. La carta decía: "Hijo mío, ven. Ya no tendrás problemas".

Cuando Rao volvió al ashram, Amma le pidió que visitara a sus padres, quienes ya habían aprendido una buena lección. Su carácter inflexible parecía haber cambiado. Estaban contentos de recibir a su hijo aunque, de nuevo, intentaron que se quedara. Al darse cuenta de que era inútil tratar de atraerlo de una manera hostil, procuraron hacerlo de forma afectuosa. Pero todos sus esfuerzos quedaron reducidos a cenizas en el fuego del intenso desapego de su hijo. El veintisiete de agosto de 1982, Rao ingresó en el ashram como residente permanente y pudo proseguir sus prácticas espirituales sin ser molestado.

Nilu (*Swami Paramatmananda*)

Neal Rosner o Nilu nació en 1949 en la ciudad estadounidense de Chicago. Gracias a su discernimiento y a ciertas predisposiciones naturales, muy pronto tomó conciencia del lado positivo y negativo de la existencia mundana. Cuando llegó a la India, el sentido de desapego ya formaba parte integral de su personalidad. De 1968 a 1979 vivió en Tiruvannamalai, donde siguió un *sadhana* y en 1979 se desplazó a Vallickavu. Durante todo el viaje en tren tuvo que permanecer tumbado, aquejado de fuertes dolores de espalda y de estómago. A causa de la fatiga, debilidad y falta de apetito, era incapaz de sentarse o de andar.

Cuando Nilu se encontró con Amma por vez primera, el día de su llegada al ashram, no sintió nada en particular. Pero la siguiente noche, durante el Krishna *bhava*, sintió que penetraba en él una gran fuerza espiritual, procedente del interior del pequeño templo, que lo dejó sumido en un estado de bienaventuranza. Sin saber por qué se puso a llorar. Estas lágrimas le causaron un gran alivio, atenuando los dolores que padecía desde hacía tiempo.

Entró entonces en el templo y, cuando su mirada se encontró con la de Amma, vio en ella la luz de la paz y de la beatitud interior. Al observar su ecuanimidad, la paz infinita que emanaba y la experiencia divina que representaba su presencia, se convenció de que ella era un *jivanmukta*[60]. Por la gracia divina de Amma, Nilu comprendió muy pronto que ella manifestaba su divinidad durante los *bhavas* divinos y la disimulaba el resto del tiempo. Nilu se vio transportado a un mundo de gozo divino y rogó a Amma que le mostrara el camino de la felicidad inmortal. Ella aceptó este ruego.

Un día, le preguntó si, por un simple deseo, podría bendecirlo para que naciera en él una devoción pura hacia ella. Amma se puso a reír como un niño inocente, diciendo: "¿Qué puedo hacer? Yo no soy más que una loca". Aquella noche, al final del Devi *bhava*, Amma pidió que alguien fuera a buscar a Nilu, que permanecía en el umbral de la puerta con los ojos fijos en ella. De pronto, Nilu vio cómo el rostro de Amma irradiaba una luz, cuyos rayos se expandían por toda la sala, sin que pudiera distinguir nada a su alrededor que no fuera esa luz brillante. Todo había desaparecido. Allí no estaba Amma, ni había templo, escenario o mundo. En el lugar que ocupaba Amma brillaba una luz deslumbrante que iba en todas direcciones envolviendo completamente el espacio. Más tarde se reabsorbió lentamente hasta convertirse en un punto luminoso, y finalmente desapareció. Nilu estaba atónito, petrificado. Acababa de recibir la experiencia de la presencia de Amma en su interior y alcanzó un estado en el que el simple pensamiento en la forma luminosa de Amma le provocaba lágrimas de gozo. Después de esta visión, permaneció cuatro noches sin dormir, inmerso en esta experiencia divina. También sentía constantemente un perfume divino.

---

[60] Un alma liberada.

Decidió seguir su *sadhana* en Vallickavu y Amma aceptó. Ella le ofreció un mala de *rudraksha*[61] del que, durante muchos años, emanaron diversos perfumes en distintos momentos.

Sin tratamiento médico alguno y por el solo *sankalpa* divino de Amma, la salud de Nilu mejoró considerablemente. Podía sentarse, permanecer de pie, andar o comer. Empezó a sentir la constante presencia de Amma en su interior, así como un flujo ininterrumpido de paz y bienaventuranza.

Un día sufrió una crisis grave e incontrolable que llegó a provocarle un dolor atroz. Durante el Krishna *bhava*, Amma le puso las manos sobre el pecho y la cabeza, y de nuevo vio su forma luminosa. Descubrió que la misma luz también estaba en él y que desbordaba su cuerpo. Esta experiencia divina embriagadora estuvo presente en él durante mucho tiempo. A partir de entonces, sus dolores disminuyeron.

Una tarde, a causa de una fuerte jaqueca, no pudo participar en los *bhajans*. Se quedó en su habitación, estirado en la cama y con los ojos cerrados. Entonces vio ante él una luz que desapareció rápidamente. Más tarde la vio de nuevo y sintió la presencia divina de Amma. Al momento quedó curada su jaqueca y pudo levantarse para ir a los *bhajans*.

Por la gracia de Amma, su salud mejoró. Sin embargo, fue mucho más extraordinario el sentimiento de estar en presencia de Amma allí donde fuera, experimentando una felicidad y una paz constantes. Ese estado procedía de su proximidad a Amma. Si en un principio él había elegido *jnanamarga* (el camino del conocimiento) en Tiruvannamalai, ahora prefería *bhaktimarga* (el camino de la devoción). En una ocasión reconoció: "Esa fue la bendición que recibí de Amma". También dijo que si no hubiera seguido una práctica espiritual intensa durante años, no hubiera sido nunca capaz de comprender o asimilar los consejos espirituales de Amma. Nilu

---

[61] *Mala* significa collar. En este caso un collar de semillas sagradas.

estaba convencido de que sólo la bendición de Amma le permitiría alcanzar la realización de su vida.

En los primeros años, el ashram no disponía de dinero. Algunos se quejaban sobre esta cuestión: "¿Cómo vamos a conseguir que funcione el ashram?" Amma respondía: "Que nadie se inquiete. Pronto vendrá alguien que se ocupará de la administración del ashram". Nilu llegó al poco tiempo y asumió la responsabilidad financiera del ashram. Con paciencia y *shraddha* (cuidado) servía a Amma de todo corazón, prestando atención hasta a los más mínimos detalles.

Saumya (*Swamini Krishnamrita Prana*)

Saumya ingresó en el ashram de Amma en 1982. Había sentido atracción por la vida espiritual en Australia, su país natal, donde había vivido en un ashram durante varios meses. De allí salió para pasar un tiempo en el ashram central de la comunidad, en la India, cerca de Bombay. Durante aquella estancia se encontró con un devoto de Amma que estudiaba en la Mission Chinmaya. Le habló mucho de Amma y de sus propias experiencias. También le dijo que veía en Saumya a una de las hijas de Amma y que si se presentaba ante ella, experimentaría el deseo de permanecer allí, a su lado. Eso fue exactamente lo que sucedió. Después de haber vivido en un ashram con miles de personas, en su mayoría occidentales, tuvo la maravillosa e intensa experiencia de encontrarse en el humilde ashram de Amma en el que, durante aquella época, sólo vivían catorce personas en pequeñas cabañas cubiertas de palmas entretejidas.

Amma, que había recibido carta de un devoto informándole de la llegada de Saumya, fue a esperarla y la tomó del brazo nada más entrar en la cabaña. Saumya se quedó profundamente conmovida por el amor y la ternura de Amma. En el ashram en el que había vivido en Bombay, los discípulos sólo podían postrarse ante el gurú y tocar sus sandalias mientras él se mantenía distante, pero aquí Amma acariciaba tiernamente a sus devotos con amor y una compasión que Saumya nunca hubiera sospechado.

En aquella época, Amma se comportaba a veces como si estuviera loca. Entraba a menudo en *samadhi* mientras cantaba *bhajans* o daba *darshan* a los visitantes. Amma vivía de manera muy sencilla y ofrecía todo su tiempo a Dios y a sus hijos. No se guardaba nada para ella. Se sentaba en la arena, perdida de amor por Dios, llorando por Dios y cantando alabanzas divinas a cada instante. Dios era su único interés y cuando no estaba inmersa en Dios, nos amaba realmente a todos. No podía disimular ese amor que emanaba de ella a través de todos los poros de su piel.

Antes de encontrar a Amma, Saumya había pensado que un día tendría una familia y también le gustaba viajar, pero a partir de aquel momento, todos sus deseos desaparecieron. Amma dijo que la única meta de este nacimiento humano es la realización de Dios. Después de oír pronunciar esta verdad espiritual, Saumya comprendió que ya no podría volver a vivir en Occidente, pues no la consideraba una vida real. Deseó que Amma fuera su maestro espiritual y quiso vivir junto a ella para seguir sus consejos.

Al poco de su llegada al ashram, Amma le pidió que le sirviera durante los *bhavas darshan*. Se trataba de un gran honor para Saumya y un motivo de alegría, pero también era una tarea difícil pues no hablaba malayalam. Una de sus tareas consistía en secar el rostro de Amma durante el Devi *bhava*. Amma no transpiraba nunca, pero solía tener el rostro cubierto del sudor de los devotos, pues el templo estaba siempre abarrotado y hacía un calor sofocante. Amma deseaba que se le secara el rostro cada vez que pasaba una o dos personas por el bien de los que acudían a recibir su *darshan*.

A Saumya le aterraba la idea de pasar un pañuelo por el rostro de la Madre divina, pero no tenía otra elección, ya que en aquel tiempo Amma no lo hacía por sí misma.

Por la noche, Devi Amma se le aparecía en sueños a Saumya, con los ojos fijos en ella mientras estaba estirada, dormida, y le pedía que le secara la cara. Le parecían tan reales estos sueños que Saumya saltaba a veces de la cama para ir a buscar un pañuelo o se sentía culpable de haberse dormido. Otra joven que compartía habitación con ella, un día llegó a preguntarle qué hacía en la oscuridad, en medio de la noche, levantada.

Cuando se despertaba finalmente y se daba cuenta de que era de noche, que el Devi *bhava* ya había acabado y que no se trataba más que de un sueño, rogaba a Amma que le perdonara por estar acostada, y se volvía a dormir, pues ¿qué otra cosa podía hacer? Estos sueños sucedían al menos una vez por semana y, a veces, hasta tres. Se mantuvieron durante años antes de desaparecer totalmente.

Cuando se encontró con Amma, Saumya deseó saber cómo iniciarse en la vida espiritual, una vez que se percató de la inconsistencia de toda alegría basada en la vida mundana. En los primeros años que pasó en el ashram, Amma le habló a menudo de servicio, pero Saumya nunca había pensado que aquello tuviera algo que ver con ella. A medida que los años fueron pasando, Amma le insistía cada vez más sobre el valor del servicio. Así, poco a poco, el deseo de servir al mundo se desarrolló y expandió a partir de la pequeña semilla que Amma había plantado en su corazón, y que había cuidado con tanto amor y afecto. Ahora su más sincero deseo y su plegaria secreta es: "Amma, dame la fuerza y la pureza necesarias para servir al mundo".

Madhu (*Swami Premananda*)

Madhu es nativo de las Islas Reunión, vinculadas a Francia. Desde su nacimiento, siempre tuvo el deseo de convertirse en un *sannyasin*.

En 1976 Madhu llegó a la India y entró en contacto con el ashram de Shri Ramakrishna Paramahamsa. Una vez allí preguntó al Swami Vireshwarananda, del Math Belur, si le convenía ir al Himalaya para seguir un *sadhana*, pero el swami le recomendó que fuera hacia el Sur de la India. Cuando Madhu llevaba a cabo sus prácticas espirituales en Arunachala, un joven brahmín le dijo: "Parece que eres un devoto de Kali. Kali está en Vallickavu. Ve a verla".

Fue así como Madhu llegó al ashram el primero de junio de 1980, coincidiendo con la celebración de un *bhava darshan*. En el santuario del templo, Amma le dijo a Gayatri: "Mi hijo Madhu espera fuera. Ve a buscarlo y dile que venga". Cuando entró en el templo y vio a Amma, se echó a llorar. Amma le dijo: "Hacía tiempo que te esperaba".

Al día siguiente, mientras sostenía una foto de Vireshwarananda en la mano, Amma le preguntó de pronto quién era aquel swami. Madhu, que estaba sentado a su lado, le dijo: "Es Vireshwarananda-ji". Ella añadió: "Es un hombre sabio". Entonces Amma le reveló a Madhu que ella lo había visto durante su meditación. ¡Qué intuición había tenido aquel swami para enviar a Madhu al sur de la India! Durante el Devi *bhava*, ella le dio el *mantra diksha* (la iniciación).

En 1982, Madhu celebró el aniversario de Amma en Islas Reunión. Creó un anexo del Math Mata Amritanandamayi en su isla natal y se comprometió a propagar el *sanatana dharma*, la religión eterna de la India. Madhu es un sadhak sincero, humilde, trabajador y lleno de compasión.

El 24 de febrero de 1985, Madhusudhan recibió el brahmacharya *diksha*, de acuerdo con las instrucciones de Amma, y se convirtió en Prematma Chaitanya. Su lealtad hacia Amma se aprecia cuando dice: "Amma me ha hecho lo que soy. Si no la hubiera encontrado, habría llevado una vida ordinaria. Sólo la gracia de Amma me ha permitido seguir el camino de la renuncia. Además de la capacidad individual, la gracia del maestro es un factor primordial para el progreso espiritual".

❦

Capítulo 13

Amma, Maestra espiritual

¿Qué se entiende por un ser perfecto? Si se lo preguntamos a un joven de nuestra época, responderá que la persona ideal es un multimillonario influyente y bien parecido, o tal vez un político de alta posición, o incluso citará el nombre de un artista de cine romántico o de un futbolista famoso. Es una lástima que los jóvenes actuales no pudan concebir una sociedad sin películas, política o romances. Estas son, para ellos, necesidades vitales. Pero, ¿acaso contribuyen todas estas cosas con la formación de nuestro carácter?, ¿Acaso nos ayudan a mejorar nuestra vida? ¿Qué es lo que confiere belleza y perfección al ser humano? ¿Qué es lo que hace que sus actos sean dulces y agradables? ¿Qué factores intervienen para que un ser se convierta en inmortal y digno de adoración? ¿Tienen algo que ver las cosas que hemos mencionado? Una persona madura y dotada de discernimiento dirá certeramente: "¡No, nada de todo eso!" Entonces, ¿qué es? Para expresarlo en una frase, es la integración de las cualidades internas que, a su vez, se manifiestan a través de todo el ser como virtudes externas. Esto es lo que experimentamos en presencia de Amma, la fusión maravillosa del amor incondicional con la felicidad.

Gente de toda clase, cada uno según su nivel de comprensión y madurez espiritual, hablarán de Amma de forma diferente. Por ejemplo, si se le pregunta quién es Mata Amritanandamayi a una persona que, intelectualmente, sólo se preocupa de cosas superficiales, os dirá: "Es una mujer extraordinaria que puede curar enfermedades terribles e incurables a través de un simple tacto o una sola mirada". Tal vez añada: "También puede resolver vuestros problemas materiales y hacer que se cumplan vuestros deseos". Si la misma pregunta se dirige a una persona con un intelecto más sutil, responderá: "Amma es realmente increíble. Ella puede otorgarte poderes psíquicos. Es una maestra en el arte de la telepatía y de la clarividencia. No le cuesta nada transformar agua en panchamritam o en leche. Cuenta con la totalidad de los ocho poderes místicos (*siddhis*)" y así podría seguir enumerando más detalles. Un buscador espiritual auténtico responderá: "Amma es la meta última que un aspirante debe realizar. Es una fuente de inspiración y una base de apoyo para los buscadores sinceros, y les ayuda a cruzar el océano siempre cambiante de la transmigración. Su naturaleza propia es amor y compasión, es un testimonio vivo de las verdades contenidas en los Vedas y en los textos sagrados de todo el mundo. Si te refugias a sus pies, ciertamente tienes el objetivo en tu propia mano. Es una Maestra perfecta, así como una Madre maravillosa".

Para aquellos que siguen la senda devocional (*bhakti yoga*), Amma encarna la verdadera devota por excelencia. En ella se manifiestan perfectamente los diferentes aspectos de la devoción suprema. Cuando alguien que sigue la senda del conocimiento (*jñana yoga*) observa a Amma, percibe, en sus palabras y en sus actos, que ella conoce perfectamente el Ser. Para una persona que sigue sinceramente la senda de la acción (*karma yoga*), Amma es inigualable entre los *karma* yoguis. Todos estos puntos de vista proceden de visiones particulares nacidas de la experiencia y de la comprensión limitada de cada uno. Pero aquel que está en estrecho contacto con Amma y la observa de cerca, sin prejuicios ni presuposiciones, percibirá claramente que Amma integra todos estos senderos.

"Tan paciente como la tierra" es un proverbio malayalam. Nuestra Madre tierra lo soporta todo. Los seres humanos la maltratan, la pisotean, la labran para cultivar, e incluso construyen sobre ella edificios de cien plantas; sin embargo, ella lo soporta todo con paciencia. No se queja, no desprecia a nadie; sirve y nutre a todos de la mejor manera posible. De igual manera, Amma da muestras de una infinita paciencia cuando remodela el carácter de sus hijos. Espera todo lo que haga falta hasta que los discípulos maduren y se dejen disciplinar.

Mientras tanto, los acoge y los baña con su amor desinteresado, perdonándoles todas las faltas que puedan cometer.

Si se estudia con atención la gran saga histórica de santos y sabios de la India, así como los medios que utilizaron para transmitir las enseñanzas a sus discípulos y conducirlos a la iluminación, se comprenderá fácilmente la naturaleza única de la relación gurú-discípulo. Amma dice:

"Al principio un *Sadguru* (Maestro perfecto) no da instrucciones estrictas a su discípulo. Simplemente lo amará y establecerá un vínculo de amor incondicional. Gracias al efecto poderoso de ese amor, el discípulo irá madurando poco a poco para que el gurú pueda actuar sobre sus vasanas o tendencias mentales. A través de sus instrucciones estrictas y llenas de amor, el Maestro irá disciplinando y remodelando la personalidad del discípulo. En una verdadera relación gurú-discípulo, resulta difícil distinguir quién es cada uno, pues el Maestro es más humilde que el discípulo y el discípulo más humilde que el Maestro".

Es posible que en los inicios el gurú, además de mostrar un gran amor por el discípulo, actúe en cierta medida de acuerdo con los deseos y fantasías de éste. Sin embargo, cuando descubra que el discípulo está suficientemente maduro para emprender con seriedad una práctica espiritual, entonces empezará a disciplinarlo lentamente. A partir de ese momento, aunque ame a su discípulo como a su propio hijo o hija, no le expresará aún su gran amor. El objetivo principal va encaminado a hacerle tomar conciencia de su Ser puro. En otras palabras, la disciplina que el gurú impone es, en sí misma, otra forma de expresarle su amor. Este es el amor verdadero que transforma al discípulo en pura joya.

Respecto a la forma de evidenciar y corregir los defectos de sus hijos, Amma suele decir: "Soy como un jardinero. El jardín rebosa de flores de todos los colores. No se me pide que cuide de las flores perfectas, sino que ayude a las plantas y flores que son atacadas por los insectos y gusanos. Para eliminar los insectos, tal vez sea necesario cortar pétalos u hojas, lo que resultará doloroso, pero necesario, para salvar a estas plantas y flores de la destrucción. De la misma manera, Amma trabaja siempre sobre las debilidades de sus hijos. Aunque el proceso de purificación haga sufrir, siempre será por vuestro bien. Vuestras virtudes no requieren atención, pero si las debilidades no son eliminadas, llegarán a destruir vuestras cualidades. Hijos míos, tal vez penséis que Amma está enfadada con vosotros, pero no lo está en absoluto. Ella os ama más que nadie en el mundo y por eso actúa así. Amma no espera nada a cambio, salvo vuestro progreso espiritual".

Nunca la veréis sentada en un trono real, dando órdenes a sus hijos espirituales y a sus devotos. Instruye y al mismo tiempo da ejemplo por medio de sus actos. La humildad y la simplicidad son las marcas de la grandeza, y Amma es un ejemplo vivo de ellas. Es más humilde que la humildad y más simple que la simplicidad. Cuando Amma habla de sí misma, suele decir: "Soy la sirviente de los sirvientes. La vida de este cuerpo es para los demás. La felicidad de sus hijos es la riqueza y la salud de Amma".

El método de Amma para extinguir el ego y las tendencias negativas de sus hijos es maravilloso. Ella es siempre el invencible guerrero. Prepara, por sí misma, el terreno para probar la madurez de espíritu y el progreso espiritual de sus hijos, creando las circunstancias apropiadas. Sin despertar la menor sospecha, conduce al discípulo al campo de batalla, y antes de que se dé cuenta, se despiertan todos los enemigos internos, mientras el intelecto discriminatorio cede su lugar a las emociones. En ese momento, Amma aprovecha convenientemente la ocasión para eliminar el egoísmo de sus hijos. Sus armas poderosas son infalibles, dan siempre en el blanco. Así, poco a poco, en el tiempo requerido, las tendencias negativas pierden su fuerza hasta quedar extinguidas. El siguiente episodio constituye un claro ejemplo:

Hace algunos años, Nilu (Swami Paramatmananda) trajo una máquina de escribir portátil desde Tiruvannamalai. Balu (Swami Amritaswarupananda) que no había aprendido a utilizarla, tomó una hoja de papel y escribió como entretenimiento: "Amma, hazme tu esclavo". Amma estaba sentada algo más lejos y hablaba con Nilu. De pronto se volvió hacia Balu y le preguntó: "Hijo, ¿qué estás tecleando?" Balu tradujo entonces la frase al malayalam y Amma, sin decir o preguntar nada más, siguió su conversación con Nilu.

Un cuarto de hora más tarde, Amma le dijo a Nilu: "Voy a enviar a Balu al extranjero". Balu se sobresaltó al oír esas palabras, pues había renunciado ya a dos empleos con la intención de quedarse para siempre en presencia de ella. Mostrando una gran ansiedad Balu le preguntó: "¿Qué has dicho?, Amma". Enseguida le respondió: "Sí, necesitamos dinero para hacer funcionar el ashram. El número de residentes está aumentando y no tenemos recursos para cubrir todos los gastos. Tendrás, por tanto, que ir a trabajar".

Estas palabras fueron suficientes para que despertaran en Balu todos sus enemigos internos y llegara a gritar con vehemencia: "No, no quiero ir a trabajar fuera, no puedo alejarme de aquí. He venido para estar junto a Amma y no para trabajar de forma mundana o ganar dinero". Sin embargo, Amma siguió insistiendo en que debía ir hasta que Balu explotó en cólera. Todas sus tendencias negativas estaban dispuestas al ataque.

De pronto, con una voz suave, Amma le dijo: "Hijo, ¿qué has escrito en la máquina hace un momento? Si quieres llegar a servir a Dios, debes rendir a sus pies todo lo que te pertenece. Si la mente no es pura, Dios no irá a alojarse en tu corazón. Transformarse en servidor de Dios significa aceptar con ecuanimidad todas las experiencias, buenas o malas, favorables o desfavorables. Ver en todas las cosas la voluntad de Dios. Hijo, yo no quiero tu dinero. Cuando te veo llorar por Dios, me siento tan feliz que mi corazón se desborda de amor por ti". Al pronunciar estas últimas palabras quedó absorta en un estado divino. Las lágrimas rodaban por sus mejillas y su cuerpo se quedó inmóvil. Así siguió durante una hora para, después, descender lentamente hacia el plano de la existencia física.

Balu se sintió lleno de remordimiento. Cayó a los pies de Amma y le suplicó que le perdonara: "Amma, purifica mi corazón, por favor. Haz que me deshaga de todos estos pensamientos y actos impuros. Haz de mi un instrumento perfecto entre tus manos". Ella lo consoló y le dijo: "Hijo, no te preocupes. Has venido a Amma y ahora es responsabilidad suya cuidar de ti y perfeccionarte". Al oír estas palabras, Balu se sintió lleno de paz y de gozo.

Amma dijo una vez: "Hijos míos, sois felices cuando Amma os muestra un rostro sonriente, pero si dice algo que va en contra de vuestros deseos, pensáis que no os quiere, cuando realmente no es así. Amma intenta haceros más fuertes y para fortaleceros espiritualmente hay que eliminar todas las debilidades mentales. Por este motivo, a veces, Amma parece exteriormente enfadada. Resulta necesario para instruiros. Tomad por ejemplo el caso de una vaca que está feliz comiendo las hojas tiernas de un cocotero. No bastará con decirle: "Querida vaca, por favor, no te comas estas hojas, ¿no ves que se va a secar este pequeño cocotero?" Lo más probable es que no se mueva ni un palmo. Pero si tomáis una buena vara y le gritáis: "Vete de aquí, vete", la vaca se irá de allí. El enfado de Amma es similar. Recordad que ella no actúa por egoísmo, sino para favorecer vuestro progreso espiritual. Si sólo os mostrara su amor y afecto, sin cesar, no miraríais hacia dentro para descubrir vuestro Ser. Hijos míos, a los que viven de forma mundana, les basta con ocuparse de la esposa y de los hijos, pero un verdadero *sannyasin* debe llevar el peso del mundo entero. Por este motivo, tenéis que llegar a ser más fuertes."

En cierta ocasión, Amma no pudo retirarse a descansar hasta las cuatro de la madrugada, pues el *darshan* se prolongó algo más de lo habitual. Después de entrar en su cabaña y cerrar la puerta para ponerse a dormir, un residente del ashram se echó delante de la puerta, como tenía por costumbre, para asegurarse de que nadie la molestara. En ese momento, apareció una joven que llegaba hasta el ashram caminando desde Kollam, a unos treinta y cinco kilómetros de distancia, pues había perdido el último autobús. Deseaba recibir la bendición de Amma, por lo que se sintió muy decepcionada cuando se enteró de que ya se había ido a dormir. No obstante, como aún tenía la esperanza de poderla ver, empezó a gritar varias veces su nombre. Al oír aquellas voces, el residente que dormía delante de la cabaña de Amma se levantó y amonestó a la mujer, además de pedirle que se fuera. En aquel preciso momento, Amma, que sabía lo que estaba ocurriendo, abrió la puerta de la cabaña y salió al encuentro de la mujer. Después de hablarle afectuosamente, la consoló y le aseguró que se resolverían todos sus problemas.

A continuación se volvió hacía el *brahmachari* que custodiaba la puerta y le dijo en un tono serio: " No estoy aquí para reposar confortablemente, sino para servir a los otros y aligerar sus sufrimientos. Su felicidad es mi felicidad. No necesito a nadie que me sirva. Yo he venido aquí para servir al mundo y debo tener libertad para encontrarme con quien sea y a cualquier hora. No permitiré que nadie me impida recibir a los devotos que acuden a mí en busca de ayuda y consuelo. ¿No te das cuenta de las dificultades que tienen para venir hasta aquí con sus escasos recursos, solo para descargar sus apenados corazones en mí? Si sigues comportándote de forma impertinente e intentas imponer reglas para que no reciba a los devotos más que a ciertas horas, disolveré esta organización. No quiero un centro espiritual si no es para servir a la humanidad que sufre. Este centro solo debe existir para servir". Tras estas palabras, prohibió a ese residente y a todos los demás que durmieran en la puerta de su cabaña.

En otra ocasión, una mujer enferma que había venido al ashram a pedir consejo, vomitó sobre el vestido de Amma. Una residente joven que se ocupaba del cuidado personal de Amma, recogió el vestido manchado con la ayuda de un bastón. Cuando ya estaba a punto de llevar la prenda a la lavandería, Amma la amonestó con estas palabras: "Si no eres capaz de ver lo Divino en todo y de servir a todos de igual manera, ¿de qué te sirven tantos años de meditación y de servicio? ¿Encuentras alguna diferencia entre esta mujer enferma y yo?" Amma tomó entonces el vestido y lo lavó, no permitiendo que aquella residente la atendiera durante algunos días.

La sola presencia de la santa Madre constituye, por sí misma, un buen motivo de inspiración para los devotos. Ella les puede comunicar entusiasmo y otorgarles la fuerza necesaria para hacer lo que haga falta en cualquier momento. Por ejemplo, si en el ashram hay que transportar ladrillos, arena u otros materiales para las construcciones que se llevan a cabo, o incluso vaciar la fosa séptica, limpiar el ashram o ayudar a los albañiles, los residentes van de un lado para otro intentando reunir a algunos devotos para que les ayuden. A veces, cuando son las tres o cuatro de la madrugada, y los devotos se preparan para ir a dormir tras acabar el *darshan*, aparece Amma y se pone a trabajar. Ella es siempre la primera en poner manos a la obra. A pesar de haber estado sentada durante ocho horas, desde la tarde anterior hasta las tres o cuatro de la madrugada, se la ve trabajar con alegría y entusiasmo. Rápidamente corre la voz de que Amma está transportando ladrillos, agua o cualquier otra cosa, y de todas partes acuden devotos para ayudarla. Lo más curioso de todo esto es que una tarea que habría tardado unas seis u ocho horas en hacerse, se concluye en una o dos horas.

Para que los devotos olviden su fatiga, Amma les hace reír con su maravilloso sentido del humor. A veces, incluso, enciende un pequeño fuego para calentar alguna bebida y tostar algunos cacahuetes, que reparte a continuación entre todos los que han colaborado en la tarea. Mientras se trabaja, Amma continua enseñando: "Hijos míos, mientras estéis cumpliendo con alguna tarea, procurad siempre repetir vuestro *mantra* o entonar algún canto devocional. Sólo las acciones que se ofrecen al Señor cuentan como acciones reales, y así el *karma* (acción) se transforma en *yoga*. De otra manera, será *karma bhoga*[62].

"Incluso cuando las *gopis* de Vrindavan salían a vender la leche y mantequilla de sus vacas, gritaban: "Krishna, Madhava, Yadava, Keshava..." En la cocina, escribían y colocaban los diferentes nombres de Krishna en los frascos de especias y otras provisiones. Asumían también todas las responsabilidades de una ama de casa. Nunca estaban ociosas, sino que contemplaban continuamente la forma de Krishna en sus corazones y repetían sin cesar sus nombres divinos. Hijos míos, esforzaros en ser como ellas".

Cualquier pregunta que se le haga a Amma, ya provenga de un creyente, ateo, racionalista u opositor, siempre la responde afectuosamente, con calma y suavidad, sin herir a la persona ni despreciar sus ideas. Un día, por ejemplo, un joven que visitaba el ashram le dijo: "No creo en absoluto en la espiritualidad, ni en los Maestros. ¿No sería mejor servir a la humanidad? Son muchos los que sufren de pobreza y hambre. ¿Qué hacen por ellos todos esos que dicen ser espirituales? ¿No están perdiendo el tiempo cuando se sientan sin hacer nada?"

Amma le respondió tranquilamente: "Hijo mío, lo que dices es correcto. Desde luego, el servicio a la humanidad es importante. A ese fin debe consagrarse la vida de un buscador espiritual sincero. Amma está totalmente de acuerdo contigo. Pero, ¿cuál es el verdadero servicio? Significa ayudar sin esperar nada a cambio. ¿Quién actúa así? Cuando alguien se plantea ayudar a una familia pobre, es muy probable que haya algún motivo egoísta detrás. Todo el mundo va detrás de la gloria y la fama. Amma sabe muy bien que los consejos espirituales no van a aplacar el hambre de los que están hundidos en la miseria. Debemos sentir compasión y amor por ellos, pero la compasión y el amor verdaderos no surgen si no es a través de una práctica

---

[62] Acción motivada por el deseo de disfrutar los frutos de esa acción.

espiritual. Debemos tener un elevado ideal en nuestras vidas y estar dispuestos a sacrificarlo todo para alcanzarlo. Esa es la espiritualidad verdadera. Proporcionar comida sin más, no resuelve el problema de nadie, pues de nuevo surgirá la necesidad de alimentarse. Por tanto, lo mejor es ayudar a los demás externa e internamente; es decir, lograr que coman y al mismo tiempo hacer que adquieran conciencia de la necesidad de una evolución interior. Esto solo es posible mediante una educación espiritual. Esta clase de servicio ayuda a llevar una vida feliz y equilibrada en cualquier circunstancia, incluso cuando no hay nada para comer. En realidad, es la espiritualidad la que nos enseña a llevar una vida perfecta en este mundo. Hijos míos, todo depende de nuestra mente. Si está calmada y serena, hasta el infierno más profundo se convierte en una morada de felicidad, pero si la mente está agitada, hasta el paraíso más elevado se transforma en un lugar de gran sufrimiento. Precisamente, lo que se consigue a través de la espiritualidad y de los Maestros espirituales, es la paz y la tranquilidad necesarias para vivir.

Incluso la persona más cruel y odiada por sus padres y parientes, es un hijo querido de Amma, que podrá decir: "Amo a Amma más que a mi propia madre, la que me ha dado la vida. Soy su hijo". Tal es la impresión creada por Amma en el corazón de sus devotos. Hasta de un delincuente dirá: "Este hijo es bueno. ¡Qué inocente es!" Pasará por alto sus defectos y elogiará sus cualidades que, tal vez, sean ínfimas.

A través de nuestra experiencia, nos podemos dar cuenta de que Amma es una fuente inagotable de energía espiritual y de creatividad. Mientras atiende los deseos espirituales y materiales de sus hijos, permanece siempre pura y desapegada.

Para expresarle su devoción y gratitud, un devoto le puede decir: "¡Madre, eres tan compasiva conmigo! Por tu gracia, puedo meditar correctamente y mantener mi espíritu en paz". Otro dirá: "¡Amma!, por tus bendiciones, todos los problemas de mi familia se han resuelto y muchos de mis deseos se han cumplido". Al oír estas palabras de los devotos, Amma se suele reír y contesta: "¡Namah Shivaya! ¿Quién es Amma para bendecir a alguien? No es más que una niña loca que vaga de un lado para otro porque nadie la ha internado. Ella no hace nada, es Dios el que lo hace todo, sin hacer nada".

Examinemos ahora las inquietudes de los que vienen a ver a Amma. Algunos le plantearán preguntas sobre el *yoga* de la *kundalini*[63], otros querrán saber más sobre el *nirivikalpa samadhi* o el estado en el que se permanece establecido en el Ser. Otra persona se quejará de su mala salud. Determinados padres acudirán llorando para que ayude a su único hijo, el cual anda totalmente descarriado y dedicado a cometer toda clase de fechorías. Algunos jóvenes se quejarán por no encontrar trabajo, tras haber concluido sus estudios hace ya tiempo. Éstos le dirán: "Amma, por favor, bendícenos para conseguir un empleo". Algunos maridos se lamentarán por la falta de sinceridad de sus esposas, y éstas por la falta de amor que muestran sus maridos. Otros vendrán a pedirle que castigue a su vecino o a quejarse porque su vaca no da leche suficiente o que los cocoteros de su plantación no dan abundantes frutos. Algunos buscan su bendición para superar determinados exámenes, mientras otros vienen con enfermedades incurables. Hay incluso padres que vienen preocupados porque sus hijos muestran cierta inclinación por llevar una vida de renuncia. Solo algunos, después de conocer a Amma, se convierten en verdaderos aspirantes espirituales y vienen en busca de consejos y orientación para realizar su *sadhana*. Vemos, pues, que el mundo entero viene a buscar su bendición. Amma no rechaza a nadie. Todos son tratados de igual manera, con el mismo amor y afecto, y cada uno recibe sus consejos según el nivel de madurez de su espíritu y su necesidad. Ella no solo escucha sus problemas, sino que también hace que se cumplan sus deseos.

Cada mañana, Amma sale al encuentro de los devotos que acuden en gran numero para recibir su *darshan*. Los recibe a todos, uno tras otro, escucha atentamente sus problemas y les dice: "Yo no

---

[63] Técnica para despertar el "poder de la serpiente". Véase en glosario la palabra "kundalini".

quiero nada de vosotros, salvo la carga de vuestras penas. Amma está aquí para recibirla". Ella permanece sentada en el templo hasta que todos han sido recibidos y consolados. Casi todos los días termina el *darshan* hacia las dos o las tres de la tarde. Al volver a su habitación, Amma revisa el correo o da instrucciones a los residentes. También se ocupa de dar las orientaciones necesarias para la administración del ashram. Incluso cuando come, puede estar instruyendo a alguien o leyendo alguna carta. Muchas veces llama a las personas que llegan tarde al *darshan*. En los días de *bhava darshan*, vuelve de nuevo a las cinco de la tarde para dirigir los *bhajans* e iniciar el *bhava darshan*, que puede durar hasta las tres o cuatro de la madrugada. Hasta entonces, Amma está sentada en el templo recibiendo a los devotos de uno en uno y escuchando sus problemas, ya sean espirituales o materiales. No solo los escucha sino que resuelve igualmente sus dificultades, ya sea por un simple gesto, una mirada o una decisión voluntaria (*sankalpa*). Mata Amritanandamayi es un fenómeno único, incluso en esta tierra sagrada de la India. Adoptando el *bhava* de *Adi Parashakti*, la primordial energía suprema, dedica continuamente cada segundo de su vida al servicio de la creación de Dios. La gracia y la compasión infinitas que manifiesta hacia una humanidad desorientada, son inigualables en la historia espiritual de la India. Que su vida divina sirva de estrella para guiar a todos aquellos que aspiran a conocer la paz suprema y la felicidad de la realización del Ser.

¡Om Namah Shivaya!

Glosario

Achyuta: "El que es imperecedero, inmutable y firme." Uno de los nombres que se aplican a Vishnu.

Adi Parashakti: Aspecto dinámico de Brahman. La Madre Divina como principio de energía primordial.

Ahimsa: Estado de no-violencia, ya sea física, emocional o mental. Este concepto fue defendido por Mahatma Gandhi durante la lucha por la independencia de la India, en 1945.

Ambadi: El nombre del hogar de los padres adoptivos de Krishna, Yashoda y Nanda.

Ambika: Uno de los nombres de la Madre del Universo, dado a la poseedora del poder de la voluntad, del conocimiento y de la acción.

Amma o Ammachi: "Madre" en lengua malayalam. El sufijo "-chi" indica respeto.

Amsha Avatar: El descenso de la Divinidad que manifiesta parcialmente algunos de los poderes divinos con el fin de realizar un objetivo específico.

Ananta: "Infinito" Uno de los nombres de la serpiente Shesha sobre la que Vishnu durmió tras el pralaya cósmico (fin de un ciclo o desintegración temporal).

Arati: Ritual en el cual la luz, representada a través del fuego, es ofrecida a una Deidad o una persona Santa al final de una ceremonia. Consiste en describir unos círculos con una bandeja que contiene alcanfor encendido. Al no dejar residuos, el alcanfor simboliza al ego que es consumido por la llama de la aspiración.

Archana: Una forma de rendir culto cantando los ciento ocho, trescientos o mil nombres de una deidad.

Arjuna: Célebre arquero del Mahabharata, conocido por sus diálogos con Shri Krishna en el Bhagavad Gita. En esta obra aparece Shri

Krishna conduciendo el carro de Arjuna sobre los campos de batalla de Kurukshetra y revelando las enseñanzas más secretas y profundas de la espiritualidad.

Arya Samaj: Organización hindú cuyo objetivo consiste en incrementar la espiritualidad de la India.

Ashram: "Lugar de esfuerzo", donde viven los buscadores de la verdad con el objetivo de concentrarse en las enseñanzas y la práctica espiritual. Suele ser el hogar de un maestro espiritual, de una persona santa o de un asceta que guía a los aspirantes.

Atman: La naturaleza esencial de nuestra verdadera existencia, idéntica a Brahman (Dios o Absoluto). Se emplea para referirse a la esencia individual de cada persona. Aquello que no se puede modificar o cambiar, que no es afectado por nada.

Avatar: "Descender." La encarnación divina. El propósito de una encarnación de dios es restituir el sentido de rectitud, los altos valores, la honradez en este mundo y guiar a la humanidad hacia la última meta espiritual.

Avesha avatar: La visita temporal o la posesión de seres divinos, que usan un cuerpo físico para cumplir con un propósito definido.

Ayodya: Ciudad sagrada y lugar de nacimiento de Rama.

Ayurveda: "La ciencia de la vida." Antiguo sistema holístico, integral, de medicina y salud. La medicina ayurvédica es preparada normalmente con hierbas y plantas medicinales.

Balarama: El hermano mayor de Krishna.

Bhagavad Gita: "Canto de Dios" Las enseñanzas de Krishna transmitidas a Arjuna en el campo de batalla de Kurukshetra, al principio de la guerra del Mahabharata. Es una guía práctica para la vida diaria y contiene la esencia de la sabiduría y enseñanzas védicas.

Bhagavad: "De Dios." Una epopeya sobre Vishnu.

Bhagavan: "Dios".

Bhagavati: La diosa de seis virtudes: prosperidad, valor, favor, conocimiento, desapasionamiento y maestría.

Bhajan: Canto devocional.

Bhakta: El devoto.

Bhakti: Devoción

Bhakti shastras: Escrituras sagradas sobre devoción.

Bhakti yoga: "Unión con Dios, el Ser interno, a través de la devoción."

Bhava: "Ser, existencia, llegar a ser." Estado o modo de ser.

Bhava darshan: Audiencia o encuentro con un Ser realizado en estado divino. La ocación en la cual Amma recibe a los devotos, en un estado exaltado de Krishna o Madre Divina (Devi).

Bhoga: Placer, goce.

Br. Bri.: Abreviaturas para *brahmachari* o brahmacharini.

Brahma: El Dios creador de la trinidad hindú, con cuatro cabezas que apuntan a los cuatro puntos cardinales. Brahma no tiene culto.

Brahmachari o brahmacharini: Discípulo o discípula célibe que sigue una disciplina espiritual y es guiado y entrenado por un Maestro.

Brahmacharya diksha: Ceremonia de iniciación que prepara para el estado de sannyas, en la que el Maestro da a su discípulo un nombre, un cordón sagrado que le ata a la verdad y un hábito amarillo.

Brahmacharya: Celibato, disciplina y control sobre los sentidos.

Brahman: "La realidad absoluta" El Ser supremo que abarca, penetra e impregna todas las cosas. Es uno e indivisible. Es la esencia de la vida, la fuente de todo ser y de todo conocimiento.

Brahmín: Sacerdote o miembro de la clase sacerdotal.

Chakra: "Rueda" Los siete centros sutiles de conciencia y poder espiritual que se encuentran (excepto el último) en el canal "sushumna" de la columna vertebral.

Chataka: Pájaro legendario. Se cree que se alimentaba del néctar que caía de la luna o de las gotas de lluvia antes de tocar la tierra.

Chinmudra: Un signo sagrado hecho con la mano, en el que las puntas de los dedos pulgar e índice se unen para formar un círculo. Simboliza la unión del Ser individual con el Ser supremo.

Darshan: Una audiencia con, estar en presencia de, otener una visión de la divinidad o de una persona santa.

Devi: La Diosa.

Devi bhava: Estado divino de Devi, en el que Amma revela su unidad e identidad con la Madre divina.

Devi Mahatmyam: "La Gloria de la Madre divina." Texto que narra el triunfo de la divinidad en su aspecto femenino sobre las fuerzas del mal. También relata las características de las diferentes diosas.

Dharma: "Aquello que sostiene, mantiene y hace respetar las leyes del universo." Posee varios significados: ley divina, ley de existencia, actuar de acuerdo con la armonía divina, todo lo que es recto, lo bueno, la religión, el deber, la responsabilidad, la virtud, la justicia, la verdad. El dharma comprende los principios profundos de la religión. El dharma esencial de la humanidad es realizar su divinidad innata.

Dhoti: Tela que llevan los hombres envuelto y sujeto a la cintura y cubre las piernas.

Diksha: Iniciación.

Diparadhana: Presentación de alcanfor encendido ante Amma sentada en el templo, cuando encarna a Devi.

Durga: Nombre de Shakti, la Madre divina. Se representa esgrimiendo varias armas y cabalgando sobre un león o tigre. Considerada la destructora del mal y la protectora del bien, destruye los deseos, tendencias o hábitos negativos (vasanas) de sus hijos y les revela su verdadero Ser.

Dwaraka: Ciudad donde Krishna vivió y reinó.

Ganesha: Hijo de Shiva y Parvati. Se le representa con cabeza de elefante. Elimina los obstáculos y otorga el éxito. Es el vigilante del umbral del tiempo y el espacio. Bloquea nuestro camino cuando no vamos en dirección correcta. Ganesha es adorado al principio de todo culto y antes de comenzar un nuevo proyecto.

Garuda: "Rey de las aves" (águilas). El medio o vehículo de Vishnu. Garuda es un águila mística, que no se encuentra encadenada a nada y tiene completa libertad de movimientos. Su velocidad es instantánea y representa la mente.

Gita: "Canción o canto". Ver Bhagavad Gita

Gokulam: Aldea donde Krishna vivió durante su infancia.

Gopala: "Niño cuidador de vacas." Uno de los nombres de Krishna.

Gopas: Niños cuidadores de vacas que vivieron en Vrindavan. Los gopas fueron los amigos y compañeros de juegos de Krishna.

Gopis: Niñas que cuidan y ordeñan vacas. Vivieron en Vrindavan. Las gopis fueron las devotas más cercanas de Krishna y dieron ejemplo del más intenso amor hacia Dios. Son conocidas por su suprema devoción a Krishna.

Govinda: "Cuidador de vacas". El que protege al mundo y las almas individuales o jivas." Otro de los nombres dados a Krishna.

Guna(s): "Cualidad". Cualidades, tendencias o estados fundamentales presentes en toda manifestación física. La naturaleza primordial (Prakriti) que está formada por tres gunas: tama - fuerza de inercia en la naturaleza, la cual se expresa en cualidades de inacción, ignorancia, incapacidad y obscuridad; rajas - "actividad". Energía y movimiento de la naturaleza, la cual se traduce en actividad, acción, pasión, esfuerzo, deseo por satisfacer los sentidos; sattwa – "armonía". La fuerza de equilibrio en la naturaleza representada como las cualidades del bien, la pureza, armonía, balance, felicidad, simpatía, luz, virtud y conocimiento.

Gurú: "El que conduce de la oscuridad a la luz." Maestro espiritual o guía.

Guru Gita: Diálogo entre Shiva y Parvati que ensalza la grandeza del Gurú.

Gurú Paduka Strotam: Himno de cinco versos ofrecido a las sandalias del Gurú.

Guruvayur: Lugar de peregrinaje en Kerala, cerca de Trishur, donde existen trece templos famosos dedicados a Krishna.

Hanuman: Fiel devoto y sirviente de Rama. Ayudó a Rama para salvar a Sita cuando estaba cautiva en Lanka. Es venerado como deidad y representa la esperanza, el intelecto, el valor y la devoción. Su representación física como "mono divino" simboliza la devoción pura, a través de la cual un ser humano puede sublimar su naturaleza animal en divinidad.

Hatha yoga: Sistema de ejercicios físicos y mentales para lograr que el cuerpo y sus funciones vitales sean un instrumento perfecto, ayudándonos a obtener la Realización divina.

Ishta devata: Divinidad de elección personal.

Japa: La repetición de un *mantra*, oración o nombre de Dios. Es más efectivo cuando se practica con devoción y concentración.

Jivatman: El Ser individual. El Atman, el espíritu o el Ser encarnado en un ser vivo.

Jñana: "Sabiduría espiritual o divina." Conocimiento verdadero o experiencia directa, más allá de cualquier posible percepción de la mente, intelecto o sentidos limitados. Se llega a ella a través de disciplina espiritual y por la gracia de Dios o del Maestro.

Jñana yoga: "Unión con Dios a través del conocimiento." El sendero del conocimiento. Requiere un estudio profundo y sincero de las escrituras sagradas, desapego (vairagya), discriminación (viveka), meditación e investigación del Ser.

Kali: "La oscura o la de tez morena." Una forma de la Madre divina que se manifiesta en su aspecto feroz. Kali es la energía primordial, inmensamente poderosa. Ante el ego aparece como aterradora, ya que lo destruye y transforma por su infinita compasión. Kali muestra muchas facetas. En su aspecto benévolo es conocida como Bhadra Kali. Un devoto sabe que, más allá de ese aspecto temible se encuentra la Madre amorosa, que protege a sus hijos y derrama sobre ellos su "Gracia de Liberación".

Kalya: Gigantesca serpiente-demonio que fue derrotada por Krishna en el río Yamuna.

Kanna: "El que tiene ojos bellos." Un apelativo afectivo dado al bebé Krishna.Hay muchas anécdotas sobre la infancia de Krishna; es venerado también como un "Niño Divino".

Kanyi: En lengua malayalam, el arroz aguado, cocido y servido en su propio caldo.

Karma: "Acción, hecho."

Karma yoga: "Unión con Dios a través de la acción." El sendero espiritual de la acción realizada con dedicación a favor de los demás. El servicio desinteresado y la ofrenda de sus frutos a Dios.

Kathakali: El arte tradicional de danza de Kerala que, por lo general, representa las grandes epopeyas de la India antigua.

Katyayani: "Hija de Katyayana". Otro nombre de la Madre Divina.

Kaveri: Río sagrado de la India. Diosa de la abundancia.

Keshava: "El que tiene cabello largo y bello." Uno de los nombres de Krishna.

Krishna: "El oscuro o de tez oscura." "El que nos atrae hacia él mismo." Una de las principales encarnaciones de Vishnu. Nació en el seno de una familia real, creció con padres adoptivos y vivió su juventud cuidando vacas en Vrindavan, donde fue amado y venerado por sus compañeros devotos, las *gopis* y los *gopas*. Más tarde llegó a ser rey. Fue amigo y consejero de los Pandavas, especialmente de Arjuna, a quien le reveló las enseñanzas contenidas en el Bhagavad Gita.

Krishna bhava: El estado en el que Amma revela su unión e identidad con Krishna.

Krishna lila: Juego divino de Krishna.

Kshatriya: La casta noble o guerrera. En general, aquellos que rigen la tierra y protegen a su gente.

Kundalini: "El poder de la serpiente". La energía espiritual que descansa como una serpiente enroscada en la base de la espina dorsal. A través de prácticas y disciplinas espirituales asciende por el canal Sushumna (un nervio sutil dentro de la espina dorsal), pasando por los diferentes chacras. Finalmente alcanza el último chacra localizado en la coronilla de la cabeza (Loto de Sahasrara, de los mil pétalos) conduciendo a la Liberación.

Kurukshetra: Campo de batalla donde tuvo lugar la gran batalla entre Pandavas y Kauravas. Descrita en el Mahabharata en forma de poesía.

Kutchela: Uno de los devotos de Krishna, que fue amigo durante su infancia.

Lakshmana: Hermano de Sri Rama.

Lakshmi: Consorte de Vishnu. Diosa de la prosperidad. La Madre divina en el aspecto generoso, capaz de otorgar riqueza material y espiritual. Se encuentra sentada o parada sobre una flor de loto.

Lalita Sahasranama: Los mil nombres de la Madre divina, quien toma la forma de Lalitambika.

Lila: "Juego." Movimientos y actividades de la divinidad que por su naturaleza son libres y no están sujetos a ninguna ley cósmica o natural.

Madhava: "Descendiente de Madhu." Uno de los nombres de Krishna.

Madhusudana: "Destructor del demonio Madhu." Otro nombre de Krishna.

Madurai Minakshi: Nombre de la Madre divina; adorada en la ciudad de Madurai, en uno de los templos más grandes y bellos de la India.

Mahabharata: "La gran guerra de los herederos de Bharata". Poema épico de más de 100.000 versos, escrito principalmente por el sabio Vyasa, en el que se trata del conflicto entre los Pandavas y los Kauravas, descendientes de Bharata.

Mahatma: "Alma grande." Santo, sabio.

Mala: Rosario de ciento ocho cuentas que se usa para repetir el *mantra*. Es también el término genérico de collar.

Mantra: Fórmula sagrada u oración que despierta poderes espirituales durmientes, ayudando a alcanzar la meta de Auto-Realización. Es más efectivo si es recibido por un Maestro durante una iniciación.

Mathura: Ciudad sagrada a orillas del río Yamuna, junto a Agra, en el norte de la India. Fue el lugar de nacimiento de Krishna.

Maya: "Ilusión". El poder divino o velo que Dios utiliza en su juego divino para ocultarse y dar la impresión de diversificación, creando así la ilusión de separación con la divinidad. Como maya vela, la realidad nos diluye. Así nos hace creer que "la perfección" se encuentra fuera de nosotros. Todo lo que no es permanente y sujeto al cambio es sujeto a maya. Maya es el resultado inevitable de la manifestación, porque cualquier clase de materia es un velo que oculta a la Divinidad.

Moksha: Liberación. Es uno de los cuatro purushatthas o metas legítimas de la vida, junto con kama, el amor, artha, la riqueza, y dharma, la conducta justa.

Mudra: signo o gesto sagrado hecho con la mano, que representa verdades espirituales.

Mukambika: La Madre divina adorada en un famoso templo en Kolur, al sur de la India.

Muruga: Hermano pequeño de Ganesha, creado por Shiva para ayudar a las almas en su evolución. Se le representa cabalgando sobre un pavo real y es adorado sobre todo en el sur de la India. Otro nombre de Subramanya.

Naivedyam: Ofrenda de comida sagrada a una deidad en un templo o habitación designada especialmente para la ceremonia de la *puja*.

Namah Shivaya: Mantra de cinco sílabas sánscritas que significa "Saludo al auspicioso Shiva".

Nanda: "Gozo". Padre adoptivo de Krishna.

Narada bhakti sutras: Una colección de ochenta y cuatro aforimos acerca de la devoción. Se cree que fue escrito en el siglo XIII por el sabio Narada.

Narasimha: Encarnación de Vishnu. El hombre-león. Simboliza el puente que conecta la naturaleza animal y la humana, por tanto, el giro hacia la conciencia.

Narayana: "Aquel que reposa sobre las aguas." Se suele utilizar como apelativo de Vishnu. Señor del amor.

Nirvikalpa samadhi: Un estado de conciencia más allá de toda forma, tiempo y espacio en el que el objeto y el sujeto son trascendidos. El acto de ver, el que ve y lo que es visto, forman una unidad. *Nirvikalpa samadhi* es la unidad absoluta con Brahman.

Om: El sonido eterno, la vibración primordial que representa a Brahman y la creación eterna. Se considera la semilla de toda creación, conocimiento y sabiduría. Es, así mismo, el supremo absoluto, la unidad original, el misterio infinito.

Pada puja: Culto a los pies de Dios, del Maestro o de un Santo. Al igual que los pies sostienen el cuerpo, el principio del Maestro sostiene la verdad Suprema. Así, los pies del gurú representan la verdad Suprema.

Padmasana: Posición del loto en Hatha yoga. Sentado con piernas cruzadas, cada pie descansa en el muslo opuesto; manteniendo la columna vertebral recta.

Panchamritam: Pudín dulce, hecho de leche, plátanos, mantequilla desaguada, azúcar moreno y pasas. Es ofrecido a Dios durante el culto.

Pandavas: Los cinco hijos del rey Pandu, héroes de la epopeya Mahabharata.

Parabhakti: Devoción absoluta que carece de todo deseo. El devoto, en estado de éxtasis, percibe a su amada deidad en todas partes y en todos los seres.

Paramahamsa: "Gran cisne." Alma realizada. Simboliza al cisne que extrae leche con su largo pico, separándola con toda fineza del agua.

Parasurama: "Rama del hacha" Avesha avatar de Vishnu que puso fin a la conducta inmoral de las castas real y militar de los kshatryas.

Parvati: "Hija de la montaña." Nombre de la madre divina. Consorte de Shiva.

Patanjali yoga sutras: Una descripción completa y detallada para desarrollar el arte de "calmar y liberar la mente". Escrita en forma de aforismos.

Pradakshina: Forma de rendir culto. Se dan vueltas en la dirección de un reloj a un templo, lugar o persona sagrada.

Prana: Energía de vida, soplo de vida.

Prasad(am): Obsequio, por lo general alimento, que es ofrecido a una deidad o santo y distribuido como bendición entre los devotos, después del culto.

Puja: Culto que se rinde a la divinidad o a un Maestro. Adoración.

Puranas: "Las antiguas." Una clase de Escrituras sagradas en sánscrito simple (más moderno que el de los Vedas o el Vedanta), formadas por leyendas e historias.

Purna: "Lleno, completo, perfecto."

Purna avatar: El descenso a la tierra de lo perfecto, lo que no tiene nombre ni forma, la energía suprema inmutable que adopta forma humana y manifiesta su poder infinito. La intención de una encarnación divina en la tierra es restaurar y preservar lo bueno, lo correcto (dharma), y elevar a la humanidad en su proceso de evolución haciéndola consciente del Ser Interno.

Purusha: Lo puro, sin mancha, la existencia, la conciencia universal. Ser consciente, alma. Ser esencial que soporta el juego de la prakriti.

Putana: Demonio femenino que trató de destruir al bebé Krishna amamantándolo con leche venenosa.

Radha: La amada esposa de Krishna. Personifica el más alto y puro amor hacia Dios, la entrega total y la consagración de todo nuestro ser al Supremo.

Rajas: Actividad, pasión. Una de las tres gunas o cualidades fundamentales de la naturaleza.

Rama: El héroe divino del Ramayana. Encarnación de Vishnu. Considerado el ideal de rectitud.

Ramayana: "La vida de Rama" Una de las epopeyas poéticas más famosas de la India. Escrita por Valmiki, describe como Sita, la esposa de Rama, fue secuestrada por Ravana, el rey de los demonios, y llevada a Sri Lanka. Desató una guerra entre los demonios y el ejército de Rama, quien salió victorioso gracias a la ayuda de su devoto y fiel Hanuman, logrando rescatar a Sita.

Rasa lila: "Juego de la pasión" Danza de Krishna y las *gopis* en el claro de luna de los jardines de Vrindavan. Danza del gozo divino con las almas liberadas de los hombres, en el mundo de la beatitud que es nuestro jardín secreto interior.

Rishi: Alma realizada, visionario. Los rishis tuvieron la visión interna de la verdad suprema y la expresaron a través de los Vedas o textos sagrados.

Rudraksha: "El ojo de Shiva." Semillas arrugadas de color café, usadas para malas.

Rukmini: Consorte de Krishna.

Sadgurú: Maestro espiritual iluminado, que ha realizado a Dios. A veces designa al maestro interior, el Ser.

Sadhaka: Aspirante espiritual que ejecuta prácticas espirituales con el propósito de alcanzar la unión y realización con Dios.

Sadhana: Prácticas espirituales: meditación, oración, repetición del *mantra*, lectura de escrituras sagradas y ayunos. La vida espiritual practicada en la vida diaria.

Sahaja samadhi: "Estado Natural". El estado en el que continuamente habita el Atman (Ser interno), al tiempo que uno vive y funciona en el mundo externo.

Sahasrara Padma: "El loto de los mil rayos" El chacra más elevado situado en la parte superior de la cabeza, donde la kundalini se une con Shiva. Semejante a una flor de loto con mil pétalos.

Samadhi: Estado profundo de concentración enfocado en un punto. La mente entra en un estado de completa quietud, donde únicamente la conciencia pura permanece.

Samsara: Movimiento cíclico, el mundo, la vida ordinaria de ignorancia.

Samskara: Impresiones grabadas en el subconsciente, a través de experiencias en esta vida o vidas pasadas, que influyen en la existencia presente del ser humano, en su carácter, acciones y tendencias.

Sanatana dharma: "La religión eterna." Nombre tradicional dado al hinduismo.

Sankalpa: "Resolución, decisión" que se manifiesta de una manera creativa e integral.

Sannyasin (ni): "Renunciante". Monje asceta que ha recibido la iniciación de sannyasa, disolviendo todas las ataduras con el mundo. Un sannyasin usa tradicionalmente ropa anaranjada (color ocre), representando la destrucción (fuego) de todo apego por el mundo.

Saraswati: "La que otorga la esencia de nuestro propio Ser." Diosa de gran sabiduría e inspiración, de la palabra y aprendizaje, de la música y el arte. La que despierta la conciencia y el pensamiento recto. La consorte del Señor Brahma, el creador del universo entero.

Satgurú: Maestro espiritual iluminado (que ha realizado a Dios). Guía y aconseja personalmente al aspirante hacia su meta.

Sattwa: Lo que es bueno, bondadoso y puro. Una de las tres gunas o cualidades fundamentales de la naturaleza.

Saundaryalahari: "El océano de la belleza" Texto escrito por Sri Shankaracharya de alabanza a la Madre divina en su aspecto creativo.

Shakti: La Madre universal. El aspecto dinámico de Brahman.

Shiva: "El auspicioso, el lleno de gracia, el bondadoso" Una de las tres formas del Ser supremo.

Shraddha: Fe, voluntad de creer. Amma utiliza esta palabra también para referirse a la necesidad de estar vigilantes, se asocia con el cuidado y el amor que tenemos que poner en toda tarea.

Shri Lalita Sahasranama: Texto sagrado que contiene los mil nombres de la Madre divina.

Shri: "Luminoso, sagrado." Un prefijo de honorabilidad.

Shridhara: Uno de los nombres de Krishna y Vishnu.

Sita: La esposa de Rama. En la India está considerada como el prototipo de la mujer ideal.

Srimad Bhagavatam: Una de las dieciocho escrituras sagradas conocidas como las Puranas. Relata la historia de los avatares de Vishnu, dando especial importancia a la vida de Krishna y acentuando la importancia de la devoción en la vida espiritual.

Subramanya: Hijo de Shiva y Parvati, hermano de Ganesha. Uno de los generales del ejército celestial. También conocido como Muruga.

Suka: El hijo de Vyasa. Un ser perfecto desde su nacimiento.

Swami: La manera de llamar a un monje hindú, un *sannyasin*.

Tamas: "Oscuridad, apatía, inercia, ignorancia de la verdad espiritual." Una de las tres gunas o cualidades fundamentales de la naturaleza.

Tapas: "Calor." Autodisciplina muy estricta, austeridad a través de prácticas espirituales, capaz de crear un fuego que quema todas las impurezas de la mente.

Tulasi: Planta sagrada asociada con Krishna.

Upanishads: "Sentarse cerca del Maestro espiritual." La cuarta y última parte de los Vedas, que trata de la filosofía del Advaita (no dualismo). Al ser la última parte de los Vedas implica que son enseñanzas entregadas sólo a aquel aspirante espiritual que ha sido previamente preparado.

Vamana: El niño enano. Encarnación parcial de Vishnu.

Vasanas: "Restos, lo que queda." Tendencias y hábitos latentes o deseos sutiles de la mente. Los vasanas son el resultado de impresiones de experiencias presentes o pasadas (incluso de vidas anteriores) que existen en el subconsciente y tienden a manifestarse en acciones específicas y hábitos (samskaras).

Vedanta: "El final de los Vedas." La raíz de la filosofía Vedanta se encuentra en los últimos versos impresos de los Vedas. Estos versos finales reunidos tomaron el nombre de Upanishads, la parte concluyente abraza la última "verdad" la cual es "Una e indivisible".

Vedas: "Conocimiento, sabiduría." Antiguas escrituras sagradas hindúes. Se dividen en cuatro partes: Rig, Yagur, Sama y Athartwa. En su totalidad constan de cien mil versos, además de la prosa adicional. Los Vedas se encuentran entre las escrituras más antiguas. Son consideradas la directa revelación divina de la verdad Suprema, otorgada por Dios a los Rishis.

Vidyalaya: Escuela.

Vina: Instrumento hindú de cuerdas, asociado con la Madre divina.

Vishnu: "El que se extiende, se difunde en todo." Nombre del Supremo. Desciende a la tierra como encarnación divina, adoptando diversas formas físicas, para reorientar a la humanidad en momentos de caos. Es adorado en las encarnaciones de Krishna y Rama.

Vishnu junto con Brahma y Shiva forman la trinidad divina. Brahma el creador, Vishnu el preservador y Shiva el destructor.

Viveka: Habilidad de discriminar entre lo real y lo irreal, lo eterno y lo transitorio, lo bueno y lo malo, etc.

Vrindavan: El lugar donde Krishna vivió de joven cuidando vacas.

Vyasa: Sabio que dividió el Veda en cuatro partes, componiendo los dieciocho Puranas o epopeyas, el Mahabharata y el Bhagavatam.

Yadava: "Aquel que descendió de Yadu." Un nombre de Krishna.

Yamuna: Uno de los principales ríos sagrados de la India.

Yashoda: La madre adoptiva de Krishna.

Yoga: "Unión." Serie de métodos a través de cuya práctica se puede obtener la unión total con lo divino. La unidad con lo Absoluto.

Yogui: El que se encuentra establecido en la práctica de yoga.

www.ingramcontent.com/pod-product-compliance
Lightning Source LLC
LaVergne TN
LVHW051544080426
835510LV00020B/2851